南大亞太評論

石斌 主编

南京大学出版社

目　录

特稿:政治与经济

秩序与战略

国家与社会

Contents

Features: Politics and Economy

Order and Strategy

Nations and Societies

Features: Politics and Economy

特稿:政治与经济

在"一带一路"上攀升全球价值链中高端*

洪银兴**

因为今天是有关亚太发展问题的论坛，所以我今天就专门讲一下在"一带一路"上攀升全球价值链中高端的问题。我认为，对于"一带一路"问题，很有必要把它放在全球价值链上面去研究。

我们研究的这个课题，它的研究意义在什么地方呢？"一带一路"是我们国家参与国际经济的重大战略。在"一带一路"上我们如何与相关国家互利共赢，如何提升我们国家的产业和企业的竞争力？其中的一个重要突破口就是要解决好全球价值链的布局，并且，从我们国家来讲，要攀升全球价值链的中高端。这是我要讲的第一个问题。

---

* 本文根据作者在 2016 年 10 月 29 日南京大学亚太发展研究中心主办的第二届"钟山论坛（亚太发展年度论坛）"开幕式上的主旨演讲整理而成。

** 作者系南京大学原党委书记，南京大学商学院教授。

第二个,从我们国家的创新型国家建设的目标来看,我们确定了2020年要进入创新型国家行列的目标,到那个时候它要求有若干的重点产业达到全球价值链的中高端;2030年我们要跻身创新型国家的前列,到那个时候的要求是,主要产业达到全球价值链的中高端。因此,这个课题对我们现在的研究特别重要,特别是我们现在要建设一个创新型省份,也就是要求我们的产业提升到价值链中高端的地位。

再一个,就是我们现在的供给侧结构性改革。大家都在谈供给侧改革,但是供给侧改革究竟改什么?目标是什么?大家现在都是在想着一个“去”字,去产能,去库存,去杠杆,反正以为去掉了我们经济就增长了。我认为不能这么认识。我们现在的供给侧改革的最终目标,应该是要培育经济增长的新动能,也就是说要在“去”中间来培育“新”的产能,来寻求供给侧的经济发展动力。这里面的具体内容就是,一个是要创新驱动,一个是调结构,这是我们供给侧结构性改革所产生的经济增长的强大动力。这对我们当前有非常重要的意义。权威人士说我们现在是“L”型,要估计这个“L”型的竖线有没有到底。现在我们不能认为我们经济的下行就是新常态,现在最重要的是要让我们的实体经济有“质”的回升,不能仅仅指望这个竖线赶快到底。这才是我们的目标。不能认为通过几个“去”,我们就到底了。应该是我们要形成新的动力、新的动能,我们才能够到底。这个新的动能是什么?我认为一个是创新,另一个是调结构。

那么关于这一点,我认为现在再讨论我这个课题的时候,我们要理解现在的经济全球化指的是什么。我们在课堂上学过,经济学也好,国际贸易也好,大家都去考虑的一个问题是产品的国际分工,也就是我们生产劳动密集型产品,发达国家生产技术密集型产品,然后是两个国际产品交换。但是现在已经不是这样了。现在是产品内贸易,是同一个产品,它的生产在不同的国家布局。就像iPhone,它是美国的技术、美国的设计,但是它的各个生产环节并不在美国,而是在各个国家。所以,现在我们谈价值链的问题,就是指跨国公司在全球范围内、各个国家来布局它的产业链,也就形成了一个全球的价值链。所谓全球价值链,它是指在全球范围内为实现商品或者是服务价值而连接研发、生产、销售、服务等过程的全球性跨企业网络组织。现在的全球价值链有两种类型:一种是生产者驱动的全球价值链。它是指跨国公司通过全球生产网络,形成产业的前向后向联系,一般面对的是技术密集型产业;第二种是采购者驱动的全球价值链,也就是拥有强大品牌优势和销售渠道的经济体通过全球采购和贴牌加工等生产方式组织起来的跨国商品流通网络,一般面对的是劳动密集型产业。就像我们现在,你不能仅仅通过到美国去买中国产品这个例子来理解。都是在商场里面,都是大型的,例如沃尔玛,它在全世界采购,然后经过一个价值链。这是两种价值链。

现在我们需要研究的就是在这个背景中间,这个全球价值链的意义在什么地方,作为一个企业,它要利用各个主要环节在全球布局,可能吸纳和整合全球最优的资源和市场。另外一个,各个环节因为它所用的资源差别而有不同的附加值,而我们现在要研究这个问题,要关注的是全球价值链的新变化为我们国家的产业升级提供什么样的机会。同时我们要研究我们攀升全球价值链的有效路径。特别是我们现在要讨论“一带一路”，实际上就是在“一带一路”上来寻求价值链的合作。“一带一路”不能简单以为就是产品贸易，我们要提升我们“一带一路”的水平，应该考虑的是让我们的全球价值链走出去，也就是在“一带一路”上布局全球价值链。

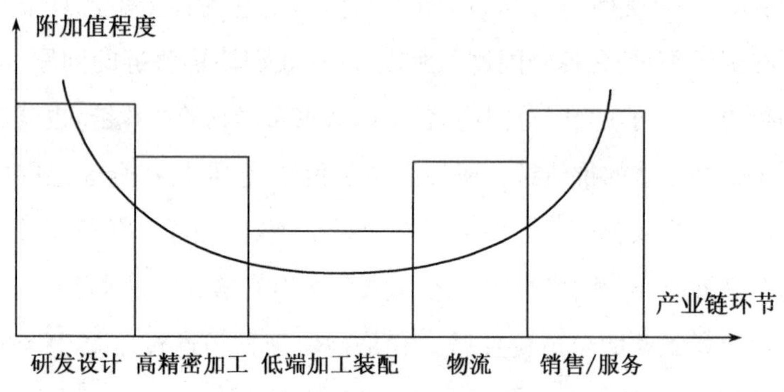

图1　全球价值链附加值曲线

大家简单看一下我所讲的“微笑曲线”，这就是全球价值链的一条曲线。附加值高的两端，一个是研发环节，一个是它的销售和服务环节。现在我们中国所处的许多价值链的环节都处于低端，主要是加工、装配，所以我们的附加值是很低的。就像我们前段时间，谈到苏南地区的引进外资问题，有多少高科技产品在我们这里生产，但是核心技术不在我们这里，销售不在我们这里。我们主要是用劳动力和劳动土地资源来进行加工、装配，这就是我们的微笑曲线。所以我这个曲线提出来，实际上就要求，我们下面的低端环节，加工、装配的环节可能要转移出去，我们逐步地向两端延伸，可能我们要达到高精密度的加工，或者要进入物流和销售，或者要进入研发。这才是我们的价值链调整的一个方向。

关于全球价值链的问题，改革开放以后，我们中国企业通过嵌入全球价值链，得到了开放红利，我们要肯定这种模式。因为我们基本上是靠（劳动力和资源环境）比较优势来嵌入全球价值链的。原来课堂上学的是我们依靠比较优势来生产劳动密集型产品，但是现在已经不是这样。我们一个是通过加工贸易方式来嵌入全球价值链的；另一个是通过代工贴牌等方式进入全球价值链的。我们也得到了红利，也就是外商的资金、技术、管理等这些优势在价值链方面和我们国家的劳动力、土地成本、基础设施等优势结合。我们通过这一个途径，承接了先进制造业的转移（20 世纪 80 年代中期承接机械设备、电气装配等产品的组装加工，90 年代中后期大量承接欧、美、日、韩等国家和地区技术含量较高的电子信息制造业的加工组装）。我们也可能边干边学来模仿创新，提升我们的工业化水平。而且，我们也通过这样的全球价值链，融入了全球的生产网络，成为面向全球的低成本的“世界工厂”。加工贸易增长迅速，高的时候占进出口贸易的比重接近 50%，常年在 1/3 以上，其中 80%来自外商投资企业。所以像我们江苏，过去加工贸易的比重很大，主要是靠我们的比较优势嵌入全球价值链。

现在，我们嵌入全球价值链的分工产生了新的问题和新的要求。我们处于全球价值链低端的加工制造环节：高科技产品的中国制造部分处于价值链的低端，核心技术和关键技术不多，中国创造部分少，品牌也是用外国的多。目前来看，问题越来越明显，以前依赖资源禀赋的比较优势，现在不再具有竞争优势，靠这个不可能缩短与发达国家的距离。而且我们现在劳动成本在增加、土地成本在增加，因此我们过去的比较优势也不存在了。我们中国人过去主要靠勤劳致富,现在是勤劳不致富,因为处于价值链低端来进行劳动投入,附加值太低。而且过去一直说我们是世界上第二大经济体,许多制造业产品世界第一,现在要指出规模优势不具有竞争优势、不具有价值链优势,它主要的特点是:产值高和附加值低。所以在这样一个背景下,我们在全球价值链上的地位就需要尽快地改变。现在产业在全球价值链的地位,与我国经济总量的国际地位已经不相称,同时也同我们是中等收入国家这样一个发展阶段不相称。而且,企业在全球价值链中间所处的位置,与我国经济进入新常态后对经济增长的质量和要求也不相符。所以,在这样一个背景下,我们提出要改变在全球价值链中的地位。

现在有什么机遇呢?世界金融危机和欧美的主权债务危机以来,欧美国家经济长期处于衰退和低迷状态,全世界经济增长速度整体放慢。同时,在新科技革命的推动下,产业创新速度也在加快。这样,我认为全球价值链在世界范围内发生了四大结构性变化。

第一,在信息化网络化条件下,全球价值链由封闭转向开放,在"互联网+"平台上不可能阻碍在价值链之外的企业进入。原来我这个企业不在全球价值链里面,但是在目前的技术条件下有互联网这样一个平台,不在这个价值链里面的企业也可能进入。

第二,欧美国家跨国公司的垄断地位正在被打破,其在许多产业领域所占据的全球价值链中附加值较高的两端的地位已经正在被发展中国家的公司占领。我们注意到苏南地区原先是处于低端的,但现在已经把它上游的研发中心买下来了,或者把它的销售渠道占领了。这样我们就占领了欧美跨国公司原先的垄断地位。

第三，在开放式创新推动下，全球价值链在各国之间分布的增值环节的固化已经被打破，梯度性的转移和攀升成为常态。可能原来处于上游的、高端的都会被下游所打破。

第四，全球价值链在各个国家的布局的调整和重组在加快，原因是全球价值链布局的标准是在该地获取最适合价值链需要的资源。但是研究现在这个调整可以发现，我们也有紧迫性。就像我们国家苏南地区为什么会有那么多外资要撤离，珠三角地区也有那么多外资要撤离，因为所需要的这个地方的资源发生变化了：劳动成本增加了，土地成本增加了，本来它在你这里需要用便宜的劳动力、便宜的土地，现在一增加它就要走了。所以，我们可以发现珠三角的许多外资企业搬走了，包括我们在苏南的，或者在昆山的，许多外资企业也搬走了。这个就反映了现在全球价值链调整的速度非常快。前不久我在重庆做报告的时候，重庆的领导就告诉我，现在引进的一大批外资的电脑企业都到我们这里来了。我说这是江苏过来的，可能你们现在的发展阶段是在江苏五年以前的时期。这也说明了我们这个价值链转移的速度很快。

这是我们现在全球价值链发生结构性变化的三个特点、三个变化。这些变化正好是我们产业进行调整的一个机会。

在讲到我们的比较优势改变的时候，我要指出的是，中国的竞争优势正在显现，我们攀升全球价值链中高端的条件也正在具备。在传统的资源禀赋的比较优势失去的同时，新的超越资源禀赋的比较优势正在显示出来。第一个，是我们巨大的市场需求规模，现在我们中国的市场已经处于世界的前列。这个优势是谁也没有的，这是任何一个全球价值链都需要追求的。第二，产品和服务的配套环境明显改善，这是攀升中高端的必要条件。第三，改革开放所形成的开放制度和政策优势也非常明显。特别是我们现在搞了负面清单的管理以后，外资进入中国，进入我们的市场，条件基本上已经放宽。第四，尽管我们的劳动成本在上升，但是我们的人力资本在增加，这是攀升全球价值链中高端的主观条件，这就说明我们有可能进入全球价值链中需要更高人力资本的环节。所以，在这样一个条件下，我们中国在全球价值链中的地位有可能改变。

那么，在这样一个背景下，我们的全球价值链攀升就提出了一个新的目标，也就是由比较优势转向竞争优势。我们中国的企业不能固守过去那种比较优势来嵌入全球价值链，要谋求在一些产业的全球价值链中的主导地位、附加价值、竞争优势，这是我们的目标。这次G20杭州峰会提出来：迅速发展中的中国已经成为世界经济的动力源。而这个动力源怎么体现？它可以通过“一带一路”上的全球价值链的重建来体现。为什么？因为“一带一路”上的沿线国家处于发展的不同阶段，它们对中国为主导的全球价值链的配置和重组有着不同的需求和承接能力。现在大家都谈企业走出去，怎么走出去啊？不是说我在外面随便办一个企业，随便买一个企业，就是走出去了。不是说我产品能够出口出去，就是走出去了。我觉得应该把我们的“走出去”同全球价值链的“走出去”协调起来，一致起来。“一带一路”上的国家能够在我们全球价值链中间共享中国的发展成果，同中国的企业互利共赢，这是我们全球价值链攀升的新目标。这是为什么呢？等下我要讲到我们低端的环节转移出去的问题，这些国家正好处于当年我们希望外资来的时候那样一种发展阶段。当然我这里也特别强调，有一些国家处于不同的发展阶段。因此我这个全球价值链转移出去的时候，它可能有的是在低端的，有的是在中端的，都有可能，要按照这个国家的发展状况来推动我们全球价值链走出去。

首先一个问题，是价值链低端环节的转移问题。因为我们现在许多产业是处于价值链的低端，基本上是使用劳动力或土地的加工装配这样一个阶段。现在劳动力成本在增加，土地成本在增加，环境标准约束也大为严格，因此劳动力和资源环境的比较优势已经不再有了。第二个，现在我们的低端环节本来附加值就很低，现在成本增加了以后，处于价值链低端的制造环节也难以为继。出路就是将低端环节向劳动和资源成本更低的国家转移，带动全球价值链进入这个国家和地区。所以大家看，我们昆山的许多台资企业出去了，有的到东南亚去了，有的到重庆去了，有的到西部地区去了。这是非常正常的低端环节的转移问题。我们现在的机遇在什么地方？“一带一路”的沿线国家具有明显的劳动力和资源的比较优势，现在它们也步入增长阶段，它们融入全球化的速度也在加快，也具有强烈的承接我国生产能力转移的需求。就像前段时间报道的，现在无锡在柬埔寨建立工业园。这个工业园基本上是我们国内，包括我们江苏和其他地区的一些低端环节转移过去的。但是人家说希望你们把低端的转过来，我们也是走过这个阶段嘛。他没有这些，因为低端转移同时带动了全球价值链的转移，它就过去了。它本身需要这么一个阶段，所以现在柬埔寨由于我们无锡在那里建工业园以后，它的产业发展了，收入增加了，人民也富裕了。这个阶段是很重要的，现在问题在哪里呢？问题在于我们转移出去以后，你腾笼换鸟，笼腾出来了，你换的是什么鸟，我们是要换凤。现在提出来的就是这个问题。

另外一个就是生产制造要向中高端攀升。我们并不是说低端转移以后不再搞生产制造，像我们江苏这样的地区，制造业是我们的优势，但是你这个制造业不能仍然是低端制造业，要向中高端攀升。我们现在，低端制造（加工组装）和高端制造的附加值差别很大。苹果手机，它在各个国家配置了它的价值链，我们就可以看到，在苹果手机的批发价中间，日本、德国、韩国分别得到37％、17％、13％的价值，我们国家负责组装，只有3.6％的价值。这就是很明显的低端的问题。所以，同样是加工制造，日本、德国、韩国能比中国获得更高的附加值，原因是他们生产制造精密度更高、附加值更高的元器件。所以，我们需要靠创新，这能够使我们的生产制造环节进入中高端，进入到技术和质量要求更高、附加值更高的元器件制造环节，形成符合全球价值链标准、成本更低的元器件的国内配套和替代。这里面我们有条件，一个是创新能力的提高，一个是人员素质在提高。我们完全有条件进入这样一个攀升。

不仅仅是攀升，我们还要在全球价值链中间谋求主导地位。因为现在许多全球价值链是发达国家的跨国公司在那里占主导地位。在竞争优势有了明显改善的条件下，我国企业在全球价值链中间的主导地位需要培育、需要创造。占据主导地位关键是有两个环节我们要进入，一个是要靠创新进入价值链高位的两端，取得主导地位；一个就是要进入营销和服务环节，突出我们的品牌战略。这里面，前面一条我们特别强调是在生产者驱动的价值链中我们要进入研发环节。另外一个，我们也要进入到营销环节，这样我们能够使我们的价值链更高。我们还要进入研发环节来突出科技创新。另外每一个环节都有价值链不同的环节(每个生产环节都有相应的原料采购、产品制造、物流运输、市场营销等价值链环节,在每个环节上都可以寻求最有价值的生产组合,以提高附加值),这也是我们谋求主导地位的一个方法。

还有一个是要建立以“我”为主的全球价值链。现在,许多全球价值链是以发达国家的跨国公司为主导的,不是以“我”为主。但是我们现在已经拥有一批在世界上处于前沿的高科技的产品,如高铁、装备制造业、电子信息产业等,也包括服装等传统产业。现在就是要求我们拥有自主知识产权的核心技术的优势产业走出去,它指的就是价值链“走出去”,进一步开发全球生产要素,极大地释放我们的生产力。依托“一带一路”构建利益共享的全球价值链,关于这点我在国际会议上对外国人演讲时,后面专门讲了一句话:大家都要去,美国有它的价值链,中国有以我们为主的价值链。但是我有一条,我们中国为主的全球价值链,我们同样是发展中国家,中国的全球价值链“走出去”,可能会想发展中国家所想,不是像发达国家走出去是完全要剥削它们,等等,但我们还可以想他们所想,可以构建利益共享的全球价值链。

再有就是,我们要谋求在采购者驱动的全球价值链中的主导地位。前面讲到,过去的采购者的全球价值链,主要是像沃尔玛这样一个大的公司,它在全球采购商品。而我们现在要解决我们中国能不能驱动采购者全球价值链。因为采购者驱动价值链的决定因素,一个是市场渠道垄断,一个是品牌优势。我们现在有什么优势呢?我们作为世界第二大经济体的市场需求规模和“一带一路”的巨大的潜在市场规模,催生采购者驱动的全球价值链的中国领导者，不是美国的领导者。现在，以阿里巴巴为代表的中国电商依托“互联网＋”的平台，通过跨境电子商务就可以打破沃尔玛等采购商的垄断，可能成为面向全球的全球价值链的主导者。为什么我要强调这一点？我们去年的“双十一”节，电子商务平台不仅仅面向中国的消费者，也不仅仅面对中国的生产商，是全球的生产商、全球的消费者都进入到我们阿里巴巴这个平台、“互联网＋”这个平台。所以我认为，我们完全可以在“一带一路”上，为各个国家提供跨境电子商务平台，大家在同一个平台上扩大国际贸易。就像我们江苏，前一段时间马云到江苏来签订了一个协议。这实际上也要求我们中国的企业通过跨境商务的平台走向世界。“一带一路”可以做到“互联网＋平台”来先行。这个是通过“互联网＋跨境商务平台”这个模式来推进我们的“一带一路”。

我们要进入全球价值链的中高端，不仅仅是要靠科技创新，还要靠商业模式的创新。因为商业模式的创新是攀升全球价值链中高端的一种核心竞争力。比如阿里巴巴，推出了支付宝模式、云计算模式、阿里贷款的模式，这些商业模式也就推动了它在价值链中间处于高端。苹果公司自己没有技术，但是它靠它的集成创新，它能够把全世界最优秀的技术集成起来。所以我们现在在攀升全球价值链的时候，仅仅有了技术还不行，必须有合适的商业模式。因为攀升全球价值链，要面对的是“在位者”的竞争。它本身已经在中高端，你要到它那里去，“在位者”就会通过各种方式阻碍你。另外一个还有竞争者，大家都要进入到中高端，所以你要攀登中高端，一是要有先进技术，另外还要有合适的商业模式。我们需要争取更多的订单，客观条件我们具备了“互联网＋跨境平台商务”这种模式的基础条件，但是决定性的因素是核心技术、品牌优势和商业模式。我们的路径，一个是要通过品牌战略，一个是要并购，不一定要自己竞争，要并购处于中高端环节的企业。再一个本地可以生产出同类的达到价值链技术标准的替代进口。这都是我们可以采取的一些模式。

所以，最后我就得出一个结论，中国的产业依靠创新驱动攀登全球价值链中高端，这是中国经济自身发展到新阶段的需要。中国企业的"走出去"，更多的是价值链"走出去"。这个发展机会不仅仅是给中国的产业，也是给"一带一路"上的国家和地区的。无论是低端环节的转移，还是"以我为主"的价值链的分工和延伸，都能使相关国家得到全球价值链的红利。

变更倾向和强烈动荡中的全球治理规则难题[*]

时殷弘[**]

在世界范围广泛流行或共生的跨国价值取向可以称为“全球政治文化”，国际地缘政治从全球视野去看则主要集中于大国之间的基本关系，其演化总是围绕权势对比变动和与之相伴的重大竞争或合作。当前，全球政治文化正在颇为显著甚至急剧地发生朝本土主义—民粹主义—民族主义方向变更的倾向，与冷战结束以来的先前任何时候相比，国际地缘政治中的大国基本关系可谓强烈动荡，其主要内涵是中美两国间的战略竞争迅速加剧，俄罗斯与美欧强烈对抗，中俄两国间的战略协作则作为这两大事态的一个结果而大为提升。在如此的基本生态中，全球治理规则在一系列

---

* 本文根据作者在 2016 年 10 月 29 日南京大学亚太发展研究中心主办的第二届“钟山论坛(亚太发展年度论坛)”开幕式上的主旨演讲整理而成。

** 作者系南京大学亚太发展研究中心学术委员会主任委员，国务院参事，中国人民大学国际关系学院教授。

功能领域的形成、调整和贯彻面临程度空前的困难。换言之,促进全球治理规则的形成、调整和贯彻首先取决于所有重要国家与其国内社会能否建设性地阻滞和扭转上述变更倾向和强烈动荡。尽管这在目前看来是个巨大的挑战,难以予以真正成功的应对,然而必须做出重大和经久的努力,抵制本土主义—民粹主义—民族主义政治文化,争取大国基本关系的稳定和改善。

多边机制的呆滞和低效与全球政治文化的变更倾向

与广泛流行了许多年的、乐观的、自由国际主义时代观和世界观相悖,也与治理全球性、区域性国际共同问题和跨国问题的被公认的紧迫需要相悖,在当今时期,总的来说多边机制呆滞和低效,多边合作前景相对暗淡或渺茫。"全球治理"前景较为暗淡,无论要治理的问题是"同舟共济"应对世界经济衰退威胁、谋求国际金融体制改革或完成多哈贸易谈判,还是海洋争端和海上行为对立、核武器扩散、涌向欧洲的中东西亚难民大潮、"伊斯兰国"的恐怖主义战争或所谓"保护责任"即干预或干涉主义。众所周知,就这些问题而言的全球治理规则的形成、调整和贯彻难上加难。几乎罕见的重大例外是 2013 年以来取得重大进展的应对全球气候变化事业,依凭中国晚近的巨大的主动贡献,还有中美两大首要排放国之间的有效协商和协调,或许通过七国长时间艰难协商而实现的伊朗核协议也是如此,就此中国的贡献也非同小可。

中国即将作为东道主举办 2016 年 G20 峰会。中国政府对此高度重视,认真操作,决心争取通过这次峰会为 G20 增添它显著发展的强劲动力，因为毕竟G20是当今世界唯一包容主要发达国家和主要发展中国家两者的全球性政治经济(global political economy)最高级协商平台和论坛，毕竟中国有志愿、有创议、有方案要通过G20各国的可能的最大程度合作，争取使之更契合全球经济发展和社会公正的突出需要，并且具有初步的可持续的体制性安排前景。我们应当祝愿中国就此做出最终能结出实际硕果的有效贡献。

然而如前所述，全球治理前景依然较为暗淡。除了后面要谈论的大国地缘政治竞争甚为严重之外，前景较为暗淡的基本原因有四个：诸多大国利益严厉限制；某些关键性小国“顽固不群”；所涉的广义和狭义的技术问题异常复杂而且新颖；“全球政治文化”的变更倾向。有讽刺意味的是，尽管有历时多年的多边主义国际合作理论思想滥觞和舆论流行，但目前世界性国际和平和安全领域内大致唯一有真实的定夺权威和下令权能的，仍只是1946年设立的联合国安理会！不仅如此，几大区域的多边主义合作组织前途或高度不定(欧洲)，或大为渺茫(亚洲)，或其体制功能证明远不如初衷(北美自由贸易区)。此外，还有地缘经济，甚或地缘战略意义上的多边体制创议之间的大国竞争(其头号例子是TTP *vs.* FTAAP)。

其实，所有这些大多属于适逢“艰难时节”的正常情况：恰在这更需要国际广泛合作和多边体制的时候，往往自顾自保优先，合作意愿减退，义务分配困难，体制创建维艰，或已有体制低效。应然往往远异于实然，当今国际“集体行动”的困难远甚于自由国际主义理论学说在先前“较好时节”所言所料，其时至少世界经济状况良好得多，同时权势格局变动也窄小得多。

美国特朗普—桑德斯孤立主义潮流的强劲凸显，英国脱欧公投的多少惊人的结果，比冷战后头二十年远为广泛和频发的经济保护主义，俄罗斯普京在国内咄咄逼人但颇得民心的、与西方在战略和军事上的激烈对抗态势，台湾地区的政治大变动和香港地区动乱的逆流，甚或中国本身的部分显要舆论和显要行为，等等，都显示本土主义—民粹主义—民族主义在世界范围的风行倾向，那与世界的广泛和深刻的经济、社会、技术、文化和地缘政治动能密切相关，而相关各国的"自由国际主义"传统精英对此的准备大为不足，应付起来捉襟见肘，甚至颓势可观。

这类"全球政治文化"的变更倾向应当说是全球范围国际秩序动荡和"裂变"的重要动能和表现，多边机制的总的呆滞和低效在其中就更可理解。在这样的基本情况下，中国一方面仍要努力在推进全球和区域的多边合作方面起更重大的作用，但另一方面需要广泛和深入地考察全球逆动倾向，认识到中国一国不是足够的全球化国际秩序（或至少自由、开放的全球贸易秩序）稳定器和顶梁柱，甚或还要有一定的"无力回天"的思想准备和政策准备。

国际地缘政治和大国基本关系的强烈动荡

如前所述，与冷战结束以来的任何时候相比，当今国际地缘政治中的大国基本关系可谓强烈动荡，其主要内涵是中美两国间的战略竞争迅速加剧，俄罗斯与美欧强烈对抗，中俄两国间的战略协作则作为这两大事态的一个地缘政治结果而大为提升。在此，我们主要谈论当今中国与美国的战略/军事竞争和对立图景，那与约四五年前的图景相比可谓向下强烈动荡。

中国战略性军力的经久急剧增强仍在继续，甚至是以加速度继续，而且在可预见的未来仍将如此。在这方面，世界已经看到关于西太平洋至少是西太平洋西部的中美军备竞争甚而更广泛的战力竞争显著浮现，涉及海上、空中、网络空间，甚至外层空间。这方面的一项新的重大事态，在于美国伙同韩国不顾中国经艰难磋商后最终同意空前广泛、空前严厉的联合国安理会对朝制裁决议案，决定在韩国部署将严重伤害中国现有战略威慑能力的萨德反导系统，而如此必将引发中美战略武器竞赛的一个新的重要方面。中国武装力量主要面对海洋和海陆两栖环境的军事斗争准备正在加速度进行。

同样显著的是，中国继续在南海和东海大力伸张和发展自身的海洋权利和战略权势，并于 2013 年以来在南沙群岛的五至七个岛礁同时进行急速的大规模扩岛，包括建筑飞机跑道在内的军民两用设施的首要事态。这大大加强了中国在南海的军事实力地位，同时也大大加剧了与美国的战略竞争和对立，扩展了与东南亚海洋国家的紧张关系，同时促使美国在东亚太平洋的盟国、准盟国和其他战略伙伴着手构建它们互相间的安全合作网络。由此开始，在短时间内，美国屡次派遣军舰军机挑衅性地前往中国扩岛后的岛礁附近水域空域，甚而进入 12 海里周围水域，中国则在南沙和西沙群岛部署地对空导弹、先进战机和先进雷达，并且针锋相对地出动军舰军机与美对峙。

最近，在 2016 年 6 月初，很可能为了抵抗美国及其战略伙伴就南海问题施加的增进着的军事压力和外交压力，包括以两艘核动力航母为首的战略性特混舰队操作的美国在南海急剧的对华军事威慑，一艘人民解放军海军护卫舰驶入东海钓鱼岛附近水域，此乃中国就该岛采取的首次此类军事行动：一项很可能旨在迫使对方从事某种可比喻为"两线作战"的行动，即通过中国发动自己的"两线作战"。一个月后，海牙国际仲裁法庭发布被中国斥责为"一张废纸"的关于菲律宾诉案的裁决，它压倒性地偏向菲律宾及其背后的大国支持势力，否定中国在南海的主权声索和海洋权益声索的合法性。就此，中国政府随即发表声明，几十年来第一次明确宣告了"九段线"的法律含义，即"九段线"内所有岛礁皆为中国领土，这些岛礁周围的紧邻水域皆为中国领水；"九段线"内的其余海域皆为中国的 200 海里专属经济区；中国的这些主权声索和海洋权益声索基于历史性权利。

不仅如此，中俄两国间的战略/军事协作已迅速进展，特别是俄罗斯先进军事装备和技术的加速对华输出，还有中俄两国海军在地中海和日本海的联合军事演习。（还有，出自巧合或——更可能——某种着意的协调，俄罗斯军舰在中国的上述海军行动之前几小时也出现在钓鱼岛附近水域，那看似一项就中国近海一大战略性热点采取的史无前例的中俄联合军事行动。）尤其以 2016 年 6 月下旬中俄两国元首关于全球战略稳定的联合声明为标志，中俄"全面战略协作伙伴关系"因其战略和军事内涵正在变得愈益显著和广泛，可以认为已经至少接近针对美国威胁的一种准同盟关系。

与中美战略/军事竞争和对立紧密相连的一个重大领域，是当今中国与日本之间的一种双重关系。北京和东京目前都在实行某种总体上的战略“双轨”方针。一方面，它们都追求一种限制在钓鱼岛水域和东海对抗的外交，在有限程度上改善双边关系，并且为进一步类似的有限改善保留余地。另一方面，中国继续促进急剧和经久的战略军力建设，这作为总的“军事斗争准备”部分地针对日本，并且继续扩展中国的战略军事活动范围，它们的重心之一是包括冲绳在内的日本附近海域洋域；与此同时，日本则已发动和步步推进解禁集体自卫权，升级它在美日军事同盟中的军事作用，准备将来应美国要求而在军事上干预南海局势，并且正在将大为增进了的战略注意力和战略资源部署到东海地区。

中美两国一定要牢牢记住以下根本事实：在经久不息的地缘政治与程度空前的全球化复杂交织的当今世界，太平洋西岸的巨型中国是高速增强着的最大发展中国家，太平洋东岸的巨型美国则是实力最强和权势最广的发达国家，两国间的当代关系实属多维、复杂、能动和意义非凡。中美两国既非单纯的对手，亦非单纯的伙伴，双边关系中基本的竞争、对立、协调和合作成分既有相对的稳定性质，又有不息的变动特征。中美两国都须明白，任何非同小可的彼此间轻视，任何左右相关国策的误识或偏见，任何就对方的紧要利益、实际能力和基本情感做出的严重误判，都会导致重大的损失和深远的后患；无论是试图以实力胁迫对方屈服的蛮横做法，还是出于激愤和莽撞的过激反应，都可谓政治上的浅薄和战略上的轻浮。

最后，让我们回到开头预示的、关于全球治理规则的结论：在全球政治文化的变更倾向和大国基本关系的强烈动荡中，全球治理规则的形成、调整和贯彻面临程度空前的困难。全球治理规则的形成、调整和贯彻首先取决于所有重要国家与其国内社会能否建设性地阻滞和扭转这一变更倾向和强烈动荡。必须抵制正在全球范围扩展和增进的本土主义—民粹主义—民族主义政治文化，必须争取大国基本关系的稳定和改善。这样的努力实属必要、实属可贵，而且至少能够取得重大的部分成功。

Order and Strategy

秩序与战略

中美战略关系与亚太安全秩序

——基本历史经验对于未来的启示*

石　斌**

内容摘要　亚太是当今世界最重要的地缘政治经济区域之一，且多重安全竞争关系并存、中美战略矛盾高度集中。中美战略关系是影响亚太安全秩序的关键因素。历史经验表明，中美之间合则两利、斗则俱伤；而基本政治共识与战略底线原则是中美关系稳定发展的首要条件和重要基础，功能性领域的务实合作和实际成果只是润滑剂和助推器。当前中美战略关系处于结构调整、基

* 本文为国家社科基金重点项目"中国及新兴大国群体在国际秩序变革中的地位和作用研究"(项目编号 15AZD027)、江苏省高校哲学社会科学研究重大项目"新兴大国在国际秩序变革中的机遇与作用研究"(项目编号 2013ZDAXM007)的阶段性成果。

** 作者系南京大学亚太发展研究中心主任；南京大学—约翰斯·霍普金斯大学中美文化研究中心教授；南京大学政府管理学院双聘教授。

础动摇、信任赤字的十字路口，必须“价值导向”与“利益导向”并举。双方应基于新的历史条件，通过达成关键政治共识，重塑中美关系战略基石。这至少应包括：确立合作共赢的新型大国关系总体目标；重申三个公报的核心原则，尤其是一中、反霸与共处原则；尊重彼此核心利益；厘清彼此在亚太尤其西太的战略目标；奉行责任分担与权力分享相称性原则。在实践上，倡导共同安全与合作安全理念，共同致力于争端解决和危机管控机制建设，推动多边制度合作，在亚太地区构建一种更加开放、包容、富于弹性与稳定性，能够兼容多极格局、多边协商、多元议题、多层交往的复合安全体系与多边制度秩序。

关键词　中美关系　战略基础政治共识　大国协调　亚太安全秩序

引　言

亚太尤其东亚，是当今世界最重要的地缘政治与经济区域之一，也是多重安全竞争关系并存、中美战略矛盾高度集中的地区。作为世界上最重要的两个大国和最大的两个经济体，中美关系的

走向，尤其是中美战略关系[①]的基本性质与发展方向，不仅事关两国人民的切身利益，也是影响亚太安全秩序，或者进一步说，影响亚太地区和平与发展的关键因素。

随着中国的发展和美国亚太战略的调整，当前中美关系正处于某种十字路口，双边关系错综复杂，相互认知亟待厘清。与此同时，全球形势乱变交织，亚太热点此起彼伏，安全秩序危机重重，而相关战略论辩远未形成基本共识，因应之策众说纷纭。总之，中美战略关系和亚太安全秩序都处于某种调整与转型时期。面对纷繁复杂的现实和难以预知的未来，一个必不可少的思考环节是，诉诸历史经验以便从中获得某些重要启迪。

基于历史与现实的双重考量，本文着重讨论和说明如下几个主要观点：

1. 1949年以来中美关系的基本历史经验是：和则两利，斗则俱伤。

这条经验虽然近乎常识，却未必已经深入人心，更谈不上会自动成为处理中美关系的行动准则。对于这一历史经验，如今绝不可等闲视之。随着中国国力的持续增长和对外战略的调整，中美两国在亚太地区的权力格局已今非昔比，甚至可以说已经形成了

---

① 本文所说的“战略关系”，主要指具有“全局性、长期性、战略性”的总体安全关系，即“战略安全关系”，具体表现为国家之间在政治、经济、军事、外交等重要领域的信任或猜疑、紧张或融洽、合作或对抗关系。“全局性、长期性、战略性”，实际上也是中美战略与经济对话自开始以来的基本定位。参见“全局性、长期性、战略性：第三轮中美战略与经济对话举行”，《光明日报》2011年5月11日第8版。

某种“双峰对峙”的局面。如果中美走向对抗与冲突，其代价将难以估量，后果无法想象。因此，合作是最合乎逻辑的选择。

2. 历史经验同时还表明，中美战略合作关系的形成和维系需要有一个重要基础，即战略层面的基本政治共识，包括“底线共识”。

中美在1969—1989年和1989—2009年这两个不同阶段的基本合作关系，或者说以合作为基调的战略安全关系，均得益于此种战略共识。这种共识的核心，是对双边关系的基本性质和目标有一致看法，同时对彼此的战略意图、政策目标和对外行为既有基本的理解和认知，也有足够的容忍度与接受度。这种共识的存在，使两国能够确立并在相当长一个时期内维持一种基本的战略信任与战略协调关系，并且一般能够压倒（即便不是克服或减少）众多其他矛盾或分歧，使这些矛盾、分歧乃至突发性危机事件处于可控范围之内，不至过分激化从而走向全面对抗。

3. 当前中美关系又处在一个新的转折关头，双方需要立足于新的历史条件，为发展合作共赢的新型大国关系确立一个新的战略基础。

中美在过去两个阶段的合作关系，其战略基础都是特定历史条件的产物，对双方而言在一定程度上都具有权宜之计的性质，既非不可动摇，更非一劳永逸。如今时势移异，全球格局和世界秩序正在发生重大变化，中美战略关系也处于结构调整、信任赤字、基础动摇的十字路口，必须寻求解困之道。那就是，在原有三个公报基础上，立足现实，着眼于更为长远的未来，为建立新型大国关系确立一个新的战略基础。要确立新的基础，既有不利因素，也有众多有利条件；既有新挑战，更有新机遇、新动力。

4. 未来中美关系需要"价值(目标)导向"与"利益(成果)导向"并举。

规定中美关系基本性质与总体目标的战略底线共识，是中美关系稳定发展的首要条件和重要基础；功能性领域的务实合作和实际成果(过去数十年来实际上一直有增无减)，尽管不可或缺，但充其量只能是润滑剂或助推器，而不是保险杠或压舱石。二者不可本末倒置。

5. 中美需要共同致力于构建一种更加合理、稳定的亚太安全秩序。

现有亚太安全结构并不平衡，安全关系错综复杂，安全模式与安全战略纷乱不一，已难以应付日趋复杂的安全形势与热点问题。亚太安全秩序的根本出路，是基于大国协调的多边制度合作。其首要条件，则是中美基于"关键共识"的战略协调。中美必须共同致力于争端解决和危机管控机制建设，推动多边制度合作，在亚太地区构建一种更加开放、包容、富于弹性与稳定性，能够兼容多极格局、多边协商、多元议题、多层交往的复合安全体系与多边制度秩序。

一、中美关系的基本经验：合作共赢需要战略基础

1. 中美关系的四个发展阶段

自新中国成立至今近 70 年里，中美战略与安全关系一直在"冲突"与"合作"两端之间摇摆。有时以冲突为主，有时以合作为

主，但两者始终并存，自中美和解以来合作总体上是主流。中美关系的这种起伏变化，对亚太安全秩序也产生了深刻影响。

大致以 20 年为一个周期，我们可以把中美关系的历史划分为四个阶段。①

第一个 20 年（1949—1969 年），中美是“完全敌对与冲突”的关系。其间，美国奉行对华全面遏制政策，中美在朝鲜、越南进行过两场大规模的军事较量，双方都为此直接或间接地付出了巨大代价。② 中美敌对关系，集中体现甚至决定了这个时期亚太安全秩序的基本特征，即全面对抗性的安全关系。先是主要体现为两大军事集团的对抗，继而是中国与美国及其盟国的对抗，同时还有美国和中国分别与苏联的对抗。不仅如此，当前亚太安全秩序的某些隐患，包括今天仍然困扰东亚地区的许多重大问题，如朝鲜半岛问题、台湾问题、美国在东亚的军事联盟与军事存在、中美在西太平洋的权力格局与战略竞争，等等，很大程度上都是冷战遗留问题，同时也与中美这 20 年的敌对有关。

---

① 参见石斌：“中美在东亚的战略共识与分歧”，见石斌主编：《亚洲新未来：中外学者论国际关系与地区秩序》，南京大学出版社 2016 年版，第 157 - 160 页。

② 例如，朝鲜战争期间，中国军队伤亡 42.62 万人，战费开支达 62 亿元人民币，各种作战物资消耗达 560 余万吨（沈志华：《毛泽东、斯大林与朝鲜战争》，广东人民出版社 2004 年版，第 358 - 359 页）。美军战死 54 246 人，另有 8 000 人失踪，受伤人数为 103 284 人，伤亡总数超过 16 万人（[美]莫里斯·艾泽曼：《美国人眼中的朝鲜战争》，陈昱澍译，当代中国出版社 2006 年版，第 129、131 页）。在越南战争中，美军伤亡人数高达 30 余万（[美]莫里斯·艾泽曼：《美国人眼中的越南战争》，孙宝寅译，当代中国出版社 2006 年版，第 178 页）。

第二个 20 年(1969—1989 年),中美是“合作大于竞争”的关系。中美实现历史性的和解并建立起特殊的战略合作关系,体现了两国领导人的政治智慧与战略决心,对双方来说都是一个巨大的成就。这个时期,两国在某些领域的合作内容与合作质量甚至超过美国与其盟国之间,甚至被一些历史学家称为“心照不宣的同盟”。中美和解,使中国得以摆脱与美国和西方的冷战对抗关系,顶住了苏联的压力,国际战略环境大大改善,为改革开放与和平发展战略的实施创造了有利条件。就亚太安全而言,中美和解也使亚太地区开始逐步形成以合作为主要特征的新安全秩序,而地区安全环境的改善又为亚太经济的腾飞创造了条件。

第三个 20 年(1989—2009 年),除了 1989—1992 年的低谷,中美是一种“竞争与合作并存”的关系,两者的比重在不同年份此消彼长,很难说哪方面分量更重。在此期间,中美之间各种冲突不断,如美国阻止中国申办奥运会、“银河号”事件、老布什政府大幅增加对台军售、“误炸”中国驻南使馆、2001 年“撞机事件”、2009 年南海“无瑕”号事件,等等。但中美并未因此完全走向敌对,官方正常关系仍然得以维系,中美关系保持了总体稳定。

与此同时,中国的崛起进程不断加快。这一方面得益于中国在面对东欧剧变、冷战结束等重大国际格局变迁时,始终奉行“冷静观察”、“稳住阵脚”、“沉着应付”的基本方针,坚持以经济建设为中心，并致力于中美关系的“改善和发展”；[①]另一方面，客观上也是由于美国遇到了一系列困难，如先后经历海湾战争、“9·11”袭击并因此陷入伊拉克战争和阿富汗战争，乃至“百年一遇”的金融危机，以至美国国势走向相对衰退。[②]

在这个阶段，合作仍然是亚太安全秩序的主流。与此同时，亚太经济持续成长，绝大部分国家都依托该地区的和平、稳定与繁荣而获得程度不一的发展。中国的发展尤为显著，不仅成为地区乃至全球经济的领跑者，也使包括美国在内的其他地区的许多国家从中受益。

第四个20年（2009—2029年），自2009年以来，情况似乎正在发生一些微妙的变化，中美关系进入一个更为复杂的新阶段，“信任赤字”和不确定性因素都在增加。到目前为止，中美仍然维持着合作与竞争并存的关系态势，正面冲突或对抗暂时得以避免，但两国关系没有出现不断改善和提升的理想趋势，彼此战略疑虑有增无减，强硬派观点在两国均有所上扬，在南海等问题上的暗中较劲和相互批评时有发生。这就意味着，如果出现严重突发事件，是会像第三个阶段那样得到有效控制，抑或导致较为严重的政治危机，使双边关系出现显著倒退，实在很难说。

中美关系的一个“转折点”，大概是2009年12月的哥本哈根

---

① 参见邓小平：“改革开放政策稳定，中国大有希望”、“中美关系终归要好起来才行”，《邓小平文选》第三卷，人民出版社1993年版，第321页、351页。

② Edward Luce, “The Reality of American decline”, *Financial Times*, February 6, 2012.

气候变化大会。在这次会议上，以中国为主要代言人的“基础四国”及 77 国集团(实为 131 国)，与美国带领的“伞形集团”和欧盟等发达国家发生了阵线分明的正面对峙。西方媒体认为中国是搅乱大会的祸首，而中国则感觉这场大会更像是“富国集团”遏制中国发展的阴谋。

2010 年，美国宣布新的对台军售、谷歌事件、奥巴马会见达赖喇嘛、美国炒作人民币汇率问题、贸易摩擦等相继发生，引发了中美关系自 2001 年南海撞机事件以来最严重的政治风波。

与此同时，在应对自 2008 年开始的全球金融危机的过程中，中美无论是在发展模式还是对未来国际经济秩序的主张方面，都已出现明显差异。对美国来说，这意味着一种可能性：中国可能不再简单认可美国所主导的国际规则，而是试图充当一批发展中国家、特别是新兴市场经济国家的领头羊，与美国抗衡。

在上述背景下，美国对华战略防范意识急剧上升，并把维持和巩固其在亚洲的领导地位视为关键目标和当务之急。自 2011 年 11 月奥巴马政府公开宣布“重返亚洲”政策以来，美国对其亚太政策做出了许多“再平衡”调整：政治上，继 2009 年和 2010 年相继加入《东南亚友好合作条约》和东亚峰会之后，美国开始全面参与东亚现有多边国际合作机制；经济上，积极推进跨太平洋经济伙伴关系(TPP)，试图建立一个以美国为中心的泛太平洋经济合作圈；军事上，巩固与日本、韩国、澳大利亚、泰国和菲律宾的同盟关系，同时寻找新的伙伴关系，包括与越南、印度、印尼、新加坡等国建立某种准军事关系。

东亚乃至亚太战略态势的上述变化，进一步凸显了中美战略关系的重要性，并使两国之间的战略稳定问题，尤其是看来正在增加的战略互疑问题成为一种核心关切，[①]同时也引发了亚洲各国对中美各自在该地区的战略动机、意图和未来角色的关注。值得注意的是，由于中国在亚太地区的经济影响力已超过美国，与周边国家的经济联系更加紧密；但中国同某些邻国的领土领海争端，印度、日本、越南、菲律宾、韩国等国对中国崛起的疑虑，也给美国提供了可乘之机。随着美国对中国的防范心理加强，亚太地区出现了某种经济与安全相互隔离的二元化趋势：许多国家在经济上依赖中国，安全上却想利用或依靠美国。

自2013年以来，中国外交逐步呈现出一种新格局与新气象，在大国关系、周边关系、全球治理等领域都体现出更加积极进取、奋发有为的态势。与此同时，美国国内则出现了一场新的对华战略辩论。值得注意的是，在新一轮对华政策辩论中，除了一向存在的维持现状派和对华强硬派观点，还出现了一种对华“顺应派”的观点，即认为美国应该承认、接受中国正在不断崛起的现实，主动适应或顺应亚太地区政治经济格局的变化，调整自己在亚太尤其是东亚地区的战略目标，与中国建立更加广泛的合作关系。然而这场辩论至今尚未尘埃落定。随着特朗普的上台，美国对华政策的走向面临新的变数，两国政府的交往目前还处于相互磨合期。

2. 中美关系的基本历史经验

如果对中美关系前三个阶段总共60年的历史做一个整体观

① 关于中美战略疑虑的一项全面分析，参见王缉思、李侃如：《中美战略互疑：解析与应对》，北京大学国际战略研究中心，2012年3月。

察，不难得出两个基本结论：其一，“合作”符合中美两国的根本利益，“冲突”则使两国都付出巨大代价，正所谓“合则两利，斗则俱伤”。其二，合作需要有一个基础，这个基础就是中美之间的基本政治共识或战略底线共识。据此确立的战略合作关系乃至战略“互信”关系，对于两国关系的稳定和发展至关重要。

第一个结论近乎常识，似乎无可争议，然而知易行难，或者不如说知难行更难。尽管历史的教训再清楚不过，但中美合作未必已成为理所当然之事。时至今日，在中美两国都有一些人，他们仍旧信奉斗争哲学，对合作持消极态度，甚或认为中美必然走向冲突。这说明，要让合作在认识上成为普遍共识，在实践上成为双边关系的主流和基调，还需要不断努力。

第二个结论似乎更不容易理解，需要做进一步说明。

总体来讲，自中美缓和以来，除了 1989—1992 年的短暂动荡外，双方先后经历了两个长期稳定的、基于明确角色定位，或者说具有明确战略基础的广泛合作阶段。

第一个阶段是从 1971—1972 年基辛格、尼克松相继访华到 1989 年，这个时期双方的战略基础在于共同应对来自苏联的威胁。这个阶段的中美战略合作以及由此造成的所谓“大三角”关系，对于中美关系的改善、美苏关系的缓和、亚太安全乃至全球格局的发展都产生了非常积极和深远的影响。

第二阶段是从 1992 年到 2009 年，这一时期双方的战略定位也很清晰，并逐步形成了某种“融入—接纳”模式。随着冷战的结束，中美关系原有的主要战略基础不复存在，“心照不宣的同盟”也基本结束，但两国都表达了继续合作、避免对抗的意愿，并很快找到了一个重要的战略契合点,确立了维持合作关系的底线共识。那就是,中国努力谋求融入由美国主导的国际体系,2001 年中国加入 WTO 是一个重要标志。中方的目标非常明确,就是要进一步深化改革开放,在国内推行市场化,在外部融入并拓展国际市场。与此同时,美国则愿意接纳并试图将中国塑造为全球化进程中的重要伙伴。美国国内虽然经常出现"中国威胁论"、"中国崩溃论"等杂音,但大体上也还是乐见中国加入它所主导建立的一系列国际体制之中。双方在这一阶段的战略合作是双赢的。中国"搭"上了美国推动的全球化"便车"(甚至被一些人认为是全球化的"最大受益者"),实力与国际地位迅速提升。

由于两国在重大战略利益方面存在基本共识,各自的角色定位比较明确,自正常化以来,中美之间虽然合作与竞争并存,甚至出现一些严重的突发事件或较为尖锐的矛盾,但并未因此走向完全敌对;相反,两国关系总能够走出低谷,中美关系基本稳定的大局能够得到维持。

需要特别强调的是,这个"战略基础"的核心,并不是所谓"战略互信",而是在重大利益或重大问题上的政治共识或战略共识。诚然,国家之间,尤其是关系原本密切的联盟成员之间,或处于合作型安全关系的国家之间的相互信任,非常有助于它们保持或巩固合作关系。然而在国际关系中,相互信任一般是合作的结果,而不是合作的前提或起点。中美在 20 世纪 70 年代以来所建立起来的某种程度上的战略信任关系,是政治共识与战略合作的结果,而不是其原因。中美之间不是因为彼此信任才建立了准同盟关系,而是因为在重大战略问题上找到了利益契合点,达成了政治共识,克服了重要困难或解决了关键问题(例如一个中国原则的确立),从而打下了战略基础,产生了合作动力,进而形成了合作关系。在此基础上,彼此才有了一定程度的信任感,而且这种信任感并不是全方位的或足够深刻的,而是有限的和有条件的。这就解释了一个看似矛盾、实则相当自然的现象:自中美和解以来,双方虽然在许多具体问题上仍然存在分歧,而且摩擦不断,总体关系起起伏伏,但始终能够保持合作大局,最坏的时候也只是斗而不破。

然而,自 2009 年左右中美关系进入第四个 20 年以后,中美这对重要的战略性关系,看来已经出现了"信任赤字"问题,而基本战略互信的丧失,很大程度上是由于双方战略基础的缺失和战略定位的模糊。一些美国人开始认为,中国已不再满足于"融入—接纳"模式,而是打算另起炉灶、"自立门户"。一些美国对华强硬派人士甚至认为,自尼克松以来的对华接触战略已经失败,美国对中国的"接纳"不仅没有达到按照自己的价值标准塑造或"改造"中国内外政策行为的目的,反而使中国在力量不断增长的同时,对外政策更加"咄咄逼人",而且,在中国越来越强大的同时,美国变得越来越弱小。换言之,此前以"融入—接纳"模式为核心的战略基础和角色定位已经发生动摇。在中国快速崛起的背景下,中美战略关系的这种"信任赤字"日益明显,两国的民众与部分精英之间都有一种深刻的不信任态度。此外,无论在美国还是中国,民粹主义的力量都在抬头,只不过美国的民粹政治是产生于社会经济困难的大背景下,而中国方面则是缘于民族自信与自尊的某种膨胀。

当前中美关系中的各种困难,一般还被认为与崛起国家和守成大国之间的一种结构性矛盾有关。这种矛盾过去通常被称为

"安全困境",现在的流行说法是"修昔底德陷阱"。在整体战略基础欠缺、结构性矛盾上升的情况下,中美关系事实上处于一种"权力转移"情境和语境下的战略"敏感期",各自的合理行为很容易被对方误读为具有进攻性。西方媒体把中国外交的许多言行认定为"咄咄逼人的";中国许多舆论则把美国"重返亚太"的政策以及在中日等周边争端中所持的立场,视为"围堵"、"打压"中国的阴谋。两国社会中对未来中美关系持悲观态度的人有增无减,华盛顿政治精英的对华立场似乎也趋于强硬。

二、当前亚太安全秩序的复杂现实

1. 亚太安全结构与安全关系错综复杂

当前亚太安全形势极为复杂。从"安全结构"上看,有如下特征:首先,该地区云集了世界上名列前茅的大部分军事强国以及现实和潜在的拥核国家(如果朝鲜核问题不能解决,中国将成为世界上唯一三个方向都有核邻国的国家)。其次,该地区集中了中、美、俄三个主要政治与军事大国的战略投射。第三,该地区集中了众多美国的双边同盟和准同盟。第四,该地区尤其西太平洋地区,是美国这个军事超级大国与中国这个正在迅速崛起的军事强国战略力量交汇的主要地区。这种复杂局面,在全球是绝无仅有的。

从"安全关系"上看,形势更不容乐观。

首先,亚太是多重安全竞争关系并存的地区。

众所周知,亚太地区一直存在着各种安全竞争或"安全困境",这些实在或潜在的紧张、竞争或冲突包括:朝鲜与韩国、朝鲜与日本、印度与巴基斯坦、俄罗斯与日本、中国与美国、中国与日本、中国与印度、中国与某些东南亚邻国、中国大陆与台湾地区。

由于本地区没有诸如北约或欧安组织(OSCE)之类的地区多边安全机制,上述安全困境常常是导致许多地区"热点"的主要原因,例如朝鲜半岛、克什米尔、南中国海、台湾海峡,以及大规模杀伤性武器扩散、军备竞赛等问题。显然,如何走出或至少缓解这类困境,对于中国和整个亚太的和平与发展都至关重要。

其次,亚太是中美战略矛盾高度集中的地区。

在中美这两个"纠缠的大国"①之间,有一些长期存在的分歧或争议性议题(如所谓 4T 问题,即台湾、西藏、贸易、技术),随着形势的发展也出现了一些新问题(如地区领导权竞争,中国军事现代化对美构成的压力,中国科技现代化导致的太空、电子、网络等无形空间竞争,中国的产业升级和人民币国际化带来的新的贸易摩擦,中国国内政治与社会的多元化导致对美政策缺乏共识,以及众多涉及第三方的问题②),某些老问题也有新的表现形式。这些问题从地缘上讲主要集中在亚太尤其是东亚地区,概括起来主要涉及以下几个方面:(1) 所谓"修昔底德陷阱"与亚太"领导权之争"。(2) 在事关中国主权问题上的政治分歧。(3) 军事安全上的不同关切,尤其是在西太平洋地区的战略竞争。(4) 经济、贸易与金融领域的摩擦与竞争。(5) 意识形态领域的现实与潜在冲

---

① 沈大伟主编:《纠缠的大国:中美关系的未来》,丁超等译,新华出版社 2015 年版。

② 金灿荣:"未来十年中美关系存在三类问题",http://news.xinhuanet.com/world/2013-06/25/c_124906687.htm?prolongation=1。

突。（6）影响中美安全关系的多边国际因素与第三方问题。（7）在亚太安全秩序构想与策略上的差异。①

其中的核心问题，是崛起大国与守成大国的关系问题。实际上，中美在全球层面尚能保持总体上的合作关系，主要分歧和对抗是在地区层面，尤其是在亚太地区安全问题上。中美现阶段在亚太地区的战略安全关系总的来看是消极的，而且对抗性因素呈上升趋势。② 当前颇为流行的一种代表性观点，是中美正面临所谓"争夺权力和势力范围"的"修昔底德陷阱"。③ 这种论调当然本质上是一种美国话语，它主要基于欧洲历史经验，体现的是西方战略文化与政治思维，在美国及其追随者当中颇有市场。尽管中国人并不认为这种"历史经验"具有绝对、普遍的意义，中国并没有任何主观意图要把美国赶出亚洲，罔顾当今国际环境政治经济与技术环境的巨大变迁，把今天的中国与历史上的崛起大国相提并论，实在过于牵强，甚至可以说别有用心，但我们必须承认，中国的崛起，包括中国在西太平洋地区战略投射能力的迅速提升，不可避免地会使美国产生危机感，中美在客观上确实可能形成地区影响力上的竞争关系，从而使亚太地区秩序，尤其是安全秩序的走向及其所依托的价值理念和主导力量问题，成为双方争论的焦点以及相关

---

① 更具体的讨论，见石斌："中美在东亚的战略共识与分歧"，见石斌主编：《亚洲新未来：中外学者论国际关系与地区秩序》，南京大学出版社2016年版，第163－171页。

② 牛军："中美关系与亚太安全秩序"，《国际战略研究简报》第43期，北京大学国际战略研究院，2016年11月30日。

③ Aaron L. Friedberg, "Hegemony with Chinese Characteristics", *The National Interest*, (July/August, 2011), pp. 18－27.

亚太国家的重要关切。

2. 亚太安全秩序的多重模式

从“安全秩序”所涉及的制度、规范、运行模式和行动策略的角度看，自20世纪70年代中美缓和以来的近50年里，亚太安全秩序至少由五种成分或五大模式构成：(1) 均势稳定模式，即全区域层次和次区域层次上处于安全竞争关系的国家或国家集团之间的相互制衡或战略威慑。亚太全区域以及东北亚、东南亚、南亚等次区域都存在不同程度的“均势”安全模式。(2)“霸权稳定”模式，即双边同盟与准同盟体系支撑下的美国霸权秩序。美国在亚太的同盟体系包括美国与日本、韩国、菲律宾、泰国、澳大利亚五大正式军事同盟。在不同时期，美国还试图与越南、印度、印尼、新加坡等国以及中国台湾地区建立或保持某种准军事关系或准同盟关系。(3) 集体安全模式，即联合国集体安全机制在亚太地区的作用。(4) 合作安全模式，目前为止主要体现为旨在建立信任、协调矛盾、管理冲突的众多双边或多边安全论坛、对话平台或合作机制。例如与东北亚问题有关的朝鲜半岛能源开发组织和“六方会谈”，与东南亚有关的东盟地区论坛(ARF)，与中亚有关的“上海合作组织”。此外还有大湄公河次区域合作机制、中日韩三边对话、美日韩安全对话等。(5) 大国协调模式，即全球性或地区性大国之间在安全秩序问题上的战略协调与战略合作。

此外还可能有其他模式或成分。值得指出的是，近代以前在东亚地区长期存在的“天下一统”模式，在现代民族国家体系中已难有现实可能性。“安全共同体”作为另一种潜在的秩序模式和美好愿景，目前在亚太地区，包括次区域层面也并不存在。

由此可见,亚太安全形势异常复杂。不仅如此,一些新的发展趋势正在加剧这种复杂性:首先是权力政治与国家中心主义的回归趋势。权力政治的回潮主要表现为向硬权力的回归,包括对物质性权力的崇拜、对军事同盟的强化、对军事实力的炫耀和使用。国家中心主义的回潮则表现为与全球化的时代需求背道而驰,无视跨国威胁不断增多、非国家国际社会力量作用不断上升的基本现实,试图重新将国家推向世界政治的唯一中心、唯一主导地位。① 与冷战后初期许多人的乐观估计不同,在当今亚太国际关系中,我们更多看到的是一些非常传统、非常保守的现实主义权力政治行为(包括无政府状态进一步强化而非弱化趋势下的相互疑惧与防范,以及自助、制衡、联盟、实力竞争甚至军备竞赛等种种努力的上升趋势),而不是"自由主义"或新自由制度主义理念与实践的进一步发展。其次是权势转移过程引发或加剧的各种矛盾,包括中国与美日的矛盾,周边小国对崛起大国的安全防范意识;中国与周边关系出现政经分离的二元化趋势;朝鲜、台海、南海等与中国有关的热点问题,不同程度上都蕴含着冲突的风险。第三,与权力转移的客观进程有关(同时也与区域内相关国家的战略认知与政策选择等主观因素有关),中美在亚太地区越来越呈现出(或者被不无夸张地理解和描述为)一种"一山二虎"的"双雄会"局面,但双方关系的发展方向和基本性质尚不确定,亚太安全秩序的未来也因此存在着不确定性。

① 秦亚青:"世界秩序刍议",《世界经济与政治》2017年第6期。

三、亚太安全秩序的根本出路:基于大国协调的多边制度合作

1. 亚太安全秩序现有模式的局限性

解决亚太安全秩序问题的主要思路,包括有关国家的实际政策,概括起来仍不外前述五种模式。然而这些模式各有利弊,彼此在价值理念和目标上也具有内在矛盾,有的模式甚至主要服务于个别大国的安全观念与战略目标。在此不妨逐一做个简要分析。

(1)“霸权稳定”模式

这实际上是一种“支配模式”(the model of reigning),即完全由某个超级大国或拥有绝对优势的霸权国主导、控制下的安全秩序。在一些研究者看来,这意味着一个等级制的安全结构,其中要么是美国(就东亚而言唯一可能的“outsider”),要么是中国(唯一可能的“insider”),处于顶端。然而这种模式既不可行,也不受欢迎。因为,就美国主导而言,崛起中的地区大国如中国、印度是既不愿意也难以被支配的。其他国家,包括美国的部分盟友,即使希望借助美国的力量,却未必愿意接受一种传统意义上的霸权秩序。而中国既没有谋求霸权的意愿,实际上也不具备这种能力。在当代条件下,霸权之不可欲、不可取乃至不现实,是显而易见的。

说霸权秩序不可欲、不可取、不现实,主要指的是安全秩序,而且并不排除大国在国际安全治理中的主要作用。事实上,如果就内容更为广泛的全球政治经济秩序而言,倒是可以认为,二战后特别是冷战后时期的世界秩序,很大程度上是一种霸权制度秩序,或

者说美国主导下的多边制度秩序。[①] 不过，这种模式既不是传统意义上的霸权体系或单极世界，也不是真正意义上的多边制度秩序，而是一种以霸权主导为主的混合模式。而且，霸权与多边本来就是一对矛盾，国际社会普遍接受的是多边制度治理原则，而不是美国霸权，这也是现有秩序受到质疑的根源之一。随着全球格局的变化和多边制度的发展，美国的主导作用还会进一步弱化。

美国在亚太地区的霸权追求需要借助其同盟体系。美国的双边同盟体系原本是冷战的产物，在冷战结束已将近30年的今天，不仅仍然存在，还在根据形势的发展不断调整、强化，甚至有变相扩大的可能性。近些年来，美国不仅积极巩固与日本、韩国、澳大利亚、泰国和菲律宾的同盟关系，还试图寻找新的伙伴关系，包括与越南、印度、印尼、新加坡等国建立某种准军事关系。这样做的目的，既是为了保持美国自身可以从中受益的地区稳定与发展，也是为了维持美国在亚太的主导地位甚或霸权地位。这就是所谓“霸权稳定”的实质。霸权国为了实现其战略目标，当然不得不提供一些国际“公众产品”，但手段与目的性质不容混淆。美国所追求的单极主导或霸权秩序，与中国、俄罗斯以及亚太许多国家所主张的多极化与合作安全模式是相互抵触、难以兼容的。

如果美国要继续谋求或维持在亚太尤其东亚地区的霸权，中国的崛起必然被视为对其利益的一个主要威胁。在许多美国人看来，中国是唯一可能对美国的亚太霸权构成挑战的国家。照此逻辑，美国势必强化并利用其传统东亚同盟体系，排斥本地安全机

---

① 秦亚青：“世界秩序刍议”，《世界经济与政治》2017年第6期。

制，以求主导东亚安全事务。

美国这个传统同盟体系在亚太安全秩序中的作用，特别是对中国的影响，也有一个发展演变的过程，需要联系历史辩证地分析。

自20世纪50年代建立之初直到中美缓和之前，美国军事同盟体系的主要目的是在亚太地区遏制苏联和中国，相对而言，更为直接的是针对中国。中美实现缓和以后，中国逐步与该同盟体系中的所有国家建立起正常乃至友好关系。在中国与该同盟体系的安全关系中，对抗性因素逐步减少，在亚太安全问题上的合作成分开始增多。该体系在客观上也成为维持亚太地区稳定的因素之一。

但直到冷战结束之后，中国仍然是美国亚洲同盟体系的防范对象。事实上，在冷战后，美日同盟的主要针对目标已经从苏联转向朝鲜和中国这类所谓地区性"危险"或"挑战"。美国前国防部长佩里就曾经说过，21世纪美日安全合作的主要内容是防范朝鲜半岛和台湾海峡地区的不稳定状态。值得注意的是，在中美关系进入第四个20年之后，美国利用这个同盟体系防范、制约中国的意图又开始呈上升趋势。

例如，迄今为止，日本仍然是美国介入亚洲事务的基石。美日同盟在美国亚太安全战略中处于核心地位。冷战后历届美国政府都奉行这种"日本第一"的亚洲政策，把日本视为制约中国的主要助手。美国利用日本制衡中国的同时，也在利用中印之间的分歧。有人认为，由于边界纠纷、西藏问题、中巴友好关系、印度核武计划等因素的影响，今天的中印关系"如同一艘既没有沉没也没有腐烂却停滞不前的大船”。[①] 这种说法当然有些片面，忽视了中印作为两个最大的发展中国家所具有的共同点以及近些年来的合作成绩，但中印之间的分歧确实为美国利用印度制衡中国的企图提供某些便利。

总之，美国的霸权秩序观念及其长期实践，非但没有解决亚太地区的各种安全困境，反而成为亚太国家走出冷战阴影、摆脱历史包袱、构建地区新秩序的一个主要障碍。更有甚者，由于美国对外战略一直深受政党轮替等国内政治因素的影响，而且这种影响现在看来有增无减，从而导致美国朝野对外战略共识的缺失，大大增加了美国亚太政策的不稳定性与“不确定性”，[②]无论是安全战略还是经济政策皆如此，TPP 就是一个极端的例子。这种情况，再加上其对外政策的利己主义和干涉主义倾向，使得美国在亚太安全问题上所扮演的角色十分矛盾：它既是一种维稳力量，又经常成为不稳定的一大根源。

（2）均势稳定模式

这本质上是一种力量“竞争模式”（the model of rivalry），其途径或调节工具有权力竞争（包括军备竞赛）、军事同盟、核威慑与常

---

① Ms. Mira Sinha Bhattacharjea's（Co-Chairperson，Institute of Chinese Studies，India），“Speech at the Seminar on the Status Quo and Prospects of the Sino-India Relations”，sponsored by *China Review*（a Hong Kong-based magazine），*China Review*，2001.3，p. 61.

② 有研究者认为，自冷战结束以来，美国政治文化逐渐从传统的共识建构型向极端对抗型转变，在政治价值观、政治制度和政治行为等方面都体现明显。美国面临着发展轨迹的逆转，内政外交都充满不确定性。见潘亚玲：“美国政治文化的转型”，《美国研究》2017 年第 3 期。

规威慑等。这种局面在国际政治实践中最为常见，也较为接近亚太地区的现实。无论是出于有关国家自觉的战略选择，还是出自无政府国际体系的内在运行机理，处于敌对关系或安全竞争关系的国家或国家集团之间的相互制衡或战略威慑态势，在亚太全区域和各个次区域都有不同程度的体现。

然而，就全区域而言，一方面，美国（借助其联盟体系）由于长期拥有显著军事优势，因此对建立霸权秩序情有独钟，习惯于主动塑造和主导亚太事务，并不总是满足于维持现状或者做一个相对超脱的旁观者；另一方面，如果它认为自己的优势受到挑战，则可能采取一些打破战略平衡的措施，例如强化军事同盟，扩大防卫范围，或者部署导弹防御系统。就次区域层面而言，有的地区力量结构本身并不真正平衡，有的则经常面临来自区域内国家的挑战从而面临失衡的危险。

在中国迅速崛起的背景下，如果美国希望充当类似19世纪的英国那样的“离岸平衡者”（offshore balancer），以维持亚洲国家之间的所谓力量均势，它必须充分利用中国与周边部分国家之间的矛盾或安全困境，设法使其他地区大国，尤其是日本、印度和俄罗斯陷入与中国的战略竞争关系甚或对抗关系。然而，鉴于自冷战结束以来俄罗斯与美国在北约东扩、反导条约、车臣、克里米亚、乌克兰等接连不断的新老问题上的矛盾，加上中俄战略协作关系的发展，美国只能把联手制衡中国的希望寄托在日本、印度和某些东南亚国家身上。然而印度不仅比日本具有更多的战略独立性与外交自主性，其作为新兴大国群体的重要成员，在全球政治经济秩序的变革过程中，与中国也有许多共同的战略利益，如果中印这两个重要邻国的关系能够保持基本稳定,美国也难有文章可做。再者,由于中国在国力不断增长的同时始终坚持和平发展战略,将中国视为国际体系的"修正派"或某种"威胁"的观点终将失去市场。如果中国与邻国的关系不断改善,美国的制衡战略在实践中可能就陷入困境。

在美国政府内外,主张利用中国与周边国家或地区之间的这些"安全困境"来遏制中国的论调早已有之,迄未绝迹。例如,早在20年前,兰德公司在《1996年战略评估报告》(*Strategic Appraisal 1996*)中就提出,美国政府应该强化与日本、韩国的同盟关系,改善与东盟的合作关系,支持台湾和东盟的防务,从而达到遏制中国的目的。[①] 近些年来,美国不断利用中国与日本、印度、越南、菲律宾、文莱和马来西亚的领土争端以及海峡两岸的紧张关系,以达到分化中国与邻国关系的目的。利用东亚安全困境来围堵中国,最明显的例子是台湾问题。为了确保海峡两岸的所谓"军事平衡",维持"不战、不独、不统"的现状,美国不惜一再违背"三个公报"的原则,不断提升对台军售水平。

显然,这种"离岸平衡"战略不仅不利于中美关系的健康发展,还蕴含着引发亚太地区冲突的危险。实际上,美国在亚太地区的所谓"均势"战略,本质上是霸权战略,它要维持的不是"均势",而是自身的优势。

---

① Zalmay Khalizad, "U. S. Grand Strategy: Implications for the United States and the World", *Strategic Appraisal* 1996, Rand, 1996, pp. 23 - 34.

总之，东西方世界的众多历史经验表明，均势确实是维持国际体系稳定的一大常见机制。然而，由于国际体系的力量结构总是在不断变化，有时甚至是变化迅速，均势本身是很不稳定的。历史证明，无论两极均势还是多极均势，都蕴含着巨大风险。尤其是两极均势，虽然一般被认为更具有稳定性，然而由于阵线过于分明，矛盾过于突出，也最为僵硬、最具危险性。均势的作用是有限的和有条件的，其中最重要的一个前提是体系内主要国家对于维持均势或者毋宁说维持现状，有足够充分并且足够持久的战略共识。因此，依靠均势的制衡作用，在实践中至多是有条件的次优选择，"均势"从来不是持久和平的充分条件和根本保障。[①] 在亚太国际体系的结构不断变化的过程中，均势作为一种安全策略，仍然会起到重要的动态平衡作用，但鉴于其固有的不充足性和不现实性，亚太安全秩序不能过度依赖权力制衡，还必须辅之以其他手段。

(3) 集体安全模式

集体安全是一种传统的多边安全概念和机制，实际上也是一种传统的共同安全与合作安全模式。在亚太地区主要体现为联合国集体安全机制的作用。

集体安全理念及其实践，在历史上从来都是得失参半，作为集体安全思想的首次实践，国际联盟失败了。联合国集体安全机制在冷战时代经常形同虚设，总的来说成少败多。其作用在冷战后

---

① 关于"均势"的条件、运行机理和内在缺陷，可参见汉斯·摩根索：《国家间政治——寻求权力与和平的斗争》，徐昕等译，王缉思校，中国人民公安大学出版社 1990 年版，第 260 - 283 页；时殷弘："制衡的困难——关于均势自动生成极其重大缺陷"，《太平洋学报》1998 年第 4 期。

有所上升,但仍然面临共识短缺、效率低下、行动乏力等许多难题。这不仅是国际体系的无政府状态使然,也是集体安全理念和机制本身的缺陷使然。集体安全的概念从来就含义不清并且具有浓厚的理想主义色彩。集体安全理念的核心(同时也是其根本难题)在于,它假定在出现损害国际和平与安全的行为时,各成员国的利益和立场是一致的,强调的是全体成员国的道德互助。这显然很难完全实现。安理会的大国一致原则也面临同样的难题,即并不总是能够采取基于共识的一致行动。此外还有一些重大问题没有得到解决,例如,集体意志如何形成,如何认定侵略,如何保证集体意志的执行,是否需要以及如何建立一支国际部队,等等,都是未曾解决的问题。有的未作规定,有的形同虚设。[①] 就亚太地区而言,中美俄这三个对亚太安全秩序最有影响力同时互有竞争关系的大国,都是安理会常任理事国,它们之间能否有效合作,是联合国集体安全机制能否发挥作用的关键。

应该承认,联合国的宗旨和原则奠定了二战后世界秩序的基石,为战后国家间的长期和平做出了重要贡献。联合国集体安全制度当然并非一无是处,或者毫无用处,在许多情况下仍能发挥一定的积极作用。不过,由于制度设计与改革进程跟不上时代步伐,加上大国政治等多种因素,迄今为止,这种集体安全机制还远未充分实现通过"协调各国行动","维持国际和平与安全"的首要宗旨。对于东亚安全秩序的和平与稳定,其作用是相当有限的和辅助性的。

---

① 任晓:"从集体安全到合作安全",《世界经济与政治》1998年第4期。

在此情况下，就非常需要有新的、更有创意的概念来替代或补充集体安全观念，而 20 世纪 80、90 年代之交发端于亚太地区的合作安全概念，已被证明是一种富有创造性的、大有发展前途的新理念与新途径。

(4) 合作安全模式

相对于传统的"集体安全"，合作安全是一种新的多边安全概念和机制。合作安全有赖于国家之间的相互理解、配合与协作，因此本质上是一种"协调模式"(the model of coordination)，就亚太而言，即以培育亚太安全共同体为长远目标，通过各种区域或次区域安全机制与对话平台开展多边合作。合作安全模式目前在亚太地区主要体现为旨在建立信任、协调矛盾、管理冲突的双边或多边安全论坛、对话机制。其核心是合作而不是对立，包括与对手的合作。

亚太地区有众多双边或多边安全合作的机制与尝试。例如，2003—2009 年间围绕东北亚问题的六方会谈，虽然没有达到解决朝鲜半岛无核化问题的目的，但对于缓和紧张局势，避免危机失控，还是起到了积极作用。

2001 年正式成立的"上海合作组织"，合作内容涵盖了政治、安全、经济、司法、文化、教育等多个领域。其中安全合作是重点，核心是打击恐怖主义、分裂主义和极端主义"三股势力"。该组织在维护地区和平、安全与稳定，解决边界问题，加强成员国政治互信和睦邻友好，促进地区经济、社会、文化的全面均衡发展等方面，都取得了令人瞩目的成绩。

冷战结束后，亚太国家普遍认为有必要开展多边安全对话，始于1994年的东盟地区论坛（ARF）便是此种需求的产物。ARF是合作安全在亚太地区最富有意义的实践。由于它的出现，多边安全对话在亚太地区首次形成了制度化的机制。ARF目前共有27个成员，是亚太地区规模最大、影响最广的官方多边政治安全对话与合作渠道。ARF进程分为建立信任措施、开展预防性外交和探讨解决冲突的方式三个阶段，目前正在迈向第二阶段。20多年来，ARF为地区安全做出了重要贡献，其正式与非正式活动双轨并行的模式，为成员国提供了一个相对有效的安全对话与合作平台，促进了区域安全互信，也增强了地区安全问题的可控性。不过，东盟地区论坛也存在许多缺陷：东盟作为发起者和主导者，由于自身实力较弱，难以成为该论坛的真正领导者，只能借助域外大国的力量，从而使ARF的效率大为降低；由于各种主客观原因，包括"东盟方式"对非正式性的偏好，ARF的制度设计也存在局限性，它只是一种论坛方式，强调协商一致，不具有强制性的约束力，因此难以实现较高水平的制度效率，对于安全问题解决措施的推进非常缓慢。①

此外，还有东盟10+3、中日韩三边对话、美日韩安全对话、中美俄日机制，以及美国主导的香格里拉安全对话和中国主导的香山论坛，等等。这些机制为各方共同讨论本地区现实和潜在的安全问题，寻求解决途径，探讨合作方案，提供了灵活、多样的交流和沟通平台，在预防性外交领域发挥了重要作用。

---

① 路艳丽："东盟地区论坛在地区安全中的贡献、问题与未来"，《学理论》2016年第6期。

中国所倡导的伙伴关系，包括国家之间以及国家与国际组织之间的双边伙伴关系，实际上也是合作安全的一种类型。其核心价值理念是相互尊重、求同存异、合作共赢。

从理论上、价值上讲，合作安全无疑是最理想、最值得追求的安全秩序模式。不过到目前为止，这尚未成为亚太地区占主导地位的安全模式，也远未发挥出人们所期待的作用。现有合作安全机制或对话平台，还经常表现出效率低下，形式大于内容等缺点，而且其主要作用在于管理冲突，而不是预防和消减冲突。以成效相对较为显著的东盟地区论坛和上海合作组织为例，其共同的特点是，各成员国所讨论的议题基本上属于建立信任措施的范畴，一般不讨论涉及成员国的带有争议性的问题，而且也不具备冲突解决能力，一旦有事，其可依赖的程度较差。①

这并非理念与目标本身之过，而是有多方面的主客观原因。东亚地区的安全结构与安全关系异常复杂，主要国家的安全观念与安全战略也大不相同，甚至相互抵触，这些都构成了合作的障碍。此外，“合作安全”是一个非常宽泛的概念，实际上，“合作”的主体、内容、途径、形式或机制都可能具有多样性，合作的深度与成效也大不相同。因此，亚太各国不仅需要转变观念，把合作视为根本出路，主动为合作创造更多有利条件，还需要在实践中不断探索合作的有效途径。

① 于铁军：“中美日协调是当前构建亚太地区复合安全架构的重点”，《国际政治研究》2011 年第 1 期。

（5）大国协调模式

大国协调(concert of powers)同样可以被视为合作安全的一种类型。所谓大国协调，指的是全球或地区国际体系中最重要的几个国家统一就全球或地区安全问题展开合作。大国协调是大国共同管理国际冲突与危机的一种多边安全机制，主要通过会议外交和协商、共识来决策，并依据一致性、合法性、责任性、包容性以及自我约束等共有原则与规范行事。大国协调尽管由于强调大国责任与特权、具有浓厚权力政治色彩而经常受到诟病，却历来是国际安全治理的一个重要途径。

较之联合国集体安全机制，大国协调有其独特优势。集体安全机制的主体包括全体成员国，因此经常议而不决，或者决而不行。大国协调的主体则仅限于少数具有行动能力的强国，因此一旦做出决策，执行起来可以更有效地达成目标。①

大国协调强调的是大国的共识和一致行动。全球性或地区性大国在重大问题上的战略协调与合作，其前提或理想状态是大国都希望维持现状，或者在关键问题、主要目标上拥有重要共识与合作意愿，从而能够进行战略协作，采取一致行动。就此而论，目前在亚太地区，无论是全区域层面还是主要次区域层面，都没有形成类似 19 世纪"欧洲协调"那种囊括体系内主要国家、涵盖重大安全议题，并且相对稳定和制度化的大国协调机制，只有一些临时性的针对特定问题的协调机制或协调行动，例如，目前已经停滞的朝核

① 王磊："大国协调与集体安全的差异及其当代融合——来自欧洲协调与国际联盟的历史经验"，《太平洋学报》2012 年第 9 期。

问题“六方会谈”；安理会五大常任理事国在柬埔寨问题和南亚核危机中的作用，但这些协调主体并不限于亚太国家；“金砖国家领导人会议”也具有大国协调的性质，但也不限于亚太国家和亚太事务，属于跨区域协调机制，而且它主要不是一种安全合作机制。

理想的大国协调模式一般指相关主要大国均参与的多边协调机制。由于大国关系的好坏直接影响着亚太及其各次区域局势的稳定与否，因此建立稳定、健全的大国协调机制是一种值得努力的方向。在缺乏多边机制的情况下，大国之间的双边协调机制可以发挥重要作用，甚至可能更为现实，也是走向多边协调的必要环节。就此而论，在亚太安全区域，最重要的双边关系是中美关系，在中亚地区是中俄关系，在东北亚是中日关系，在南亚以及金砖国家合作中是中印关系。此外，在亚太区域和次区域国际关系中，大国协调还涉及中美俄、中美日、中美印等三边关系。

2. 变革路径：大国协调引领下的制度化多边合作

当前乃至今后相当长一段时期内，亚太安全秩序或安全架构，大概都只能是包含上述五种努力的混合状态，即一种多层次的复合安全架构。这五种安全秩序模式以及其他可能存在的要素，如果进一步概括，其实不外乎三大类型：霸权（支配）、均势（竞争）、合作（协调）。集体安全、大国协调、伙伴关系等，相对于对抗性或竞争性安全关系而言，实际上都属于广义的合作安全范畴。显然，在实践中几乎不可能存在某种纯粹的单一模式，更为常见的是各种成分比例不一的混合模式。

总的来说，现有亚太安全秩序的根本缺陷在于，力量制衡、权力竞争甚至对抗的成分较多，并且近些年来呈上升趋势；更为积极的基于共同安全与合作安全理念的要素和机制发育尚不健全，作用还不突出，尤其是大国之间的战略协调与安全合作还很不够，在秩序改良上未能充分发挥积极引领作用。因此在过去数十年里，原有的这些模式既是维持地区稳定与和平的基本因素，同时也隐含着紧张和冲突的根源。这种蕴含着巨大风险的状态显然难以令人满意，事实也证明并不能有效解决地区安全问题。

亚太地区现有的合作框架，已难以应付日益严峻的安全形势和热点安全问题。在东亚地区，许多传统安全问题不仅没有解决，有的甚至还不时升温，如朝核问题、中印边界纠纷、南海与钓鱼岛争端、日俄北方四岛争端等；非传统安全领域的新问题则不断增多，如恐怖主义、分离主义、宗教极端主义以及环境、能源与金融危机，等等。对此，现有安全架构经常显得无能为力。这主要是因为：

首先，亚太地区迄今没有一个解决综合性安全问题（重点是军事安全问题）的多边合作机制。亚太地区面临的突出问题仍然是与领土、军事安全有关的传统安全问题，然而军事安全合作目前仍限于双边层面，而且主要是美国与其亚太盟友之间的合作。多边合作则主要限于非传统安全领域，如东盟＋中日韩、东盟＋中国、东亚峰会框架内的安全合作等。即使是涉及综合安全议题的多边机制，如东盟地区论坛、亚太安全合作理事会（CSCAP）框架内的安全合作，也难以在军事安全合作方面取得突破。[①]

---

① 郑先武："东亚'大国协调'：构建基础与路径选择"，《世界经济与政治》2013 年 5 期。

其次，现有多边机制之所以作用有限，主要就是因为大国未能在其中发挥核心作用。历史表明，迄今为止，亚太尤其是东亚地区的安全形势与合作进程从本质上说一直都是由大国和大国关系决定的。[①] 现有多边合作框架大多以东盟为中心，在大国力量云集的亚太地区，指望在东盟的领导下解决地区重大安全问题，显然很不现实。

再次，在安全矛盾最为集中的东亚地区，多边安全制度的缺失尤为突出。放眼当今世界，北大西洋地区和中、西欧地区，在特定的历史、经济和政治文化条件下已经形成了较为成熟的区域多边安全体制，从而大大减少了区域内成员之间彼此使用武力或武力威胁的可能性。在中、南美洲和非洲以及某些次区域，包括东盟框架内的东南亚和中、俄、哈、吉、塔五国协定框架中的中亚边境地区等等，也已有了发育程度不一的多边安全体制，对维护区域和次区域和平与安全产生了程度不等的积极作用。唯独东亚地区既无全区域安全体制的任何雏形，也无初步成型的次区域安全体制。这种状况如果持续下去，很可能使安全困境丛生的东亚成为最危险的地区。因此，争取逐步培育和形成东亚区域安全体制，是所有相关国家，特别是相关大国非常重要和紧迫的外交任务。

可以预见，在亚太安全秩序的发展过程中，霸权企图不会完全销声匿迹，均势格局及其权力制衡机制客观上也将长期存在。后者仍然是地区秩序稳定的重要基础，在相当长时期甚至可能是许多国家的主要战略选择。但从长远看，亚太国家只有通过不断塑

① 牛军："东亚安全的出路何在"，《环球时报》，2003 年 12 月 26 日。

造和强化共同安全意识，加强多边安全合作，逐步建立和完善地区安全机制，才有可能应对日益多样化的安全挑战，真正摆脱危机四伏的安全困境。

今天国际社会普遍认同的“合作安全”，主要指的是多边、制度化的安全合作模式。这个意义上的合作安全，能够兼容其他合作要素，但又比集体安全的概念更清晰、更具体，比大国协调内容更广泛也更民主，比双边伙伴关系的主体更多元。顾名思义，合作安全就是通过协商、合作来实现安全。建立合作性的国际秩序，是比相互威慑、力量制衡、军事同盟、集体安全等更可取、更有效、更可靠的维护国际和平的途径。合作安全是一种更符合人类共同价值与共同利益，更有前途的安全观念与安全战略。①

就亚太地区而言，最有前途的一种选择，是基于大国协调，特别是中美协调的“多边制度合作”，或曰“制度化多边合作”，由此确立的秩序，即“多边制度秩序”。无论从理论还是实践上看，多边制度秩序都是迄今为止相对最合理的秩序形态。

当代国际关系理论，特别是制度主义理论，已经对国际制度（包括规则、机制和决策程序）的必要性和独特作用提供了充分的论证。按照制度主义的观点，在国际关系中，交易成本很高，国家可能因为担心其他国家违背承诺或者无法监督他国行为而不愿合作，而制度有助于克服此类问题，使互惠原则更有效地发挥作用。制度可以塑造他者对恰当行为的认知，影响对他国偏好、意图和行为的预期，并通过改变体系环境促进国家战略的变化，从而使追求

① 任晓：“从集体安全到合作安全”，《世界经济与政治》1998 年第 4 期。

自我利益的国家能够继续合作。按照罗伯特·基欧汉的观点，国际制度有如下功能：在相关问题领域创建某种近乎法律义务性质的模式，使有关国家基于相互倾同的预期以及对违约者的制裁而遵守规则；通过使信息更为对称等方式减少不确定性；降低合法的讨价还价的交易成本，增加不合法的讨价还价的交易成本。[①] 总之，制度降低了制定、监督和实施规则的成本，通过提供信息促使各成员国做出可信的承诺，而确保遵循承诺的因素主要是互惠。[②]

基于同样的逻辑，国际制度也是解决国际安全困境的一个重要途径。处于国际无政府状态下的国家之间常常由于互不信任和相互竞争而陷入安全两难困境，与之相关的相互疑惧是造成国际紧张、对立甚至冲突的一类常见原因。不过，"安全困境"并非无法避免或克服，安全关系更非一成不变。而且，相对于心理、认知因素，重大现实利益的冲突和竞争往往是更重要、更深刻的敌对根源，因此不能夸大安全上的互相疑惧心理在国际紧张、对立和冲突形成方面的重要性，还必须考虑到各种制约国际矛盾、缓和国际对立甚至促进国际合作的主客观条件和动因。[③] 国际制度的主要价值，就在于有助于解决国家间关系中至关重要的信任（或欺骗）问题，从而能够促进国际无政府状态下的合作。

---

① Robert Keohane, *After Hegemony*: *Cooperation and Discord in the Political Economy*, Princeton University Press, 1984, pp. 85,97.

② 详见石斌："相互依赖·国际制度·全球治理——罗伯特·基欧汉的世界政治思想"，《国际政治研究》2005 年第 4 期。

③ 时殷弘："安全两难与东亚区域安全体制的必要"，《战略与管理》2000 年第 4 期。

从实践的角度看，冷战后的世界秩序，总的来说就是一种多边制度秩序。尽管这种秩序被打上了美国霸权的深刻烙印，或者说是一种“以美国为主导、以国际规则为机制的多边主义世界秩序”，因而不仅远非完美，还潜藏着深刻的危机。但美国在其中的主导作用，不等于它完全是一种“美国秩序”，更不是“美国治下的和平”。全球化和跨过威胁时代的世界秩序，是美国或者任何一个国家都无法单独领导、一手包办的。这种秩序的形成和延续，主要还得益于国际社会在秩序问题上形成的“三大共识”，即多边主义、国际合作、制度治理。[①] “多边主义”反映了联合国宗旨和原则的重要精神，是二战后开始形成、冷战后进一步强化的一种共识。“国际合作”是当今国际关系的主流价值和总体趋势。美国等西方大国虽然对新兴大国的崛起疑虑重重，但又希望通过制度合作将新兴大国纳入现有秩序框架，并让它们承担起应对全球性问题的责任；新兴大国虽然对美国霸权不满，但也从全球化进程中受益，因此无意充当现有秩序的“颠覆者”。此外它们还认识到，在国际相互依存时代，只有通过合作才能解决全球性问题和跨国威胁，否则很可能一荣俱荣、一损俱损。此外，国际社会在冷战后形成的另一项重要共识是“制度治理”：要有效治理各种全球性问题和人类面临的共同威胁，必须借助公正有效的多边制度，国际制度作为一种公共产品，是各国发展与合作的共同需求。

当今世界秩序的合理、必要成分是其中的多边主义与国际制度要素；美国霸权主导则是越来越脱离现实的不合理成分。随着

① 参见秦亚青：“世界秩序刍议”，《世界经济与政治》2017年第6期。

权力的消长、国际政治观念的更新、新型国际关系的建立以及国际关系民主化进程的发展，国际社会需要一种更能够反映多极化力量格局和多元化价值理念的制度秩序，或者说一种更加名副其实的多边制度秩序——这意味着美国在其中的主导地位日趋减弱，多边协商的成分不断增加，多元价值得到更充分的体现。①

因此，一个更加合理、稳定、和平的亚太多边制度秩序，大致应具有如下特征：

(1) 权力结构“多极化”。国际体系是国际秩序的重要基础。国际力量结构的多极化，是相对更为和平稳定的多极均势赖以存在的前提，也是多边制度秩序的基础。只有在多级体系而不是霸权体系下，才有可能真正实现多边合作，尤其是大国之间的平等合作。

(2) 国际合作“多边化”。即坚持多边主义原则，倡导合作安全与共同安全，强调在具体问题上所有相关国家共同参与并协商解决。以双边关系为基础的国际秩序主要适合最强大的国家，而以多边主义为基础的秩序则更有利于小国和穷国参与国际事务并发展繁荣。②

(3) 合作议题“多元化”。即强调综合安全与总体安全。在地理范围上：现有或尚待创设和发育的区域与次区域安全机制，不仅可以共存，而且应该相互联系；在安全内容上，兼顾传统与非传统

---

① 秦亚青：“世界秩序刍议”，《世界经济与政治》2017 年第 6 期。

② 迈克尔·斯宾塞：“全球化停滞不前，中国‘接棒’支持多边主义”，《社会科学报》2017 年第 1568 期第 7 版。

安全议题，同时注意其联系与区别。在传统政治、军事安全之外，注意经济、社会、环境、生态等非传统议题的相关合作可能产生的积极效应；在参与者或具体议题上，对于防扩散等涉及整个地区甚至整个世界的议题，与主要涉及部分国家的领土纠纷或双边安全困境，应该予以兼顾并有所区分。

（4）交往渠道“多层化”。即遵循全方位外交或“大外交”（Grand Diplomacy）的思路，在政府交往之外，注意发挥非政府组织、企业、知识界、民间团体（宗教与世俗）等各种层次的沟通与交流渠道的作用。

（5）安全合作“制度化”。这是“多边制度秩序”的题中之意。其关键目的是，使亚太安全立足于更具包容性和稳定性的国际制度与规范，而不是倚重排他性的传统联盟、准联盟、临时阵线或其他权宜之计。

此外，也许还可以认为，作为亚太安全最重要组成部分的东亚安全，还有赖于安全合作更加“东亚化”，即东亚国家本身（包括日、韩等美国的亚洲盟国），能够为制度化的东亚安全合作做出更多积极贡献，而不是过分依附或受制于诸如美国等外部力量。因为，从根本上讲，东亚安全事关本地区国家的切身利益，必须依靠东亚国家自身的合作，不可能靠外部力量来长久保障。美国在未来东亚安全合作中所扮演的角色，固然取决于美国自身的能力和战略取向，但在很大程度上也取决于东亚国家的选择。换言之，东亚国家必须进一步消除残存的冷战式安全观念与安全关系，努力加强共同安全意识与合作安全观念，以适应东亚力量格局和安全形势的变化，使某种看上去似乎异常遥远的东亚“安全共同体”逐步成为现实。显然，要实现这一理想目标甚或“大转变”，有关国家（特别是中、美、日等大国）必须逐步做出实质性的、具有长远意义的战略调整。东亚的未来，要么以合作而求得安全，要么因竞争而深陷困境，此外别无选择。

总之，在可见的将来，较为现实的亚太安全途径是追求某种以多边制度合作为核心的混合体制，创建并完善一种更具弹性、包容性与稳定性的安全架构，即一种能够兼容多极格局、多边协商、多元议题、多层交往的复合安全体系和多边制度秩序。其中，中美基于重大政治共识的战略协调，积极推动、引领下的多边制度化合作，应该成为压倒其他成分的主要特征或主流趋势。

四、亚太安全秩序的首要条件：中美基于“关键共识”的战略合作

国际秩序由物质与观念两大力量共同塑造，任何一种秩序的确立都无法摆脱权力政治的现实。权力政治首先体现为大国的“特权”、特殊地位以及相应的责任。亚太地区的多边制度合作，乃至多边制度秩序的确立，取决于亚太力量结构的进一步多元化，并有赖于主要大国之间的战略协调与合作。鉴于亚太地区短期内很难建立一个全区域、综合性的安全架构，较为现实的做法是，在现有军事同盟体系和合作安全架构之外，加强大国协调，尤其是中美协调机制的作用。没有大国之间，特别是中美之间的战略合作，亚太地区不仅不会有新秩序（至少不会有更好的新秩序），还有可能失序，即失去现有秩序。

总之,以中美"两国协调"为基础,[①]在亚太地区逐步构筑一种基于主要大国协调的制度化多边安全合作机制,是当前困难重重的亚太区域安全合作取得突破的关键所在。

1. 中美战略协调对于亚太安全的重要性

回顾过去近70年中美交往互动的历史,还可以总结出另一条重要的经验教训,即中美关系基本状况的好坏,特别是中美安全关系的基调是对抗还是合作,对于亚太地区,特别是东亚地区的和平与稳定问题,具有近乎决定性的影响。中美在第一个20年的激烈对抗,是本地区许多对抗性安全关系与安全秩序安排乃至直接军事冲突的一大根源;20世纪70年代以后的大约40年里,亚太地区能够保持总体上的和平与稳定状态,并进而获得长期的发展和繁荣,主要得益于中美关系的改善以及长期延续的基本合作关系;中美关系进入第四个20年以后,特别是近几年来地区安全形势的日益复杂乃至局部恶化趋势,则与中美战略关系出现结构调整、基础动摇、信任赤字等现象,各种不确定因素显著上升直接有关。

历史上,中美能够合作取决于众多条件,包括:战略均势的形成和维持,经济联系的加强和相互依存度的提升,国际与地区形势总体缓和、和平与发展主题日益突出,等等,但其中一个关键因素,是中美和解时所达成的一些重要政治共识以及由此建立的基本战略互信。主要体现在三个联合公报中的这些共识,最重要的是"一个中国"、"和平共处"以及"不谋霸和反霸"等原则。其中,1972年

① 早在2012年5月,国务委员戴秉国在第四次中美战略与经济对话会议上就提出了在中美之间建立"两国协调"的理念。

《上海公报》中所表述的"任何一方都不应该在亚洲—太平洋地区谋求霸权,每一方都反对任何其他国家或国家集团建立这种霸权的努力",堪称中美在亚太安全事务上的一条"底线共识"。①

特别值得注意的是,如此重要的政治共识,是在冷战环境下、在长达 20 年的激烈对抗之后达成的,因此对两国来说都是极具魄力、非常了不起的外交成就。这些共识既是两国长期保持基本合作关系的基础,也是亚太安全秩序和地区总体和平得以维系的重要基础,是双方付出战争和长期对抗的惨重代价后,总结出的经验教训。

现在,中美关系正在经历深层次转型,进入一种合作与竞争同时增强的"新常态",其中分歧与竞争的一面更加引人注目。两国对彼此的能力、意图和动向都难以做出明确判断,并因此产生巨大的不适应、不确定乃至焦虑感。在两国战略思想界新一轮有关中美关系的大辩论中,悲观论调似乎比过去更有市场。② 中美关系已经成为亚太地区最令人担忧的不确定因素。中美之间,或中国与美国的盟国之间等,有可能因某些矛盾而出现对抗,甚至引发军事冲突。如果中美关系发生根本性改变,亚太安全秩序就会再次回到对抗性的轨道。

在这种情况下,人们特别需要吸取历史的经验教训,或者说回到理性和"常识"上来。中美双方必须设法扭转这种渐行渐远的趋

① 牛军:"中美关系与亚太安全秩序",《国际战略研究简报》第 43 期,北京大学国际战略研究院,2016 年 11 月 30 日。

② 傅莹、王缉思主编:《超越分歧、走向双赢:中美智库研究报告》2017 年 5 月 22 日,第 1 - 3 页,http://www.sohu.com/a/144533497_228433.

势。道理显而易见：作为当今世界最重要的两个国家和两个最大的经济体，中美关系不但对中国而言是最重要的双边关系，对美国以及亚太地区乃至全世界都是如此。[①] 但东亚目前缺乏全区域集体安全机制，只有一些在安全目标上并不一致甚至矛盾的次区域机制，在这种形势下，中美如何在合作与冲突之间做出“范式”选择，不仅深刻影响中国与周边国家的关系，直接影响美国在东亚的地位、作用与实际利益，也事关东亚的和平、稳定与繁荣。中美两国在领土与人口规模，军事、经济、技术等综合指标方面的“超大性”，决定了它们必须设法确立基本的信任与合作关系而不是猜疑和对抗关系，否则给亚太和整个世界带来的后果将难以预料。历史上，强国之间经常因为互相猜疑或误解而导致冲突和战争，中美需要充分沟通和准确理解对方的战略意图，避免将一些具体矛盾和分歧，上升为或片面地解读为大国争夺地区霸权的斗争。

因此，中美通过战略对话，厘清、调整并规范彼此在亚太的战略关系、战略目标与安全策略，就一些原则性问题达成共识，对于两国关系的健康发展、亚太安全合作的有效开展以及地区安全制度的建设具有关键意义。亚太安全秩序的未来，在相当程度上取决于中美两国的战略取向及其安全关系状况。

当然，强调中美两国在亚太，特别是东亚地区的关键作用，并不是说其他国家无足轻重。如前所言，众多政治、军事大国力量交汇于亚太地区，它们在亚太全区域或次区域有着各自程度不等的

---

① Philip Stephens, “The danger in Xi’s Rebuff to Obama”, *Financial Times*, March 2, 2012.

重要作用。应该看到，除了至关重要的中美双边关系，在亚太地区还有若干重要的双边与三边关系，其中最重要的是中美日三边关系。尽管较之过去，近些年来这组三边关系的重要性相对有所下降，但仍然不可忽视。与未来亚太地区出现一种中美两极体系的可能性相比，也许更有可能出现的是一种包括中、美、日、俄、印以及东盟在内的多极体系，其中仍以美国为最强，这一多级体系将肩负起维护亚太地区安全的主要责任。鉴于俄罗斯的重点在欧洲，印度通常不被认为是一个东亚国家，而东盟一体化又进展缓慢，在可见的将来作为一个单一行为体所发挥的作用仍然有限，因此，作为亚太地区三个最重要的国家，同时也是世界上三个最大的经济体，中美日三国之间的协调在亚太，尤其是东亚安全架构的构建中便处于重要地位。①

这组三边关系中所包含的中美、日美和中日三组双边关系，每一组关系的变化多少都会影响到另外两组关系，但最重要的仍然是中美关系。

对日本来说，美国是唯一的盟国。日本担心的是美国的单边主义倾向。对美国来说，日本虽然是众多盟友之一，却是它介入亚洲事务的基石。就东亚地区安全而言，日美的一个共同关注是实力持续增长的中国。因此到目前为止，双方都无意改变条约义务，更不会解除同盟关系。但美日同盟是东亚其他大国安全关切的一个来源。由于19世纪至20世纪初关于殖民主义和帝国主义的历

---

① 于铁军："中美日协调是当前构建亚太地区复合安全架构的重点"，《国际政治研究》2011年第1期。

史记忆，亚洲国家对美国在亚洲的军事存在仍然相当不满和敏感。而且，亚洲邻国（例如中国和朝鲜、韩国）由于出于历史原因对日本的厌恶和不信任感，还由于日本军事能力并不显眼但具有实质性的增长而得到强化。因此，美日两国都有必要探索同盟关系的某些可能的替代方案，或至少某些有助于消除或减少其他东亚国家安全疑虑的补充措施。如果美国希望在东亚安全合作中扮演更积极的角色，如果日本希望成为一个“正常的”亚洲国家，日美这种过于特殊的关系必须进行某种调整。这其实是一个非常明显的道理。

中国正在寻求和平发展，中国的主要政治舞台在亚洲，尤其是东亚，而且许多安全困境或多或少都与中国有关，安全困境是国际政治中构成国际紧张、对立和冲突的一类常见缘由，争取大大缓解（甚至基本上跳出）安全两难，对中国本身的安全和东亚区域安全有根本意义，因此，中国有充分理由积极倡导和参与多边安全合作。

此外，中美关系对中国来说一直是最重要的双边关系，中国的一个主要关切，是美国在亚太安全合作中的角色定位及其对地区安全机制建设的态度。因此，对于亚太安全格局的演变而言，美国的战略选择是最关键的外部因素。美国对亚太安全事务的长期、深度介入及其介入方式（基于与少数国家的军事同盟），尽管人们已经习以为常，但本质上仍是一种不正常的现象，是冷战的产物。

2. 中美关系必须“价值导向”与“利益导向”并举

最近几年，尤其是在美国，有一种流行观点认为，中美两国不能光有大目标、大愿景，更需要有基于现实利益的具体成果。例如，2017 年 4 月美国新任国务卿雷克斯・蒂勒森在访华时就强调，希望和中国建立"以成果为导向"的关系。一些美国知名人士，如前总统顾问何汉理(Harry Harding)也认为，中美需要的是"以成果为导向的合作"，即需要找到可以通过合作达成显著效果的议题；中美此前提出了不少宏大愿景，但两国更需要诸如双边投资、基础设施建设等方面的具体合作成果。他还认为，1997 年江泽民和克林顿确认将共同建立中美建设性战略伙伴关系，2012 年习近平主席提出构建新型大国关系，这些都是中美关系的宏大愿景。但中美不仅需要愿景，还需要具体的成果，"细节决定成败"。①

这类观点看似有理，实际上却非常片面乃至急功近利，而且有避重就轻、舍本逐末之嫌，更多地反映了美国眼前的需要。如在双边投资协定问题上，希望中国对外国投资者开放更多市场；强调基础设施建设上的合作，则是因为特朗普要加强国内基础建设，希望外国投资参与。

过去近 70 年的基本历史经验表明，中美关系不仅需要"利益(成果)导向"，更需要"价值(目标)导向"。后者尤为重要，因为只有纲举才能目张。因此必须"两手抓"：一方面，双方首先必须就中美关系，尤其是战略安全关系的基本性质、核心问题和发展目标达成一些最基本的共识；另一方面，也需要在贸易、投资等功能性领域或共同关心的议题上达成共识，取得具体合作成效，尤其是要将两国之间已经达成的许多协议落到实处，实现双方期望的效果。

在此，我们有必要重新审视政治、社会生活中的"利益"与"价

① "美前总统顾问何汉理：中美有大愿景但更需具体成果"，《澎湃新闻》2017 - 3 - 29：http://www.thepaper.cn/baidu.jsp? contid=1649901。

值”的关系。利益和价值其实并不矛盾。韦伯就曾指出,直接支配行动的固然是利益而非价值观念,然而观念所塑造的“世界表象”却经常充当转换器,决定着利益的动力所运行的轨道。① 即使是人们津津乐道的所谓“理性选择”,实际上也离不开合理的价值与目标的指引。正如爱因斯坦所说:“切不可把理智奉为我们的上帝;它固然有强有力的身躯,却没有人性。它不能领导,而只能服务;……理智对于方法和工具具有敏锐的眼光,但对于目的和价值却是盲目的。”②总之,目标或价值取向是决定性的,没有合理、明确的目标,具体行动不仅是盲目的,也可能是无意义的,人类行为如此,国际关系亦然。

事实上,过去数十年来,中美在许多“功能性”领域开展了富有成效的务实合作,而且合作领域日趋广泛,交往的广度和深度都在不断扩大,合作成果也不可谓不多,这在一定程度上当然有助于维持中美关系大局的基本稳定。然而事实证明,如果不能就一些长期性、全局性和战略性的问题达成重要共识,仅仅靠具体问题领域(或功能性、技术性、战术性领域)的合作,并不足以保证中美关系的长期健康稳定,不足以防止中美关系出现倒退甚至走向敌对。中美在某些双边和多边国际问题上的政治分歧和战略冲突可以轻而易举地影响乃至破坏两国关系的合作气氛。

相较于中美缓和以来40年左右以合作为主的关系,近些年来

① 石斌:“重建‘世界之中国’的核心价值观”,《国际政治研究》2007年第3期。

② 爱因斯坦:“人类生活的目标”,《爱因斯坦文集》第三卷(许良英等编译),商务印书馆1979年版,第190页。

中美关系之所以出现困难，一个重要原因恰恰在于，双方领导层未能真正就中美关系的“宏大愿景”，或者不如说政治与战略层面的合作目标、关系性质、共处原则与行为准则达成重要共识，找到关键契合点，从而以大统小，而只是头痛医头，见招拆招，被动反应。就美方而言，还有唯我独尊、急功近利之弊，其对华政策似乎也越来越缺乏稳定性。实际上，那些强调中美关系要从“细节”入手的战略人士，也感到难以自圆其说。例如何汉理在另一个场合又承认，他本人更支持詹姆斯·斯坦伯格(James Steinberg)和迈克尔·欧汉伦(Michael O' Hanlon)所著的《战略再保证与决心：21世纪的美中关系》一书中的观点，即“战略再保证”与“展现战略决心”是管控中美关系的重要机制。①

3. 作为中美关系之战略基础的关键共识

应该承认，中美基于特定历史条件在前两个阶段的战略合作也有明显的局限性。第一次合作是基于苏联这个共同的威胁。一旦威胁消失，虽然还有合作的基础和惯性，但直接动力明显减弱。第二个阶段，中美双方实际上是各取所需，各有期待。所谓“融入—接纳”模式，对中国来说是有选择地加入或参与，对美国来说则是有条件地接纳。一方面，尽管中国的初衷是通过顺应全球化潮流、利用现有国际制度与规则来发展自己，无意充当国际体系与国际秩序的颠覆者、革命者，但显然不会毫无保留地全盘接受美国

① “美国前国家安全顾问何汉理：中美需要新的‘战略再保证’”，澎湃新闻网，2016-3-2：http://www.thepaper.cn/newsDetail_forward_1438424_1。

和西方大国一手塑造的现有国际秩序，也不会满足于充当大国政治中的配角或附庸；而是会与许多新兴大国一样，随着自身的发展，在承担更多责任的同时，也希望分享更多的权利，从而希望国际政治经济秩序朝着更加公正、合理的方向发展。另一方面，美国的初衷是希望在中国融入全球化潮流和西方主导的国际体系的过程中实现对中国的“束缚”、“引导”乃至“改造”；一旦未能达到这个目的，就会对过去的对华基本战略产生怀疑和摇摆。最近几年，在美国对华政策辩论中所出现的一种论调，即自尼克松时期以来的对华接触政策已经归于失败，就是这种逻辑的反映。

因此，在新的历史条件下，中美关系不仅仍然需要有一个战略基础，而且需要有一个更加适应时代潮流、国际结构变迁与秩序需求的新基础。中美关系的当务之急，是设法重建政治与战略共识。中美达成政治共识、开展战略合作，并非不可想象，而是既有先例可循，也不乏许多现实、有利条件。

首先，在双边关系层面上，中美关系内容广泛、深刻，相对比较成熟。

两国有广泛的利益捆绑和战略共同利益。双方当前在经济、社会、政治领域都已建立起进一步合作的良好基础。

在经济领域，中美两国现在是全球经济体中仅有的两个 GDP 总量超过 10 万亿美元的国家，是世界上两个最大的经济体；两国经济总量合起来占世界 1/3，人口占世界 1/4，贸易总量占世界 1/5，两国互为最大贸易伙伴，中国对美投资也在迅速增长。5 700 多亿（2016 年）的中美贸易总额以及中国 1.146 5 万亿（截止到 2017 年 6 月）的美国国债持有，都表明中美已形成“相互确保经济摧毁"的局面。中美关系已经"大到不能倒",双方乃至全世界都经不起中美"新冷战"。

在功能性领域,如反恐、阻止核扩散、打击跨国犯罪、促进经济金融稳定、应对气候变化、保护环境以及全球公共健康等领域,双方拥有广泛的共同利益与合作空间。在G20等全球治理机制中,两国的合作实际上大于摩擦。①

在社会联系上,除了数额庞大的相互直接投资外,两国民众的联系、交往日益增多。如每年有数百万人员往来,双方建立了220多对友好省州和友好城市。中国有近19万学生在美留学,美国有2万多学生在华留学,建设中美新型大国关系具有深厚民意基础。

在政治领域,双边关系基本建成了各个层面的机制化、专业化磋商。双方已有超过一百个多层次对话机制,其中包括最高级别的战略与经济对话以及军事防务磋商。两国领导人及高层官员交往频繁,了解彼此在所有重大问题上的立场,清楚哪些问题比较容易达成共识,哪些问题则可能带来分歧。在中美关系上,两国最高领导人的战略取向至关重要,他们所起的作用非常突出。中共十八大以来,面对日趋复杂的中美关系,习近平主席与美国最高领导人一道,开启了两国元首外交的新模式,即非正式的深入交流,如2013年"庄园会晤"、2014年"瀛台夜话"、2015年"白宫秋叙"、2016年"西湖漫步",这些非正式会晤都在关键时刻为中美关系朝着积极健康的方向发展发挥了关键作用。

---

① "专家研究中美两国保持克制的关系框架",美国《凤凰华人资讯网》。http://usaphoenixnews. com/newsshow-35845. html。

最重要的是，在东亚安全的根本目标、两国关系的基本性质与长远目标，以及政治、经济与安全领域的众多具体问题上，中美之间实际上都不乏共识。这至少表现在三个方面：(1) 双方都有维护东亚“和平、稳定、繁荣”大局的共同目标。主观上，中美双方都希望从东亚地区稳定、和平与繁荣中获益，这决定了中美在维护地区政治稳定、保持经济增长与市场繁荣、消除朝鲜半岛核扩散、阻止日本右翼政治的极端政策动向等问题上具有重要的合作利益。两国领导人都不希望陷入类似美苏那样的一场冷战，更不要说真正的战争，包括中国与亚洲邻国的战争。(2) 双方都希望发展一种长远的、建设性伙伴关系。事实上，两国领导人都反复强调中美合作的重要性。① 最近的一个例子是 2017 年 4 月 6 日至 7 日习近平主席在美国佛罗里达州海湖庄园同特朗普总统举行的中美元首会晤。这次访问是在特朗普上台，美国实现政党轮替，中美关系面临巨大不确定性的情况下，最早的中美元首会晤。其间两国元首均强调中美在世界上拥有广泛共同利益，双方的合作需求远大于对抗因素。习近平主席在会晤中指出，“合作是中美两国唯一正确的选择”，“我们有一千条理由把中美关系搞好，没有一条理由把中美关系搞坏”，双方“要做大合作蛋糕，制定重点合作清单，争取多些早期收获”。特朗普对中美关系的表述也是很积极的，他认为美国与中国的关系取得了重大进步，会谈取得了重要、丰硕成果，未来还将会有更多新的进步。总之，双方最高领导人就中美关系

① “习近平就中美关系谈四点看法”，http://news.sina.com.cn/w/2012-02-15/034823934191.shtml。

的基调和方向所发出的信息都是正面、积极的，向全世界发出了一个重要信号：合作是中美两国唯一正确的选择。如果双方在这个方向上继续努力，完全有可能把中美关系从“不确定性”导入“确定性”的轨道。(3) 中美双方领导人都多次强调，两国在振兴全球经济、保护环境、应对气候变化、抗击重大疫情、反恐、防扩散等众多领域拥有广泛的共同利益和广阔的合作空间。

其次，在国际体系的层面上，国际环境中的众多历史性变化，也决定了中美发展合作关系是唯一正确的选择。

(1) 在核时代，“安全相互依赖”是一种现实。大国武力冲突的危险性和危害性不言自明。中美都是核大国，双方领导人都不会轻易选择用武力来解决彼此间的分歧。

(2) 在全球化时代，各国的经济联系日益紧密，“经济相互依赖”也是一个不争的事实。

(3) 在工业化与现代大众政治的时代，外交与内政关系密切。随着市民社会的兴起和民众政治觉醒，大国之间很难以非和平、对抗的方式来实现政治目标。

(4) 当今国际制度、国际规范的发展程度及其对国际关系的调节作用、对国家行为的约束力，已远非距今已一百年的一战时期所能相比。完全无视联合国宪章等国际制度与规范的行为，可能会付出重大代价。①

---

① 详见石斌：“中美在东亚的战略共识与分歧”，见石斌主编：《亚洲新未来：中外学者论国际关系与地区秩序》，南京大学出版社 2016 年版，第 172 - 175 页。

总之，中美关系不乏实际基础，建立新型大国关系具备众多条件，但这些条件能否得到有效利用仍存在不确定性，中美两国都需要转变自己的思维和行动方式，其中一个关键，就是要相向而行，寻求政治共识，夯实战略基础。

战略合作与战略互信关系的形成，取决于战略基础，包括核心问题上的战略底线共识。中美必须直面、讨论关键的战略议题，解决实际、重大的核心问题。中美战略安全关系的核心问题是：如何处理主要新兴大国与主要传统大国之间的关系，避免陷入所谓“修昔底德陷阱”，或者可以说，如何摆脱对于亚太安全秩序而言具有全局性影响、居于首要地位的中美安全困境；如何处理双方在西太平洋的军事安全关系，如何通过防止严重军备竞赛，进行军备控制，保持战略平衡；此外还涉及朝鲜半岛、中美贸易、台海局势、南海争端等具有现实或潜在冲突危险的热点问题的处理方式。在众多纷争的表象背后，归根结底，中美必须面对的最大实质性问题在于，在地区乃至全球层面的力量格局与国际秩序的调整、转型或演化过程中，如何处理双方对亚太地区安全秩序的认知和期待上的差异，如何解决塑造未来地区乃至全球秩序与规则的两大主导力量及其价值理念之间的冲突。

实际上，“新型大国关系”就是中国就处理中美战略关系中的核心问题提出的一个总体方案。中美关系要摆历史“魔咒”，避免落入传统大国关系的“修昔底德陷阱”，途径只能是发展新型大国关系。但避免“修昔底德陷阱”，并不只是崛起国家的任务，也是守成国家的责任。中国俗话说，“一个巴掌拍不响”。中美会形成怎样一种关系，是双方互动的结果，并不单独取决于哪一方。要避免重蹈历史上大国关系的“覆辙”，实现建立新型大国关系的目标，双方都需要做出重要努力。

中美新型大国关系的含义，从“新型”的角度看，即“不对抗、不冲突、相互尊重、合作共赢”，强调的是与传统大国关系的区别。实际上，从“大国”的角度看，还涉及一个深层含义，即中国的世界性强国地位，或者说两个世界性强国和平并存的局面。美方更在乎、更敏感的可能正是“大国”的含义。它怀疑中国的主要目的是要与美国分享权力，甚至谋求与美国平起平坐的世界大国地位。就像二十世纪五六十年代美国非常不愿意承认苏联的大国地位那样，美国同样不愿意承认中国的大国地位，一时也很难适应中国崛起的现实。正是这种老大心态，使美国陷入了进退失据的境地，其对华政策因此摇摆不定。这与其说是傲慢，不如说是尴尬：美国不大愿意接受中国的新型大国关系倡议，却又拿不出一个更好的替代方案；对于“不冲突、不对抗、相互尊重、互利共赢”的主张，也没有理由公开反对。在两个主要大国如何相处这个关键问题上，美国成为消极被动的一方，中国取得了主动地位，甚至可以说占领了某种道义制高点，因此这可以说明，中国为中美关系的发展注入了更多的积极和稳定因素。

对美国来说，这种“新型大国关系”的确立，意味着它未来应逐步适应并接受一系列可能发生的事实，例如，中国未来可能在GDP和对外贸易总量方面处于全球领先地位；中国在亚洲的外交影响和经济影响可能处于领先地位；中美之间可能形成相互均衡的战略威慑；在全球性经济、贸易、金融以及安全体制中，还应该有一种更合理、更符合现实的中美政策影响和权势分配格局。

就亚太安全合作而言，如果美国选择在其中发挥积极和建设性的作用，它必须着手一系列对它来说相当困难但又必不可少的政策调整，这至少包括：(1) 以"伙伴"而不是"领导者"或"制衡者"的身份积极参与亚太安全合作。(2) 重新界定其东亚同盟体系的性质与功能，从专注于传统安全（特别是防范、遏阻新兴大国崛起）转向应对地区性的各种传统与非传统安全挑战。(3) 加强中美战略互信并鼓励中日达成真正的和解，在此基础上塑造一种良性三边关系结构，其中合作（而不是遏制与反遏制）被各方视为符合自身根本利益；并以此为基石进一步构建东亚区域安全机制。(4) 鼓励各种次区域安全机制的创建，以便在多边框架下应对诸如大规模杀伤性武器扩散等重要安全议题。

对中国来说，如果美国愿意接受这种平等的"新型大国关系"，中国也不妨做出积极回应：至少在一定历史时期内接受美国在全球、特别是在西太平洋东部和中太平洋的军事优势；承认美国在世界某些特定区域（如拉美、中东甚至欧洲）有相对于中国的外交优势（但不一定是经济优势）；此外中国还可以让美国确信，不会主动用战争手段去解决与邻国的争端。总之，中美新型大国关系的实质：首先是权势分享，其次是责任分担。美国需要面对现实，适应、接受中国正在崛起的现实，中国则需要量力而行、稳步发展。

对中美双方来说，要确立"新型大国关系"必须解决好四个方

面的问题：[①]

首先，中美关系需要寻找新的战略定位和战略基础，从而解决战略互信问题。

中美关系的关键问题是彼此需要有一个清晰、合理的战略定位，从而确立牢固的战略基础和战略互信，进而实现战略稳定。类似于美国前副国务卿斯坦伯格等人建议的相互"战略再保证"(Mutual Strategic Reassurance)，[②]经过相互妥协、适度改进的"融入—接纳"模式大致仍可以作为中美关系的大战略基础，即美国不仅欢迎一个"繁荣成功的中国"，而且愿意给中国发挥建设性作用留下更多空间；而中国不仅应从被动适应国际体系转变到"创造性介入"[③]，而且应本着对外部世界负责的态度来实现发展。简言之，美国要向中国"分享权力"(sharing power)，中国要为美国"分担责任"(sharing responsibility)。

显然，中国单方面要求分享权力，或者美国单方面要求承担义务，都是不合理也不现实的，中美之间需要达成某种"战略妥协"。

---

① 详见石斌："中美在东亚的战略共识与分歧"，见石斌主编：《亚洲新未来：中外学者论国际关系与地区秩序》，南京大学出版社 2016 年版，第 177 - 180 页。

② 2009 年 9 月，美国副国务卿斯坦伯格提出了一个与"融入—吸纳"模式相关的"战略再保证"概念，表示美国在保护本国利益的同时，也要适应中国的崛起。其内涵包括：美国及其盟友应明确表示欢迎中国作为一个繁荣而成功的大国的"到来"，而中国则应向世界其他国家保证，其发展和影响力的扩大不会损害其他国家的安全和福祉。

③ 详见王逸舟：《创造性介入：中国外交新取向》，北京大学出版社 2011 年版；《创造性介入：中国之全球角色的生成》，北京大学出版社 2013 年版。

例如，中国应该意识到，美国在西太平洋地区的利益诉求与军事存在，包括双边同盟体系，既有其历史连续性，在现有条件下对于维持亚太秩序的稳定也不乏积极意义。一方面，中国理应在国际社会上主动承担更多的义务，但同时也需要设法消除中外各方在“中国责任”、“中国角色”上的认知差距，让世界理解自己的实际目标、困难以及承担国际义务能力方面的有限性。此外，中国在维护自身合法权益的同时，也应该追求合理的目标。实际上，即使就经济实力而言，尽管中国在发电量、工业总产值、贸易总额等重要数据上超过了美国，中国经济的质量仍然远低于美国，中国的先进技术、品牌拥有量、大公司的核心竞争力等诸多方面都与美国有相当大距离。考虑到美国作为东亚传统的主导性国家在该地区所建立的政治、军事、经济与社会纽带与影响力，中美在亚太地区的竞争仍具有明显的“非对称性”。中国作为亚太地区权力与财富格局中的“后来者”，不可能只凭借经济影响力来取代美国的影响力。

另一方面，美国也应该认识到中国发展诉求的合理性。例如，美国应该看到，中国并非纯粹的内陆国家，而是拥有1.8万千米海岸线的陆海复合型国家，①维护其东亚沿海地区的合法海上利益是理所当然之事。此外，美国还需要学会以平等的眼光看待中国，正视中国力量客观发展的现实，并在其主导的国际体系中为中国释放更大的发展空间。

总之，中美双方只有“相互尊重”，才能找到和平共处的有效途

---

①　实际上，中华文明是大陆文明与海洋文明的综合体。在明代实行海禁以前，中国的海洋文明并不落后，甚至曾经居于世界前列。

径，避免恶性竞争，特别是军事竞争的升级。实际上，双方都表达了这种愿望。例如，中国驻美大使崔天凯曾表示，“中美正致力于构建新型大国关系，亚太应成为其起点和试验田。这一关系摒弃以往大国间的‘零和’关系，寻求在相互尊重的基础上实现互利共赢”。美国国防部长哈格尔（Chuck Hagel）、负责东亚和太平洋事务的助理国务卿拉塞尔（Daniel Russel）等政要也曾建议双方共同采取克制政策。一些学者还提出了“相互确保克制”（Mutually Assured Restraint）的思想，即双方采取相互尊重的外交政策，各自限制其权力投射范围（尤其是在西太平洋地区）。

包括前助理国务卿克劳利（P. J. Crowley）、北京大学高等人文研究院院长杜维明和乔治・华盛顿大学国际事务教授阿米塔・伊奥尼（Amitai Etzioni）等“确保克制的中美关系框架研究小组”的成员承认，中美之间确实存在着一定程度的误解乃至紧张局势。他们提出“相互尊重”的建议：两国厘清彼此的战略意图，为军事发展和强制外交设立一个终极界限，以此为基础制定对外政策，使得双方都能够自我克制，有章可循。①

其次，中美需要建立和完善一整套争端解决和危机管控机制，通过双边协调与多边对话来共同维护亚太秩序的稳定。

亚太尤其是东亚地区的潜在危机不仅存在于中美之间，也存在于第三方或更多方，涉及朝鲜半岛、东海和南海等问题。中美应致力于建立和完善危机管控机制，以便在问题出现后能够及时有

① “专家研究中美两国保持克制的关系框架”，美国《凤凰华人资讯网》。http://usaphoenixnews.com/newsshow-35845.html.

效地沟通、磋商和协调政策。尤其在颇为敏感的军事防务领域，双方都迫切需要一种更深度的对话交流，以免相互间的猜忌和质疑越走越远，最终造成战略误判。

鉴于亚太力量格局的多元性、安全议题的复杂性和"安全两难"的普遍性，中美两国还应该与其他国家一道，致力于构建一种基于多边主义原则的亚太安全秩序。而实现这一长远目标的一个必要步骤，是首先围绕核扩散、领海争端、海上安全以及非传统安全等重要议题，分别建立由各利益攸关方参与的多边机制。

第三，中美需要抛弃意识形态偏见，实现和而不同、互利共赢。

美国对外政策包括对华战略的常态，是具有浓厚的意识形态与价值观色彩，从而经常成为中美政治分歧的一个直接根源，严重阻碍中美关系的发展。当前，随着全球政治、经济环境和意识形态氛围的显著变化，中美双方围绕国际秩序问题的"规则之争"有所加剧。中国积极推动全球治理和国际秩序变革，主张"国际关系民主化"；美国则高举"自由主义国际秩序"和"世界（各国）民主化"的旗子，试图维持对己有利的、排他性的国际规则。显然，所谓"规则之争"，也是"理念之争"，不仅涉及权力、利益或国际秩序主导地位等问题，实际上也是意识形态与价值冲突的反映。

然而，现实世界最好的情况也只能是多样性的统一，所以只能"和而不同"。① 国家间的合作基础是共同利益，而不是政治体制、经济模式或价值观念的一致性。即使在尚处于冷战格局的20世

① 石斌：《国际关系的历史场景与思想映像》，北京三联出版社2013年版，第210页。

纪70、80年代，中美关系仍然可以得到发展，原因就在于能够淡化意识形态分歧，把共同利益放在首位。中美之间要确立新的战略基础和战略互信，也只能在双方均能认可的“和平、稳定、发展”这些基本目标的基础上，求同存异，寻求重大战略利益上的共识，用互利共赢取代“零和”思维。

第四，双方决策层都需要有坚定的政治决心和长远的战略眼光，以克服中美关系所面临的国内制约。

由于近些年来中美关系面临诸多困难，“强硬派”观点在两国社会都有较大市场，对于中美两国政府调整战略思维、发展新型关系具有不可忽视的影响。因此，如何克服国内外的种种制约，使“合作”成为基调，使“合作是唯一选择”的理念得到国内普通民众、社会精英最大限度的认同，使中美建设“新型大国关系”的目标得到广泛的民意支持，考验着两国领导人和战略精英的智慧与决心。

综上所述，中美需要努力达成的关键政治共识（或曰基本战略共识），大致应包括如下内容：

(1) 确立“不对抗、不冲突、相互尊重、合作共赢”的新型大国关系总体目标，共同致力于避免陷入大国关系的“修昔底德陷阱”。如果底线只有一条，那就是“不冲突、不对抗”。“相互尊重、合作共赢”则更为积极，更符合时代潮流，它涵盖并且超越了消极的“不争霸”原则。

(2) 双方重申“三个公报”（《上海公报》、《建交公报》、《八一七公报》）所确立的几项至今仍有重大现实意义的核心原则：① 一个中国原则，即世界上“只有一个中国，台湾是中国的一部分”。② 反霸原则，即任何一方都不在亚太地区谋求霸权，同时反对任何其他国家或国家集团谋求这种霸权。③ 和平共处原则,即用和平解决国际争端,不诉诸武力和武力威胁;努力减少由于"事故、错误估计或误会"而引起对峙的危险。④ 主权平等原则,即互相尊重主权和领土完整,互不干涉内政。⑤ 平等互利原则,即以平等互利为出发点,加强经济、文化等各方面的联系,为发展两国关系"共同作出重大努力"。

其中最重要的是"一个中国"、"反霸"(及不争霸、不谋霸)与"和平共处"三大原则。实际上,这也是建立"合作共赢"新型关系的基本要求。

(3)在军事安全上,双方必须确立"相互尊重"(对方核心利益)和"相互克制"(战略行为)的原则,就彼此在西太平洋地区的战略目标达成谅解并做出战略保证,以维持相对稳定的战略均势,避免双方以及地区主要国家陷入恶性军备竞赛;与此同时,双方应共同致力于争端解决和危机管控机制建设,以防止区域重大军事冲突,包括核冲突。

(4)最后,双方同意基于共同安全与合作安全的理念,共同致力于亚太地区的制度化多边安全合作,包括完善现有对话机制,创建更加开放、多元、平等的新机制,使多边制度合作成为亚太安全秩序的主要成分。

达成这些基本共识的出发点和价值动因,就是超越短期、狭隘的自我利益,携手维护中美两大国自身的长远、共同利益,促进亚太地区乃至整个世界的和平与发展。

这并不是说,中美一定要签署一份新的联合公报来系统地阐述所有相关问题。对于中美是否有必要或者是否有可能通过"第四个公报”的形式来规定中美关系的目标与原则，在中美两国都有不同的看法。[①] 一方面，支持者认为，由于中美关系已经走到一个新的十字路口，或者说到达某种“临界点”，因此非常需要以某种方式阐明中美关系的远景。用兰普顿的话说，双方至少需要明确两大要点：“一是世界已经发生改变，权力分配已经变化，平衡与稳定是两国的共同目标，任何一个国家在全球的主导地位对于维护平衡与稳定都是不够的；二是两国需要相互合作并与其他国家合作，对现有国际经济与安全机制做出调整，以反映这些新的现实。”[②] 另一方面，即使是对此持消极态度的美国学者，主要担心的也是美国国内因素，认为可能因为美方“缺乏远见和无能”而妨碍联合公报的成形。这就是说，问题并不在于中美是否需要需求共识，或者是否需要联合公报这种形式，而在于双方的合作意愿以及达成共识的可能性有多大。

总之，要顺应时代的变化，中美双方必须对两国关系的性质、目标、基本原则和政策底线，特别是“新型大国关系”的内涵做出明确界定。如果中美能够就此达成政治共识，表达方式可以多种多样，既可以是共同声明，也可以是各自表述或分别承诺；既可以重申原有“三个公报”的重要原则，也可以与时俱进，增添新的内容；

---

① 蓝普顿：“中美关系逼近临界点，需‘第四个联合公报’”，卡特中心《中美印象》网，2015 年 06 月 11 日，http://www.uscnpm.com/model_item.html? action=view&table=article&id=4161；莉雅：“美中应签署第四个联合公报?”卡特中心《中美印象》网，2015 年 5 月 13 日，http://www.uscnpm.com/model_item.html? action=view&table=article&id=3656.

② 蓝普顿：“中美关系逼近临界点，需‘第四个联合公报’”。

也有人认为，两国领导人在某些关键问题上的相互表态，例如台湾问题上的一个中国原则，也可以起到非正式公报的作用。①

五、初步结论

自新中国成立以来，中美关系大致经历了四个发展阶段，目前正处在第四个阶段。其中的基本历史经验有三条：其一，“合作”符合中美两国的根本利益，“冲突”则使两国都付出巨大代价。其二，合作需要一个基础，这个基础就是中美之间的基本政治共识或战略底线共识。据此确立的战略合作关系乃至战略“互信”关系，对于两国关系的稳定和发展至关重要。功能性领域的务实合作和实际成果虽然不可或缺，但只是润滑剂和助推器。第三，中美关系状况的好坏，特别是中美安全关系的基调是对抗还是合作，对于亚太地区，特别是东亚地区的和平与稳定问题，具有近乎决定性的影响。

亚太是当今世界最重要的地缘政治经济区域之一。亚太地区安全结构、安全关系与安全秩序模式均错综复杂。“霸权稳定”、“均势稳定”、“集体安全”、“合作安全”、“大国协调”等现有安全模

---

① 例如布鲁金斯学会约翰·桑顿中国中心主任李成就认为，2017 年 2 月 10 日习近平主席与特朗普总统的通话就有这种作用，因为两国元首在中美关系处于不确定和令人忧虑的时候，为两国发展建设性关系定了积极的基调，并共同强调了一个中国原则。李成：“习特通话形同第四公报”，卡特中心《中美印象》网，2017 年 2 月 12 日，http://www.uscnpm.com/model_item.html?action=view&table=article&id=12486。

式各有利弊，彼此在价值理念和目标上也有内在矛盾，有的模式甚至主要服务于个别大国的安全观念与战略目标。总的来说，现有亚太安全秩序的根本缺陷在于，力量制衡、权力竞争甚至对抗的成分较多，并且近些年来呈上升趋势；更为积极的基于共同安全与合作安全理念的要素和机制发育尚不健全，作用还不突出，尤其是大国之间的战略协调与安全合作还很不够，在秩序改良上未能充分发挥积极引领作用。因此在过去数十年里，原有这些模式既是维持地区稳定与和平的基本因素，同时也隐含着紧张和冲突的根源。

事实证明，现有合作框架已难以有效应对亚太地区日益严峻的安全形势和热点安全问题。亚太地区迄今没有一个解决综合性安全问题的多边合作机制。由于主要大国未能发挥核心作用，现有多边机制作用有限。在安全矛盾最为集中的东亚地区，多边安全制度的缺失尤为突出。

亚太安全秩序的根本出路，是在大国协调的引领下，开展制度化的多边安全合作，逐步构建一种多边制度秩序。一个更加合理、稳定、和平的亚太多边制度秩序，大致应具备权力结构“多极化”、国际合作“多边化”、合作议题“多元化”、交往渠道“多层化”、安全合作“制度化”等特征。此外，就最重要的东亚安全而言，也许还有赖于安全合作更加“东亚化”。

亚太安全秩序的首要条件，是中美两个大国基于“关键共识”的战略合作。以中美“两国协调”为基础，在亚太地区逐步构筑一种基于主要大国协调的制度化多边安全合作机制，是当前亚太区域安全合作取得突破的关键所在。

当前全球格局和世界秩序乱变交织，中美关系处于结构调整、基础动摇、信任赤字的十字路口。当前中美战略安全关系的核心问题是：就双边关系而言，如何处理主要新兴大国与主要传统大国之间的关系，避免陷入所谓“修昔底德陷阱”；就地区秩序而言，则是如何处理双方对亚太地区安全秩序的认知和期待上的差异，如何解决塑造未来地区乃至全球秩序与规则的两大主导力量及其价值理念之间的冲突。

中美关系要避免落入传统大国关系的“修昔底德陷阱”，途径只能是发展新型大国关系。但中美关系是双方互动的结果，并不单独取决于哪一方。要建立新型大国关系，双方都需要做出重要努力。为此，未来中美关系需要“价值（目标）导向”与“利益（成果）导向”并举，纲举目张、相互促进：一方面，双方首先必须就中美关系，尤其是战略安全关系的基本性质、核心问题和发展目标达成一些最基本的共识；另一方面，也需要在贸易、投资等功能性领域或共同关心的议题上达成共识，取得具体合作成效。

在新的历史条件下，中美关系不仅仍然需要有一个战略基础，而且需要有一个更加适应时代潮流，反映国际结构变迁与秩序变革需求的新基础。当务之急，是通过达成关键政治共识，重塑中美关系战略基石。这些共识至少应包括：确立合作共赢的新型大国关系总体目标；重申三个公报的核心原则，尤其是一中、反霸与共处原则；尊重彼此核心利益；厘清彼此在亚太尤其西太的战略目标；奉行责任分担与权力分享相称性原则。在实践上，倡导共同安全与合作安全理念，共同致力于争端解决与危机管控机制建设，推动多边制度合作，在亚太地区构建一种更加开放、包容、富于弹性与稳定性，能够兼容多极格局、多边协商、多元议题、多层交往的复合安全体系与多边制度秩序。

中美达成政治共识、开展战略合作，并非不可想象，而是既有先例可循，也不乏许多现实、有利条件。相互尊重是中美合作的重要基础。70 多年前，中美两国尽管相距遥远、国力对比相差悬殊，但两国却在平等的基础上为抗击法西斯主义和日本军国主义开展了卓有成效的合作。40 多年前，在全球冷战的大背景下，中美两国领导人以卓越的战略眼光和政治魄力，结束了 20 年的敌对，携手开启了两国关系与亚太地区和平发展的新局面。今天，和平、发展、合作、共赢已成为时代潮流，中美关系也站在了新的历史起点上。作为世界上最重要的两个大国，中美双方拥有广泛的共同利益，承担重要的共同责任，中美关系的内涵早已超出双边范畴，具有更加重要的全球影响。中美双方应充分借鉴历史经验，不断开辟更加广阔的合作前景。总之，在当前中美关系处于深刻调整、面临诸多困难的情况下，如何充分利用各种有利条件，克服国内外的种种困难和制约因素，使“合作”成为基调、使“合作是唯一选择”的理念和“新型大国关系”的目标得到国内民众、社会精英的广泛认同，考验着两国领导人和战略精英的智慧与决心。

在全球层面，人们在过去十年里已经目睹了世界政治的深刻变化。2008 年全球金融危机深刻塑造了国际权力结构的再分配；一些国家的民粹主义、民族主义、本土主义以及贸易保护主义抬头；英国脱欧引发欧盟史上最严重的政治危机；美国特朗普政府上台后奉行“美国优先”政策，退出跨太平洋伙伴关系协定，还承诺将就北美自由贸易协定重新谈判。美欧跨大西洋贸易与投资伙伴关系协定（TTIP）谈判也面临着一个不确定的未来；中国则努力维持一个开放的全球体系，倡导一种更有包容性和多边主义特征的全球化。总之，全球化进程遭到重创，世界秩序正在发生深刻变化。处在十字路口的世界向何处去？这是一个非常现实的大问题。

就亚太地区而言，历史遗留、体系变迁和秩序调整所造成的影响同样是多方面的，而安全挑战最为突出。作为解困之道的中美战略协调与地区多边制度秩序的构建远非易事，其所面临的困难很可能是巨大的。然而，困难并非无所作为的理由，变化更不是无所适从的借口。世界日新月异，变化并非意外，而恰恰是常态。困境中的人们不仅要“知变”、“适变”，还要主动“求变”。在此，马克思在《关于费尔巴哈的提纲》中所指出的实践标准值得重申：“环境正是由人来改变的……环境的改变和人的活动或自我改变的一致，只能被看作并合理地理解为变革的实践。”正是在此文中，马克思写下了那句振聋发聩、脍炙人口的结语：“哲学家们只是用不同的方式解释世界，而问题在于改造世界。”①

① 卡尔·马克思：“关于费尔巴哈的提纲”，见《马克思恩格斯选集》第1卷，2012年第3版，第134、138、140页。

亚太经济秩序及其制度选择:新格局、新思路*

舒建中**

内容摘要 权力结构是影响国际经济秩序及其制度建设的决定性因素,亚太经济秩序的制度建设同样深受亚太地区权力结构的影响。美国主导的跨太平洋伙伴关系协定和东盟主导的区域全面经济伙伴关系协定,以各自的权力资源作为基础,缺乏基于亚太区域新格局的权力整合与利益协调,均难以独自支撑亚太经济秩序的制度建构。亚太自贸区是迈向亚太经济秩序的第一个关键步骤,其政治根基是基于亚太权力新格局的政治共识,以及在此基础

* 本文为国家社科基金重点项目"中国及新兴大国群体在国际秩序变革中的地位和作用研究"(项目编号 15AZD027)、江苏省高校哲学社会科学研究重大项目"新兴大国在国际秩序变革中的机遇与作用研究"(项目编号 2013ZDAXM007)的阶段性成果。

** 作者系南京大学亚太发展研究中心研究员;南京大学历史学院副教授。

上的制度选择和制度设计。亚太经合组织囊括了亚太地区多数国家和主要经济体，组织构成基本符合亚太地区的权力布局，因而成为寻求亚太政治共识的制度平台，是亚太自贸区的孵化器。

关键词　亚太权力格局　亚太经济秩序　亚太自贸区　“一带一路”倡议

面对经济全球化和区域经济一体化的浪潮，亚太经济秩序的制度建设始终是一个备受关注且争议不断的问题，有关国家做出了积极的努力，提出了不同的方案。冷战结束之后，尽管亚太经济合作取得有益进展，但时至今日，亚太经济秩序的建设仍不尽如人意，尤其是缺乏具有适用普遍性和广泛约束力的亚太区域经济制度，这是制约亚太经济秩序建设的关键。面对亚洲经济的快速发展，亚太经济秩序及其制度建设更加引人瞩目，因此，探究亚太经济秩序建设面临的问题，寻求亚太经济合作的制度框架，成为颇具现实意义的重大问题。本文从结构性权力理论的视角出发，以亚太权力结构的新格局作为立论基础，力图梳理影响亚太经济秩序及其制度建设的权力因素，剖析亚太经济合作的主要方案及其存在的缺陷，以期阐释亚太经济秩序建设，尤其是亚太自贸区建设的制度路径及其新思路。

一、亚太权力新格局与亚太经济秩序

对于影响国际政治经济关系的因素，现实主义、自由主义、建构主义和新马克思主义均从不同角度做出了各自的解释。诚然，制约国际关系的因素是多种多样的，但从根本上讲，基于权力的利益无疑是影响国家间关系的最重要的因素。现实主义国际关系理论大师汉斯·摩根索就明确指出，以权力界定利益是政治现实主义的主要路标，这一原则已经得到历史事实的充分验证。[①] 2010年以来亚太国际关系的发展有力地证明，权力是制约国际经济关系发展变化的关键因素，忽视国际权力结构而奢谈国际经济合作，无异于缘木求鱼。立足于国际权力结构的分析视角，不仅可以理解全球性国际经济秩序及其制度规则的演进路径，而且有助于认识区域性经济秩序，包括亚太经济秩序的制度生成途径。

在解读国际关系权力规则的诸多理论中，苏珊·斯特兰奇的结构性权力理论是一种更为有效的分析模式。在斯特兰奇看来，所谓结构性权力，是指塑造和决定全球各种政治经济结构的权力，包括确定国际关系议事日程和制定国际制度规则的权力。简言之，结构性权力就是决定办事方法的权力，是塑造国家与国家之间关系、国家与人民之间关系或国家与公司之间关系框架的权力。斯特兰奇进一步指出，安全结构（提供安全保障的权力框架）、生产结构（决定生产及其方法和条件的各种安排的总和）、金融结构（支配信贷安排以及决定各国货币交换条件的所有要素的总和）与知识结构（决定知识及其储存和传播途径与条件的权力结构）是世界政治经济中权力结构的基本组成部分，权力就是通过这四种结构

① Hans J. Morgenthau, *Politics among Nations: The Struggle for Power and Peace*, New York: The McGraw-Hill Companies, Inc., 2006, p. 5.

对特定关系产生影响的。①

根据结构性权力理论，国际经济关系的议事日程和制度规则均受制于国际关系权力结构，结构性权力决定了国际经济秩序的发展演进和制度建设。在亚太经济秩序的制度建构中，国家间关系的权力格局，尤其是大国权力同样是不容忽视的关键因素。

亚太地区国家众多且经济发展水平差距较大，同时具有社会制度与文化多样性的特征，鉴于此，亚太经济秩序建设面临的复杂因素更多。从目前来看，能够对亚太经济秩序建设施加重要影响的国家主要包括美国（世界第一大经济体）、中国（世界第二大经济体）和日本（世界第三大经济体），以及作为区域组织的东盟。评判上述国家和区域组织在亚太权力布局中的地位及其影响力，是理解亚太经济秩序及其制度建设的关键所在。

作为亚太地区的重要国家，美国自第二次世界大战结束以来就从政治、经济、军事甚至文化等诸多方面深深卷入亚洲事务，在亚太地区拥有综合性权力优势。因此，纵览影响亚太经济秩序建设的诸多因素，美国是最具影响力的国家。从根本上讲，美国之所以能够对亚太经济秩序建设产生强有力的影响，是因为在亚太乃至全球政治经济格局中，美国仍然拥有总体权力优势，这是美国影响亚太经济秩序建设的权力基础。在生产领域，美国国内生产总值长期稳居世界第一，是世界上综合经济实力最为强大的国家。在金融领域，美元是国际货币金融体系中最重要的国际储备货币、

① Susan Strange, *States and Markets*, London: Pinter Publishers, 1988, pp. 24 - 28, 45, 64, 90,121.

贸易支付手段、外汇交易工具和大宗商品计价单位,美元汇率是确定国际汇率的主要参照系,美元本位制成为当代国际货币金融体系的基本特征,美元本位制下的美元霸权是摆脱了黄金约束的超级霸权。[①] 在知识和技术领域,美国长期占据世界知识创新和技术创造的制高点,突出表现就是,美国的研发能力和技术水平远非世界其他国家能够比肩,世界领先的技术实力是美国最大的优势所在,[②]技术权力成为美国结构性权力的重要组成部分。与此同时,依托强大的跨国传播能力,"山姆大叔"将美国的文化和意识形态植入国际社会,铸就了美国的文化优势,意识形态权力成为美国知识权力的化身,是美国结构性权力的重要组成部分。[③] 在安全领域,美国拥有世界最为先进和强大的军事力量,以及遍布全球的同盟体系和军事基地,军事优势成为美国向盟国提供安全保障并支撑美国全球地位的关键,同时也是美国影响区域乃至全球国际关系发展走向的重要支柱。因此,总体权力优势是美国主导全球政治经济关系的基础,也是美国影响亚太经济秩序建设的力量源泉。

世纪之交,亚洲经济快速发展,成为推动世界经济增长的重要力量,美国在亚太地区的生产和金融优势开始面临挑战,这种挑战

---

① Susan Strange, "The Persistent Myth of Lost Hegemony", *International Organization*, Vol. 41, No. 4, 1987, p. 569.

② 戴平辉:"结构性权力下的美国霸权",《太平洋学报》2004 年第 1 期,第 45 页。

③ 有关美国文化在亚太地区的影响力及其与美国权力的关系,参见 Roger Buckley, *The United States in the Asia-Pacific since 1945*, New York: Cambridge University Press, 2002, pp. 239 - 244。

亦是亚太权力结构变迁以及亚太权力新格局的突出表现之一。在此背景下，安全权力成为美国影响亚太关系的发展方向，包括亚太经济秩序建设的主要依托。冷战时期，美国通过双边或多边方式构筑起以美国为中心的亚太军事同盟体系，确立了美国在亚太地区的安全权力优势，亚太同盟体系亦是美国在亚太地区最重要的政治、安全和战略资产。① 鉴于安全是国家最根本的核心利益，在安全利益和发展利益发生碰撞时，国家往往优先选择安全利益，必要时甚至牺牲经济利益；美国则凭借有关国家在安全领域对美国的严重依赖，通过制造安全问题、运用军事手段主导亚太局势，影响、干扰甚至破坏亚太国家间的经济合作。例如，中国—东盟自贸区于2010年1月建立，美国则同时宣布实施亚太再平衡战略，在中国南海制造紧张局势，意图挑起中国与东盟国家之间的对抗，离间中国同有关国家的关系，干扰中国—东盟经济合作进程。2015年6月，中韩正式签署双边自由贸易协定，两国自贸区建设取得实质性进展，前景可期；而美国则依托美韩同盟并借口朝鲜导弹威胁，于2016年7月宣布在韩国部署"萨德"（THAAD）导弹防御系统，导致中韩自贸区建设以及双边经济合作受到严重影响。由此可见，同盟体系是美国亚太政策的基石，是美国影响并塑造亚太多边秩序的工具，②美国在安全领域的权力优势亦成为美国左右亚太经济秩序建设的最重要的筹码。

---

① 周方银："美国的亚太同盟体系与中国的应对"，《世界经济与政治》2013年第11期，第5、15页。

② 史田一："冷战后美国亚太多边外交中的同盟逻辑"，《当代亚太》2015年第2期，第49、56页。

在影响亚太经济秩序的权力布局中，日本同样是一个重要因素。在2010年之前，日本长期占据世界第二大经济体地位，与亚太国家存在千丝万缕的经济贸易联系，拥有强大的经济实力以及在此基础上的经济影响力。与此同时，日本在亚太经济合作中长期扮演重要角色，在已经建成并运转的诸多亚太经济合作机制（如太平洋盆地经济理事会、太平洋经济合作会议、亚洲太平洋经济合作会议等）中，日本都是主要发起国和创始成员国，从而在多层次的亚太经济合作机制中占据了先机。不仅如此，在创建于1966年的亚洲开发银行（亚开行）中，日本和美国的份额并列第一，均拥有一票否决权并长期主导亚开行，从而展示了日本在亚太经济格局中的金融实力和金融权力。由此可见，在亚太权力布局中，日本的综合经济实力（包括实力雄厚的生产能力及在此基础上的生产权力），日本在亚开行中的主导权力（金融权力），以及其与亚太经济合作机制长期形成的广泛而紧密的联系，均在很大程度上为日本影响亚太经济关系的发展走向创造了有利条件，彰显了日本对亚太经济秩序建设的多重影响力。

中国长期致力于亚太区域的经济合作与共同发展，支持亚太经济一体化，在亚太经济秩序的建设中发挥着重要作用。在生产领域，中国已经跃居世界制造业大国，拥有强大的生产和制造能力，其中，中国在基础设施建设领域取得巨大成就并积累了丰富经验，拥有世界领先的技术和装备，引起了世界的高度关注，①集中

① ADB, *Infrastructure for Supporting Inclusive Growth and Poverty Reduction in Asia*, Manila: Asian Development Bank, 2012, p. 10.

展示了中国在生产领域和技术领域的实力。在经济贸易方面,中国是许多亚太经济体的最大贸易伙伴、最大出口市场和主要投资来源地,与中国签署自贸协定的贸易伙伴大多数是亚太经合组织成员国;中国的发展给亚太国家带来巨大红利,2012 年中国对亚洲经济增长的贡献率达到 50%。因此,强大的经济实力为中国在亚太经济秩序建设中发挥积极作用奠定了基础。在国际金融领域,中国的地位稳步提升,影响力明显增强。外汇储备是衡量一个国家金融实力的重要指标,也是一项重要的金融权力。① 根据中国人民银行 2016 年 1 月 7 日发布的报表显示,截至 2015 年 12 月,中国的外汇储备为 3.33 万亿美元,居世界第一,这是中国金融实力的一个重要标志。作为加强亚太区域金融合作的一个重要步骤,中国主导的亚洲基础设施投资银行(亚投行)于 2015 年 12 月在北京成立。一方面,亚投行的建立顺应了亚洲各国在基础设施及互联互通建设等领域的需要,是国际融资制度的创新和发展。② 另一方面,亚投行的建立彰显了中国的经济和金融实力,有助于塑造并增强中国在区域和国际体系中的地位,进一步拓展了中国的区域乃至全球影响力。③ 因此,亚投行充分体现了中国在亚太金融与经济合作中的独特作用,为中国参与亚太经济秩序建设提供

---

① 黄琪轩:"世界政治中的'权力贴现率'与美元贬值",《当代亚太》2012 年第 6 期,第 84 页。

② 舒建中:"亚洲基础设施投资银行与国际金融秩序",《国际关系研究》2015 年第 4 期,第 26 页。

③ Rahul Mishra, "Asian Infrastructure Investment Bank: An Assessment", *India Quarterly*, Vol. 72, No. 2, 2016, p. 170.

了新的制度平台。此外，早在 2011 年，中国就倡导设立中国—东盟海上合作基金；[①]2014 年 11 月，中国宣布出资 400 亿美元设立丝路基金，目的均是运用中国的经济和金融实力，促进东盟国家乃至亚太区域国家的经济与金融合作。由此可见，随着总体经济实力的日渐增强，中国已经在很大程度上改变了亚太地区的权力结构，成为亚太权力新格局中一个至关重要的因素，经济、贸易和金融实力是中国最为突出的权力资源，是中国参与并影响亚太经济秩序建设的重要基础。

成立于 1967 年的东南亚国家联盟（简称东盟，ASEAN）是亚太地区最具影响力的政府间国际组织，现有 10 个成员国。作为重要的区域性多边合作平台，东盟在构建亚太合作机制方面成果丰硕。1997 年以来，东盟与中、日、韩共同启动的 10＋1 和 10＋3 合作机制、东亚峰会等相继诞生。在自贸区方面，中国—东盟自贸区于 2010 年 1 月建立，这是东盟作为一个整体建立的首个对外自贸区，也是发展中国家间最大的自贸区；东盟—韩国自贸区于 2010 年启动，东盟与澳大利亚和新西兰的自贸区协定亦于 2012 年正式生效。总之，东盟是亚洲最有成就的区域合作组织，不仅促进了东南亚地区的合作与发展，而且在聚拢东亚其他国家参与区域合作方面也发挥了特殊作用。[②] 正是凭借作为区域性组织的整体优势，以及一系列与亚太国家的制度性合作机制，东盟在亚太权力布

---

① 有关中国—东盟海上合作基金的研究，参见康霖、罗亮："中国—东盟海上合作基金的发展及前景"，《国际问题研究》2014 年第 5 期。

② 张蕴岭："如何认识和理解东盟：包容性原则与东盟成功的经验"，《当代亚太》2015 年第 1 期，第 5 页。

局中占有一席之地，拥有影响亚太经济秩序建设的独特资源和能力。

综上所述，在亚太权力格局中，美国、日本、中国以及东盟均拥有类型各异或程度不等的权力资源，成为影响亚太经济秩序建设的重要力量。其中，随着经济的发展以及同亚太国家相互依赖关系的进一步增强，中国在亚太区域的重要性日渐突出，中国经济已经成为亚太经济最重要的基石，①中国的发展因之成为亚太权力新格局形成的重要标志。在此背景下，亚太经济秩序及其制度建构亦需培育新的政策思路，探寻新的合作途径。实际上，为借助各自的权力资源影响亚太经济秩序建设的进程和发展方向，相关各方积极倡导或支持不同的政策方案，并形成制度竞争的态势。因此，剖析亚太经济秩序构建的不同方案，不仅可以认识相关各方权力资源的实施路径和影响方式，而且可以厘清各方的利益诉求与差距，进而为思考权力新格局下亚太经济秩序的建设提供问题导向和经验依据。

二、亚太经济秩序的制度竞争及其不足

20世纪90年代以来，亚太经济合作及区域经济一体化进入全面提速阶段，但与北美和欧洲经济一体化的发展进程相比，亚太

---

① Mie Oba, "TPP, RCEP, and FTAAP: Mulitlayered Regional Economic Integration and International Relations," *Asia-Pacific Review*, Vol. 23, No. 1, 2016, pp. 110－111.

经济合作的制度化程度明显不足。尽管有关各方均有推动亚太经济一体化的意愿，但由于权力基础和利益取向不同，相关各方对于亚太经济秩序建设的实施路径存在不同看法，导致亚太区域内出现众多相互竞争的双边和区域性经济贸易安排，始终未能建立一个覆盖整个区域的自由贸易区，亚太经济机制亦陷入合作水平较低、区域制度过剩的境地。究其本源，亚太经济秩序建设出现碎片化趋势的根本原因在于亚太权力布局下的主导权之争；有关各方提出的区域经济合作方案归根到底是以各自的权力资源作为基础的，缺乏有效的权力整合与利益协调亦使有关方案存在不同程度的问题和不足。

目前，亚太地区已经完成谈判或正在谈判的区域性制度方案主要有两个：一是前途难料的跨太平洋伙伴关系协定（TPP），二是东盟主导的区域全面经济伙伴关系协定（RCEP）。

（一）跨太平洋伙伴关系协定

近年来，美国主导的跨太平洋伙伴关系协定引起广泛关注。2015 年 10 月，参与谈判的有关国家就跨太平洋伙伴关系协定达成一致；2016 年 2 月，跨太平洋伙伴关系 12 个成员国正式签署协定。2016 年 5 月 2 日，美国总统奥巴马在《华盛顿邮报》撰文称，美国主导的跨太平洋伙伴关系协定执行高标准，将确保由美国而不是中国等国书写 21 世纪的贸易规则，①公然表明了美国利用跨太平洋伙伴关系协定排挤中国的立场。同样是在 5 月，跨太平洋

① Barack Obama, "The TPP Would Let America, Not China, Lead the Way on Global Trade," *Washington Post*, May 2, 2016.

伙伴关系协定12个成员国在秘鲁阿雷基帕举行协定审批进展工作会议并共同发表声明称，各方将努力完成国内审批程序，力争使跨太平洋伙伴关系协定在2年内生效。

尽管跨太平洋伙伴关系协定完成了谈判和签署程序，但要真正实现生效，尚需成员国中占12国国内生产总值总额85%以上的6个国家完成国内批准程序。对于跨太平洋伙伴关系协定，各成员国国内的态度并不一致，甚至存在强烈的反对之声，完成国内批准程序还有种种考验。

在跨太平洋伙伴关系协定12个国家中，经济规模最大且是协定主导国家的美国能否批准成为焦点。实际上，跨太平洋伙伴关系协定是2016年美国大选期间的热点问题之一，共和党总统候选人特朗普多次强硬表示，坚决反对跨太平洋伙伴关系协定。11月9日，特朗普当选美国新一任总统，跨太平洋伙伴关系协定的前景雪上加霜。在此背景下，美国白宫高级官员于11月11日宣布，奥巴马政府已经清楚认识到美国政治局势的变化，跨太平洋伙伴关系协定的前景将交由下一届美国总统和国会决定。

另一方面，美国政治局势的变化确实引发了有关国家对跨太平洋伙伴关系协定命运的普遍担忧。目前，已经有跨太平洋伙伴关系协定成员国提出调整协定，在缺少美国的情况下尽早使跨太平洋伙伴关系协定生效。墨西哥经济部部长瓜哈尔多公开宣称，为让跨太平洋伙伴关系协定能在缺少美国参加的情况下生效，将提出调整条款。秘鲁总统库琴斯基亦对媒体表示，应构建不包括美国的新的跨太平洋经济合作协定，甚至提出了囊括中国和俄罗斯等国的方案。澳大利亚外长朱莉·毕晓普也坦言，如果跨太平洋伙伴关系协定不能取得进展，其空白或将被区域全面经济伙伴关系协定填补。越南总理阮春福则宣布，基于美国大选后的政治变化，越南政府将停止寻求推动国会批准跨太平洋伙伴关系协定。

与其他国家的态度有所不同，日本安倍政府对于跨太平洋伙伴关系协定始终持积极推动的态度，将跨太平洋伙伴关系协定视为促进日本经济成长的战略支柱。2016 年 11 月 10 日和 12 月 9 日，日本众议院和参议院分别批准跨太平洋伙伴关系协定，成为继新西兰之后第二个批准跨太平洋伙伴关系协定的国家。显然，面对美国国内政局的变化，日本的意图就是在先行批准跨太平洋伙伴关系协定的基础上，再通过游说特朗普以促使其改变主意。

2017 年 1 月 23 日，新任美国总统特朗普签署行政命令，正式宣布美国退出跨太平洋伙伴关系协定。面对变故，跨太平洋伙伴关系协定的存亡引起普遍关注，其他成员国如何应对更是众说纷纭。实际上，2016 年 11 月亚太经合组织领导人利马峰会期间，跨太平洋伙伴关系协定 12 国领导人就举行闭门会议，商量挽救该协定的途径。其间，除美国之外的跨太平洋伙伴关系协定其他 11 国一致认为，可以考虑“TPP 减一”模式，强调宁可在美国缺席的情况下实现跨太平洋伙伴关系协定的先行生效，也不愿让其胎死腹中。[①] 鉴于此，跨太平洋伙伴关系协定依然是一个值得关注的问题，其对亚太经济秩序及制度建构的影响或将继续存在。

从根本上讲，美国是亚太权力结构中的政治、经济和贸易大

① 辛斌、刘淼：“12 国闭门商量咋救 TPP”，《环球时报》，2016 年 11 月 21 日，第 3 版。

国,跨太平洋伙伴关系协定对于美国的意义不言而喻。自20世纪60年代以来,美国在多边贸易体系中的霸权地位开始面临挑战。世界贸易组织建立之后,美国已经无法掌控多边贸易议程,为此,美国开始寻求通过主导区域贸易机制的方式重构美国的贸易权力。美国主导跨太平洋伙伴关系协定的战略目标就是重塑美国的亚太领导地位,跨太平洋伙伴关系协定因之成为美国亚太贸易政策的核心,是美国以区域制度重构贸易权力的重要一环。① 由此可见,跨太平洋伙伴关系协定具有强烈的美国权力导向的特征,而总体权力优势则是美国得以主导跨太平洋伙伴关系协定的权力源泉。正因为如此,跨太平洋伙伴关系协定存在诸多缺陷,不可能成为亚太经济秩序建设的制度选项。

首先,美国主导跨太平洋伙伴关系协定的意图与亚太经济合作的目标相悖。跨太平洋伙伴关系协定是美国权力的产物,从根本上讲是服务于美国的战略目标的,即从经济上配合美国亚太再平衡战略的实施,维护美国在亚太地区的领导地位。鉴于此,跨太平洋伙伴关系协定的实施路径是建立在美国总体权力优势的基础上的,夹带美国战略私利是跨太平洋伙伴关系协定的重大缺陷。从这个意义上讲,跨太平洋伙伴关系协定主要体现了美国的权力和利益,因而背离了亚太经济合作的应有目标——互利互惠,共同发展。

① 有关美国主导跨太平洋伙伴关系协定的战略意图,参见舒建中:"美国与'跨太平洋伙伴关系协定':贸易权力的重构",《世界经济与政治论坛》2014年第6期。

其次，跨太平洋伙伴关系协定成员国范围有限，无法成为支撑亚太经济合作的基础。亚太地区国家数量众多，均是亚太经济秩序建设的参与者，亚太权力格局亦呈现多元化特点。如前所述，在影响亚太经济秩序建设的权力布局中，美国、日本、中国和东盟均是不容忽视的关键因素，但跨太平洋伙伴关系协定既未囊括整个东盟国家，亦将中国刻意排除在外。因此，跨太平洋伙伴关系协定没有包容亚太地区具有影响力的权力主体，没有体现亚太地区权力结构的新格局，因而无法承担构建亚太经济秩序的使命。

第三，跨太平洋伙伴关系协定的高标准忽视了亚太国家发展水平的多样性和差异性。跨太平洋伙伴关系协定涵盖 21 个领域，宣称致力于打造美国倡导的 21 世纪贸易标准，在知识产权保护、劳工标准、基础产业对外开放等方面的要求比世界贸易组织更为严格。同时，亚太区域国家的经济发展水平差异较大，有着不同的利益诉求，但跨太平洋伙伴关系协定毫不考虑亚太国家的实际情况，采取一刀切的自由化原则，这就注定跨太平洋伙伴关系协定即使在成员国内部都会面临激烈的利益冲突，遑论将其扩大至所有亚太国家。因此，跨太平洋伙伴关系协定并不符合亚太发展中国家的发展利益，不可能充当亚太经济秩序建设的基石。

总之，跨太平洋伙伴关系协定的实施路径是以美国的总体权力优势为基础，以美国亚太再平衡战略为依归，旨在维护并巩固美国在亚太地区的传统领导地位。正因为如此，跨太平洋伙伴关系协定没有体现亚太权力结构的基本布局及与之相关的利益分配，更谈不上体现亚太权力结构的新格局和新思路。在影响方式上，跨太平洋伙伴关系协定以符合美国利益的高标准作为引领，力图以此塑造亚太经济秩序和规则，完全没有顾及亚太国家因发展水平不同而带来的利益差距，更没有考虑区域国家的利益协调。因此，尽管具有一定的规则借鉴意义，但不论从权力新格局和利益新分配的角度，还是在利益协调与共同发展的层面，跨太平洋伙伴关系协定均存在严重缺陷，难以独自扮演构建亚太经济秩序的角色。

（二）区域全面经济伙伴关系协定

区域全面经济伙伴关系协定由东盟发起，邀请已与东盟签署自贸协定的国家——中国、日本、韩国、澳大利亚、新西兰、印度——共同参加（10＋6），是以东盟为主导的区域经济一体化方案。2011年2月举行的东盟经济部长会议提出了相关构想，并设计了区域全面经济伙伴关系草案，同年11月的东盟峰会通过《东盟地区全面经济伙伴关系框架》，批准实施区域全面经济伙伴关系计划。2012年8月召开的东盟与中国、日本、韩国、澳大利亚、新西兰和印度的经济部长会议通过了《区域全面经济伙伴关系谈判的指导原则和目标》；同年11月，参加东亚系列会议的16国领导人发表联合声明，宣布于2013年启动谈判进程。[①] 至此，区域全面经济伙伴关系协定由政策酝酿阶段进入实质性谈判阶段。区域全面经济伙伴关系协定谈判的启动，预示着东亚区域经济合作的规模将进一步扩大，是东亚自贸区建设的重要步骤。[②]

---

① 贺平、沈陈：“RCEP与中国的亚太FTA战略”，《国际问题研究》2013年第3期，第46页。

② 竺彩华：“东亚经济合作的新抉择：TPP还是RCEP?”《和平与发展》2013年第2期，第22页。

截止到2015年10月，区域全面经济伙伴关系协定共举行了10轮谈判。[①] 在2015年11月举行的东亚峰会上，参与谈判的有关国家领导人发表联合声明，重申区域全面经济伙伴关系协定对于带动区域经济发展具有重要意义，是本地区经济一体化的重要路径。联合声明指出，区域全面经济伙伴关系协定有利于推动世界经济公平发展，加强各国间的经济联系。为此，各国领导人要求谈判团队加紧工作，力争在2016年结束谈判，[②]从而为谈判的推进注入强劲动力。

进入2016年之后，区域全面经济伙伴关系协定谈判加速进行，呈现出前所未有的发展势头并取得积极进展，成为亚太区域经济合作及制度建设的最大亮点。

2016年2月14—19日，区域全面经济伙伴关系协定第11轮谈判在文莱斯里巴加湾举行，东盟10国、中国、日本、韩国、澳大利亚、新西兰、印度和东盟秘书处派代表与会。各方举行了货物贸易、服务贸易、投资、原产地规则4个分组会议，重点推进货物、服务、投资三大核心领域的市场准入谈判，并进行文本磋商，同时初步确定了2016年的谈判计划。斯里巴加湾会议展示了有关国家推进区域全面经济伙伴关系协定谈判的强烈政治意愿，有关谈判计划的确定更是为区域全面经济伙伴关系协定的快速推进奠定了

---

① 有关区域全面经济伙伴关系协定前10轮谈判的情况，参见张彬、张菲："RCEP的进展、障碍及中国的策略选择"，《南开学报》(哲学社会科学版)2016年第6期，第124-125页。

② 吕鸿等："李克强出席《区域全面经济伙伴关系协定》领导人联合声明发布仪式"，《人民日报》，2015年11月23日，第2版。

更为具体的谈判基础。

2016年4月17—29日，区域全面经济伙伴关系协定第12轮谈判在澳大利亚珀斯举行，谈判取得积极进展，各方围绕货物、服务、投资、知识产权、经济技术合作、电子商务、法律条款等领域进行深入磋商，同时提交了货物贸易和服务贸易的初始出价，以及投资负面清单。珀斯会议的意义就在于，随着谈判清单的提交，区域全面经济伙伴关系协定进入实质性问题的谈判阶段，有关各方将就具体的权利义务展开更加深入的磋商，谈判向纵深发展。

2016年6月10—18日，区域全面经济伙伴关系协定第13轮谈判在新西兰奥克兰举行。各方就货物、服务、投资、知识产权、经济技术合作、竞争、电子商务、法律条款等领域再度展开磋商，谈判取得新的积极进展。奥克兰会议延续了区域全面经济伙伴关系协定谈判强劲发展的势头，进一步增强了有关各方推进谈判进程的信心。

2016年8月10—19日，区域全面经济伙伴关系协定第14轮谈判在越南胡志明市举行。在8月5日区域全面经济伙伴关系协定第四次部长级会议成果的基础上，各方就货物、服务、投资三大核心领域市场准入问题展开深入讨论，并继续推进知识产权、经济技术合作、竞争、电子商务、法律条款等领域案文磋商。

胡志明会议是在东亚和东南亚局势纷繁复杂、变数频发的背景下举行的。一方面，2016年7月12日，菲律宾诉中国南海仲裁案仲裁庭做出非法无效的所谓最终裁决，遭到中国的强烈反对，中国与有关国家的合作面临严峻考验。另一方面，美国和日本加紧搅局南海，意在破坏中国与东盟国家的合作进程，南海局势一度炙手可热。面对波谲云诡的局势，胡志明会议仍然取得积极进展，充分展示了有关国家排除干扰，继续推进区域全面经济伙伴关系协定谈判，深化区域经济合作的坚定立场，发挥了承上启下的积极作用。

2016年10月11—22日，区域全面经济伙伴关系协定第15轮谈判在中国天津举行。各方继续就货物贸易、服务贸易、投资三大核心领域的市场准入问题展开深入磋商，完成了经济技术合作章节的谈判，共同表达了加速谈判进程、力争尽快达成协议的意愿。

天津会议是在国际经济和政治局势出现新变化的背景下举行的。10月4日，国际货币基金组织发布《世界经济展望》报告，认为2016年全球经济增长仍将低迷不振；2017年及以后，在新兴市场强劲表现的带动下，全球增长将小幅加快。面对全球经济的黯淡前景以及世界对新兴市场国家的期望，参与区域全面经济伙伴关系协定谈判的国家均有加强合作、促进增长的强烈愿望，期盼通过区域全面经济伙伴关系协定为各国经济的发展注入新动力。与此同时，在天津会议举行期间，菲律宾新任总统杜特尔特于10月18—21日对中国进行国事访问，中菲关系全面恢复，南海纷争的热度明显降温，中国与东盟国家的合作迎来新的机遇。正是基于加强合作的共同愿望，天津会议取得有益成果，区域全面经济伙伴关系协定谈判稳步推进。

2016年11月3—4日，区域全面经济伙伴关系协定部长级会议在菲律宾宿务举行。与会部长全面评估了谈判进展情况，重点就货物贸易、服务贸易和投资三大核心领域关键问题展开深入磋商，并为下一步谈判提供战略指导，要求各方按照《区域全面经济伙伴关系谈判的指导原则和目标》的要求，达成一个现代、全面、高质量和互惠的区域全面经济伙伴关系协定。

随着美国总统大选落下帷幕，特朗普当选新一届美国总统。鉴于特朗普在竞选期间公开表达的反对立场，跨太平洋伙伴关系协定平添纠葛。面对新的变数，很多签署跨太平洋伙伴关系协定的美国亚太盟友已将关注点转向区域全面经济伙伴关系协定。澳大利亚贸易与投资部部长史蒂文·乔博11月6日公开表示，澳大利亚将会采取有效措施，推动区域全面经济伙伴关系协定谈判。新加坡《联合早报》11月14日发表社论称，美国不核准跨太平洋伙伴关系协定仅代表自己弃权，亚太区域国家依然会谋求其他形式的合作以促进贸易。马来西亚国际贸易和工业部长穆斯塔法·穆罕默德在11月15日表示，如果确认跨太平洋伙伴关系协定无法落实，马来西亚将寻求其他选项，目前，马来西亚关注的重点是推动区域全面经济伙伴关系协定谈判。作为跨太平洋伙伴关系协定成员国而非区域全面经济伙伴关系协定谈判方，加拿大总理特鲁多在亚太经合组织领导人利马峰会期间亦表示，加拿大对于未来加入各种贸易协定持开放态度，①暗示加拿大有可能加入区域全面经济伙伴关系协定谈判。由此可见，美国政局变化给跨太平洋伙伴关系协定带来的问题，为区域全面经济伙伴关系协定的谈判创造了新的机遇和条件，增强了区域全面经济伙伴关系协定的

---

① 王海林、辛斌等："中国自贸倡议获多方追随"，《环球时报》，2016年11月22日，第1版。

吸引力，在与跨太平洋伙伴关系协定的角力中，区域全面经济伙伴关系协定占据了更为有利的地位。

2016 年 12 月 6—10 日，区域全面经济伙伴关系协定第 16 轮谈判在印度尼西亚唐格朗成功举行，来自 16 个谈判参与国的代表完成了中小企业章节的谈判，并同意维持区域全面经济伙伴关系协定谈判的良好势头，争取在 2017 年完成谈判。会议重申了区域全面经济伙伴关系协定谈判因参与国多样性而带来的独特之处，强调在致力于达成一个现代、全面、高质量和互惠协定的同时，区域全面经济伙伴关系协定谈判应充分考虑参与国发展水平的差异性。

2017 年 2 月 21 日—3 月 3 日，区域全面经济伙伴关系协定第 17 轮谈判在日本神户举行，相关各方共派 700 余名代表与会。本轮谈判是 2017 年区域全面经济伙伴关系协定的首轮谈判，平行举行了货物、服务、投资、知识产权、电子商务等议题的工作组会议。在此期间，各方均做出了积极努力，加紧推进货物、服务、投资三大核心领域市场准入问题的谈判进程，以及各领域的案文磋商，推动谈判进入更加实质性的阶段。各方还讨论了 2017 年的谈判计划，商定于 5 月在菲律宾举行区域全面经济伙伴关系协定第 18 轮谈判。

总之，区域全面经济伙伴关系协定谈判在 2016—2017 年期间密集举行，呈现加速行进的发展态势，充分表明有关各方拥有尽快达成协议的共同意愿。面对纷繁复杂、扑朔迷离的亚太政治经济局势，区域全面经济伙伴关系协定的谈判进展成为践行合作共赢理念的真实写照。

东盟力推区域全面经济伙伴关系协定主要基于以下原因，即巩固和发展东盟在区域合作中的主导作用；整合并优化东盟与中、日、韩等6国已经签署的自贸协定，构建一个高质量的自贸区；应对美国主导的跨太平洋伙伴关系协定的挑战。①

目前，区域全面经济伙伴关系协定谈判仍在进行中。相较以美国总体权力优势为基础的跨太平洋伙伴关系协定，东盟主导的区域全面经济伙伴关系协定具有独特优势。

首先，区域全面经济伙伴关系协定得到域内主要国家的广泛支持和积极响应，中国更是多次强调，坚定支持东盟在区域全面经济伙伴关系协定中发挥主导作用，支持区域经济一体化的进程。鉴于中国、日本、韩国、澳大利亚和新西兰均是亚太权力布局中的重要力量，这些国家的支持和参与为区域全面经济伙伴关系协定奠定了有力的经济支撑和政治基础。

其次，区域全面经济伙伴关系协定依托以东盟为中心的现有五个“10＋1”自贸协定，旨在将“10＋1”机制拓展为“10＋6”机制，因而具有可资借鉴的经济和政治基础，尤其是具有良好的规则根基，并为谈判的顺利进行创造了有利的制度环境，立足于现有的区域自贸规则亦是区域全面经济伙伴关系协定谈判的独特优势。

第三，区域全面经济伙伴关系协定旨在建立一个高水平的区域经济合作机制，但其制度门槛适中，更加符合发展中国家的利益；区域全面经济伙伴关系协定采用渐进式自由化和一体化策略，

① 全毅：“TPP和RCEP博弈背景下的亚太自贸区前景”，《和平与发展》2014年第5期，第79页。

允许对经济发展水平较低的国家实行特殊和差别待遇，更加符合域内国家的实际情况和发展需要，因而更具可行性，这是区域全面经济伙伴关系协定的另一个独特优势。

总之，域内国家的广泛支持、依托现有自贸协定以及渐进式的自由化策略，是区域全面经济伙伴关系协定的重要基础，也是谈判得以顺利推进的重要因素。

同时，从亚太新格局及其权力整合的角度看，区域全面经济伙伴关系协定依然存在诸多不足，进而在很大程度上制约着区域全面经济伙伴关系协定的发展潜力。

首先，从成员构成来看，区域全面经济伙伴关系协定的范围有限，没有包括亚太区域的所有国家和地区；尽管区域全面经济伙伴关系协定在建成之后将会考虑扩员，但在与美国主导的跨太平洋伙伴关系协定形成竞争格局的条件下，区域全面经济伙伴关系协定的扩员将面临诸多压力，尤其是来自美国的压力，存在不确定因素。

其次，区域全面经济伙伴关系协定目前尚未包括亚太地区最具影响力的国家——美国，低估了亚太传统权力结构的惯性作用，这是区域全面经济伙伴关系协定发展面临的最大的不确定因素。美国亚太经济战略的核心是维护美国的主导地位，拓展美国的经济利益，因而无意参与由东盟主导的区域全面经济伙伴关系协定。另一方面，尽管美国表面上声称不反对区域全面经济伙伴关系协定，但不排除美国运用政治和军事手段干扰区域全面经济伙伴关系协定的谈判与实施。事实证明，借助亚太再平衡战略，美国在东亚频频制造紧张局势，施加军事压力，其目标就是搅乱中国与东亚国家的合作进程，维护美国在亚太地区的传统地位和利益。因此，美国的亚太权力优势及其影响是区域全面经济伙伴关系协定面临的最大隐忧。

第三，东盟是亚太权力布局中的一个重要因素，但并不是东亚合作的权力中心，[①]东盟权力资源的运用面临诸多不利因素的影响。从某种意义上讲，在东亚地区特殊的权力结构下，东盟主导的区域全面经济伙伴关系协定的推进有赖于中国和日本这两个域内经济大国的支持与合作。实际上，正因为中国和日本在2011年弥合了路径选择的分歧，不再纠缠于“10＋3”（中国的主张）和“10＋6”（日本的主张）之争，从而为区域全面经济伙伴关系谈判的正式启动铺平了道路。鉴于此，中日关系及其走向成为影响区域全面经济伙伴关系协定谈判与发展进程的重要因素。另外，十个成员国作为整体采取一致行动是东盟的组织优势，但面对美国主导的跨太平洋伙伴关系协定的冲击，东盟内部出现政策分歧，东盟十国中的越南、文莱、马来西亚和新加坡参加谈判并成为跨太平洋伙伴关系协定成员国，从而打破了东盟“一个声音说话”的传统合作模式，分割了包括区域全面经济伙伴关系协定在内的以东盟为中心的东亚经济一体化战略体系，[②]暴露了东盟在抗干扰能力方面存在的严重缺陷，一定程度上分散并削弱了区域全面经济伙伴关系协定的吸引力和影响力。

---

① 王玉主：“RCEP倡议与东盟‘中心地位’”，《国际问题研究》2013年第5期，第53页。

② 盛斌、果婷：“亚太区域经济一体化博弈与中国的战略选择”，《世界经济与政治》2014年第10期，第7－8页。

总之，区域全面经济伙伴关系协定谈判不仅遭遇美国主导的跨太平洋伙伴关系协定的强烈冲击，更面临美国总体权力优势下的综合压力及其所带来的干扰；而且，区域全面经济伙伴关系协定还深受东亚权力格局，尤其是中日关系的制约，东盟无法凭借一己之力推动区域全面经济伙伴关系协定的谈判。因此，区域全面经济伙伴关系协定缺乏牢固的权力根基，具有一定程度的不稳定性和脆弱性。同样值得注意的是，区域全面经济伙伴关系协定聚焦东亚合作，其在成员国范围上的局限性也使其无法代表整个亚太国家。鉴于此，仅仅是区域全面经济伙伴关系协定将难以作为亚太经济秩序建设的基础。

但是，区域全面经济伙伴关系协定在实施路径上依托现有的10＋6 机制，在影响方式上采取包含特殊和差别待遇的渐进式自由化道路，由此彰显了区域全面经济伙伴关系协定在亚太经济合作中的独特优势。在跨太平洋伙伴关系协定面临不确定未来的背景下，区域全面经济伙伴关系协定的优势将更加突出。正是基于其独特的优势，区域全面经济伙伴关系协定对于亚太经济秩序的制度建设无疑更具借鉴意义。

综上所述，前途难料的跨太平洋伙伴关系协定不包括中国，东盟主导的区域全面经济伙伴关系协定不包括美国，此种格局显然不利于地区经济一体化的发展，不应是亚太区域经济合作的最终答案。① 同时，尽管跨太平洋伙伴关系协定和区域全面经济伙伴

① 唐国强、王震宇：“亚太区域经济一体化的演变、路径及展望”，《国际问题研究》2014 年第 1 期，第 101 页。

关系协定存在诸多缺陷与不足，但从制度功能的层面看，两者还是具有一定的借鉴意义的。例如，跨太平洋伙伴关系协定面向 21 世纪的贸易标准，区域全面经济伙伴关系协定在实施路径和影响方式上的独特优势和渐进模式，均可以为亚太经济秩序的建设提供功能借鉴和规则启示。因此，整合跨太平洋伙伴关系协定和区域全面经济伙伴关系协定的合理要素，设计制定一项足以囊括亚太主要国家的自贸区方案并以此为基础建构亚太经济秩序，无疑是一条值得期待的路径。

三、亚太自贸区：整合亚太经济秩序的制度方案

国际关系的发展历程表明，在国际制度（亦称国际机制）的建立和发展进程中，权力因素发挥着决定性作用，国际关系权力结构始终根本性地影响和制约着国际制度的建立、发展与变革。[①] 亚太经济秩序及其制度建构同样应充分考虑亚太区域的权力布局，尤其是具有区域影响力的力量主体的权力和利益，因此，依据亚太权力结构的新格局和新特点，寻求与之相适应的制度安排，是构建亚太经济秩序的关键所在。

亚太地区，尤其是东亚已经成为世界经济发展最快的地区，构建与其经济规模和实力相称的区域经济制度事关该区域所有国家和地区的切身利益，因而备受关注。在亚太区域新旧交替的权力

---

① 舒建中："解读国际关系的规范模式：国际机制诸理论及其整合"，《国际论坛》2006 年第 3 期，第 16 页。

格局下，任何排斥域内主要力量的制度安排均存在不足，无法有效实施，更无法据此构建亚太经济秩序。历史的经验表明，自贸区是走向区域经济一体化并构建区域经济秩序的第一个步骤。就亚太区域经济秩序及其制度建构而言，有关国家在亚太经合组织框架内提出的亚太自贸区构想应是构筑亚太经济秩序的一个重要铺路石，亚太经合组织可以作为孕育亚太自贸区，进而构建亚太经济秩序及其制度体系的多边平台。

亚太经济合作组织（Asia-Pacific Economic Cooperation，简称亚太经合组织，APEC）是亚太理念与亚太合作的第一个制度形式，①是亚太地区层级最高、领域最广、影响力最大的经济合作机制。1989 年 11 月，首届亚洲太平洋经济合作部长级会议在澳大利亚举行，标志着亚太经济合作会议的成立；1993 年 6 月，亚太经济合作会议改名为亚太经济合作组织。亚太经合组织的建立是亚太区域合作的重要里程碑，开启了亚太经济合作走向制度化的历史进程。

在组织构成方面，截至 2014 年，亚太经合组织共有 21 个正式成员和 3 个观察员，地理范围遍及北美、南美、东亚和大洋洲，囊括了亚太地区多数国家和主要经济体，成员结构基本符合亚太区域的地缘政治格局，既包括亚太传统权力结构的最大主体——美国，亦包括亚太权力新格局的关键因素——中国，从而为磋商亚太经

① Colin Heseltine, “Asia-Pacific Economic Cooperation: Institutional Evolution and the Factors Driving Ongoing Change”, in Michael Wesley, ed., *The Regional Organizations of the Asia-Pacific: Exploring Institutional Change*, New York: Palgrave Macmillan, 2003, p. 60.

济秩序奠定了政治和组织基础；以亚太经合组织为对话平台、以亚太自贸区为基石构建亚太经济秩序遂成为可行的选项。

实际上，亚太自贸区是亚太经合组织成员国的共同夙愿。早在 2004 年，加拿大就提出建立亚太自贸区的倡议；在 2006 年亚太经合组织会议上，美国提出相关方案，主张在亚太经合组织框架内推动亚太自贸区的多边谈判。[①] 但由于亚太经合组织各成员经济发展水平差异较大，利益诉求各异，亚太自贸区计划不得不暂时搁置。2010 年 11 月，亚太经合组织在日本横滨举行会议并联合发表《横滨宣言》，将《亚太自贸区路径》作为宣言附件，要求亚太经合组织采取具体措施，推动建立亚太自由贸易区（Free Trade Area of Asia-Pacific，简称 FTAAP）的目标；强调亚太自贸区是亚太经合组织深化地区经济合作议程的主要工具，亚太经合组织是亚太自贸区的孵化器。由此可见，亚太经合组织成员国已经就亚太自贸区的愿景达成共识，充分表明亚太自贸区是亚太经济一体化的发展方向，[②]亚太自贸区建设迎来新的转机。

2014 年 11 月，亚太经合组织北京峰会发表联合声明，批准《亚太经合组织推动实现亚太自贸区北京路线图》（简称"北京路线图"，Beijing Roadmap），[③]启动亚太自贸区有关问题的联合战略研

---

① 张蕴岭："亚太经济一体化与合作进程解析"，《外交评论》2015 年第 2 期，第 7 页。

② 唐国强、王震宇："亚太区域经济一体化的演变、路径及展望"，第 111 页。

③ "亚太经合组织推动实现亚太自贸区北京路线图"，《人民日报》，2014 年 11 月 12 日，第 10 版。

究。"北京路线图"强调,应遵循"循序渐进、协商一致"的原则,推进建设亚太自贸区的共同目标。作为共筑亚太自贸区的政策指南,"北京路线图"在重申亚太经合组织作为亚太自贸区的孵化器并发挥引领作用及提供智力支持的基础上,进一步厘清了亚太经合组织与亚太自贸区的关系:在亚太经合组织之外"平行推进"亚太自贸区建设的同时,亚太经合组织仍将继续保持非约束性的原则,即亚太经合组织作为亚太自贸区的孵化器,并不因为亚太自贸区的"对等谈判"进程而改变自身的"自主自愿"性质,反之亦然。至此,北京峰会为亚太自贸区的建设提供了新的强劲动力,"北京路线图"对亚太自贸区做出了迄今为止最系统全面的阐释,是亚太经合组织发展所取得的最重要的进展,①更是朝着实现亚太自贸区方向迈出的具有里程碑意义的一步,标志着亚太自贸区进程的正式启动。

随着"北京路线图"的通过,中国成为亚太自贸区强有力的推动者。北京峰会期间,习近平发表题为"共建面向未来的亚太伙伴关系"的开幕辞,将亚太经合组织 21 个成员比作 21 只大雁,并引用唐代诗人白居易的著名诗句"风翻白浪花千片,雁点青天字一行",强调"一花不是春,孤雁难成行",呼吁以北京雁栖湖作为新的起点,引领世界经济的雁阵,飞向更加蔚蓝而辽阔的天空。② 字里行间,清晰地展示了中国期待以亚太经合组织为平台,以亚太自贸

① 张蕴岭:"亚太经济一体化与合作进程解析",第 10 页。

② 习近平:"共建面向未来的亚太伙伴关系——在亚太经合组织第二十二次领导人非正式会议上的开幕辞",《经济日报》,2014 年 11 月 12 日,第 2 版。

区建设为引领,着力推进亚太经济秩序建构的强烈愿望。

2016年5月17—18日,亚太经合组织第22届贸易部长会议在秘鲁阿雷基帕举行。会议在落实北京峰会共识方面取得务实成果,发表了《亚太经合组织贸易部长会议声明》和《关于支持多边贸易体系的主席声明》,标志着亚太自贸区集体战略研究取得实质性进展。会议通过《亚太经合组织服务业竞争力路线图》,为亚太地区服务业的发展提供了合作指引。

2016年11月19—20日,亚太经合组织第二十四次领导人会议在秘鲁首都利马举行,就亚太自贸区建设达成新共识。会议发表的《亚太自贸区利马宣言》指出,根据"北京路线图"确立的指导精神,亚太经合组织成员国重申致力于推动亚太自贸区的最终实现,以此作为进一步深化亚太经合组织区域经济一体化的主要手段;基于这一共同愿景,利马会议批准了《实现亚太自贸区有关问题的集体战略研究报告》,要求有关各方密切合作,加紧制订并落实逐步实现亚太自贸区的工作计划。鉴于自由开放的贸易和投资是实现亚太自贸区的重要内涵,利马会议特别强调,旨在实现亚太地区自由开放的贸易和投资的"茂物目标",是亚太经合组织历史上最重要的里程碑之一,各成员方在落实茂物目标方面取得诸多实质性进展,包括关税的降低,区域贸易安排以及自由贸易协定的增加,对外贸易和投资的进一步开放,贸易和投资便利化措施的不断完善,等等。利马会议指出,服务业对于亚太经合组织地区生产力的提高和经济增长做出了重要贡献;为服务业提供开放和可预测的环境,是促进亚太经合组织地区经济增长的关键因素之一。为此,利马会议批准了《亚太经合组织服务业竞争力路线图》,要求有关各方采取具体措施实现共同目标，促进服务贸易和投资增长，提高服务业竞争力。利马会议重申到2025年实现亚太地区无缝全面联通和融合这一首要目标，支持亚太经合组织各成员方为落实《亚太经合组织互联互通蓝图(2015—2025)》所做的努力和取得的成就，鼓励各方根据蓝图精神开展政策对话，就相关领域中的最佳实践和信息开展交流。

由此可见，利马会议在促进亚太自贸区建设方面取得积极的成果，通过了《亚太自贸区利马宣言》和《亚太经合组织服务业竞争力路线图》，重申了“茂物目标”以及《亚太经合组织互联互通蓝图(2015—2025)》对于实现亚太地区自由开放的贸易和投资的重要意义。其中，《利马宣言》进一步明确了亚太自贸区建设的方针和原则，为亚太自贸区谈判的启动做出了详尽全面的筹划。因此，利马会议和《利马宣言》是对“北京路线图”的有力回应，向着开启亚太自贸区谈判迈出了至关重要的一步，为全面推进亚太自贸区进程提供了新的动力。

应当看到，利用亚太经合组织的制度平台推进亚太自贸区既存在诸多有利条件，亦面临难以回避的不利因素。就有利条件而言，亚太经合组织是亚太地区最高水平的合作机制，具有广泛的代表性；亚太经合组织是促进亚太区域自由贸易与经济合作的主要平台，[①]其长期的合作成果为务实推动亚太自贸区建设创造了良

---

① Colin Heseltine, “Asia-Pacific Economic Cooperation: Institutional Evolution and the Factors Driving Ongoing Change”, in Michael Wesley, ed., *The Regional Organizations of the Asia-Pacific*, p. 67.

好的基础。在不利因素方面，因发展水平不同，亚太经合组织各成员方的利益诉求存在较大差异，有关各方对于构建亚太自贸区的具体途径亦存在不同考量和政策分歧；在以亚太经合组织作为推进亚太自贸区主渠道的情况下，非亚太经合组织的自贸区潜在成员由于不能参加亚太经合组织会议，将难以参与亚太自贸区的磋商，进而影响谈判的进程及未来发展。此外，亚太经合组织的制度原则是协商一致和非约束性，这使亚太经合组织进程有别于亚太自贸区谈判进程。鉴于此，妥善处理亚太经合组织与亚太自贸区的“平行关系”，充分发挥亚太经合组织的助推器作用，亦是值得斟酌的因素。①

正因为亚太自贸区的建设面临纷繁复杂的政治经济环境，“北京路线图”设计提出了“平行推进”、“对等谈判”的原则，力图通过循序渐进的方式构建亚太自贸区。从根本上讲，亚太自贸区构想反映了在亚太地区寻求建立一个涵盖成员广泛、弥合分歧以及回归亚太经合组织框架的区域经济一体化方式。② 作为亚太自贸区的孵化器，亚太经合组织的角色就是一个交换信息、分享观点的论坛，目的就是培育指导性原则，凝聚相关各方的政治共识，为亚太自贸区的设计和建设营造共同的政治基础。③

---

① 关于推进亚太自贸区建设的有利条件和不利因素的详细分析，可参见唐国强、王震宇：“亚太自由贸易区：路线图与优先任务”，《国际问题研究》2015年第1期，第79－84页。

② 盛斌、果婷：“亚太区域经济一体化博弈与中国的战略选择”，第18页。

③ 刘阿明：“亚太自由贸易区构建路径的比较分析：兼论中国的战略选择”，《世界经济与政治论坛》2015年第2期，第55页。

那么，亚太自贸区共同的政治基础是什么？国际制度的建立和发展是以国际权力结构作为基础的，亚太自贸区共同政治基础的核心问题就是根据亚太区域的权力结构及其新格局，就相关各方的利益分配和利益共享凝聚共识并达成一致，因此，基于权力—利益关系的政治共识是构建亚太自贸区乃至亚太经济秩序的政治根基；亚太经合组织开放的制度原则为孕育亚太区域的政治共识、铺垫亚太自贸区的政治根基提供了一个多边平台。

毫无疑问，对于亚太区域的权力—利益关系与布局，有关各方存在不同甚至截然相反的立场和观点，而且，权力和利益的调整事关国家利益，因此，就亚太区域的权力—利益关系达成政治共识将是一个漫长且艰苦的过程。尽管面临诸多难题，亚太区域相关各方就权力关系和利益分配达成政治共识仍然是可能的，其中，国际关系的时代背景以及国际制度的性质是引领并促进亚太区域合作的两个重要因素。

首先，和平与发展是时代潮流，这是有利于凝聚亚太政治共识的国际大背景。国家要寻求发展，就必须有和平稳定的国际环境，因此，运用和平方式寻求利益的分配和调整是国家对外政策的最佳选择。另一方面，随着区域合作的发展与深化，亚太国家间已经形成多范围、多渠道和多层次的复合相互依赖关系，在此背景下，任何“零和博弈”的思维均是逆时之谋，从根本上背离了亚太合作的潮流。诚然，军事实力仍然是国家权力的重要组成部分，但无数事实已经证明，试图运用安全压力和军事手段维护或寻求有利于己的权力和利益分配，只能带来国家间的紧张和危机局势，最终破坏亚太区域的和平与发展。因此，通过谈判协商确定亚太区域的权力—利益关系并就此达成政治共识,是唯一可行的政策选择。

其次,权力是国际政治经济关系的核心,是国家间利益分配的基础。纵观国际关系的发展历程,国际权力结构随着国家间力量对比的变化而处在不断调整之中,权力影响利益分配的方式亦出现巨大的变化。第二次世界大战结束之前,国际权力政治主要表现为通过暴力、冲突和战争的方式重塑国际权力—利益关系格局。第二次世界大战结束之后,国家间相互依赖关系的发展以及国际关系的制度化在很大程度上改变了国际权力政治的暴力和冲突性质,国家寻求与维护权力和利益的方式随之出现新变化。在国际制度的框架下,制度权力成为国家权力的组成部分,是国家间权力竞争的主要内容;确立或改革国际规则成为调整国家间权力—利益关系的主要手段。因此,亚太国家完全可以运用制度谈判的方式就亚太区域的权力—利益分配达成一致,国际关系的制度化为有关国家就亚太自贸区凝聚政治共识提供了新的途径。

亚太自贸区建设必须解决的另一个至关重要的问题就是制度选择,这是构建亚太自贸区的关键环节。毋庸讳言,与世界其他地区相比,亚太地区的贸易环境尤为复杂,突出表现为区域机制盘根错节,贸易安排错综交织,制度规则差异巨大,从而在很大程度上增添了亚太自贸区谈判的难度,制度选择由此成为构建亚太自贸区的关键问题。作为亚太地区正在行进的两大区域贸易安排,跨太平洋伙伴关系协定谈判已经结束,区域全面经济伙伴关系协定的谈判正紧锣密鼓地进行,预计在2017年完成谈判。但两者的政治基础是不同的,跨太平洋伙伴关系协定由美国主导,以美国的总体权力优势作为基础;区域全面经济伙伴关系协定以东盟为中心,以中日共同支持作为支撑,因此,不同的政治基础是两者各自推进的起因,亦是两者均不足以单独支撑亚太区域经济贸易制度安排的根源。

按照"北京路线图"的设计,整合跨太平洋伙伴关系协定和区域全面经济伙伴关系协定是通向亚太自贸区的可行途径,但问题的关键是:两者整合的基础是什么?不容否认,跨太平洋伙伴关系协定和区域全面经济伙伴关系协定的谈判及其制度规则具有一定的借鉴意义,为亚太自贸区的制度构建提供了问题导向和经验依据,这也是"北京路线图"主张对两者进行整合的用意所在。更为重要的是,国际制度的构建是以权力关系和利益分配为基础的,亚太自贸区的建设应符合亚太地区的权力布局状况,制定兼顾各方利益的制度规则。鉴于此,亚太自贸区不是跨太平洋伙伴关系协定和区域全面经济伙伴关系协定的简单整合,而应吸取两者有益的制度成分,在更高的政治基础上寻求构建亚太自贸区。没有基于权力—利益关系的政治基础,不仅不可能实现跨太平洋伙伴关系协定和区域全面经济伙伴关系协定的整合,亚太自贸区的建设也将难以推进,更不用说实现亚太经济秩序的构建。

综上所述,亚太自贸区建设的政治根基是基于亚太权力结构的政治共识,以及在此基础上的制度选择。依据亚太地区国家间的权力新格局和利益新分配,设计并确立与之相适应的制度安排,是构建亚太自贸区的关键所在。鉴于政治共识是构筑亚太自贸区的前提,亚太经合组织遂成为合适的寻求政治共识的组织平台,是亚太国家磋商亚太区域制度整合及制度创新的现实途径。更为重要的是,亚太自贸区囊括了域内所有的重要行为体,具有作为亚太区域经济一体化框架的最大潜力，[①]因此，从区域合作的长远目标来看，亚太自贸区及其制度规则是亚太经济秩序建设的支柱性工程，是迈向亚太经济秩序的第一个步骤。

四、"一带一路"倡议与亚太自贸区建设

从更广阔的视野来看，以亚太经合组织为主渠道推进亚太自贸区建设还面临一个远未引起重视的问题，即亚太自贸区的涵盖范围。就地理概念而言，亚洲和太平洋地区应当包括亚洲及太平洋沿岸的所有国家和地区，内含亚洲所有国家亦是亚太自贸区的应有之义。但亚太经合组织的成员国仅仅包含了亚洲部分国家，在此框架下，现有的亚太自贸区含义是片面的，不足以代表整个亚洲和太平洋地区。因此，解决成员国范围上的缺陷，是亚太自贸区建设应予关注的问题，亦是亚太自贸区更长远的发展目标。

在拓展亚太经济合作，尤其是亚洲区域经济合作方面，中国的"一带一路"倡议（One Belt and One Road Initiative）做出了视野更为宏阔、更富开拓意义的探索。2013年9月和10月，中国国家主席习近平先后提出建设"新丝绸之路经济带"和"21世纪海上丝绸之路"构想，在推进欧亚非合作的同时，更充实了亚洲区域合作的内涵。2015年3月，中国公布《推动共建丝绸之路经济带和21

---

① Mie Oba, "TPP, RCEP, and FTAAP: Mulitlayered Regional Economic Integration and International Relations," p. 112.

世纪海上丝绸之路的愿景与行动》。[①] 至此,中国推进"一带一路"建设的政策思路逐渐清晰,"一带一路"倡议进入实际操作阶段。

中国的"一带一路"倡议一经提出就引起了国际社会的广泛关注,其中,"一带一路"倡议对国际秩序的影响成为争论的核心之一,即"一带一路"倡议是旨在维持现行国际秩序,还是试图挑战现行国际秩序而另起炉灶。[②] 对于有关质疑,中国的立场非常明确:"一带一路"倡议并非地缘战略工具;恰恰相反,中国始终是现行国际秩序的参与者和贡献者,基于中国在基础设施领域的比较优势,"一带一路"倡议将对国际秩序的建设做出有益的补充和完善。

就其实质而言,"一带一路"倡议是跨区域的经济发展构想,归根到底是一个区域性的合作计划,目的就是依托中国与有关国家现有的双边和多边机制,借助既有的区域合作平台,继承并弘扬"和平合作、开放包容、互学互鉴、互利共赢"的丝绸之路精神,秉持共商、共享、共建的政策原则,深化与沿路沿线国家的经济合作伙伴关系,共同打造政治互信、经济融合、文化包容的利益共同体、命运共同体和责任共同体。具体地讲,"新丝绸之路经济带"的初期目标就是构筑一个连接并覆盖欧亚大陆的公路和铁路网,以及石油和天然气管道网,以此整合并促进沿线国家的经济发展。"21世纪海上丝绸之路"旨在构建连接中国与东南亚、南亚、东非、地中

---

① "推动共建丝绸之路经济带和21世纪海上丝绸之路的愿景与行动",《人民日报》,2015年3月29日,第4版。

② Tim Summers, "China's 'New Silk Roads': Sub-national Regions and Networks of Global Political Economy", *Third World Quarterly*, Vol. 37, No. 9, 2016, p. 1638.

海直至欧洲的港口及其他海岸基础设施的网络，通过海上基础设施的联通促进区域经济的整合与发展。从区域秩序构建的角度来看，"一带一路"倡议包含经济、政治、文化和制度等四个维度，是多方位塑造区域伙伴关系的大布局。正因为"一带一路"倡议体现了区域合作的新格局和新思路，因此，"一带一路"倡议展示了区域合作的新理念，即以合作共赢为基础，致力于打造综合性的国际关系新模式，①进而促进区域一体化建设。

首先，"一带一路"倡议将有力促进中国以及沿路沿线国家的经济发展，践行合作共赢的政策理念。一方面，"一带一路"倡议可以促进沿路沿线国家和地区在铁路、公路、桥梁、港口等基础设施领域的建设，这是"一带一路"战略的优先领域，同时还可以助推这些国家和地区的产业发展，尤其是钢铁、电力等产业的发展，提升其经济发展水平和生产能力，按照比较优势的原则优化产业结构。另一方面，经过多年持续发展，中国在铁路、电力、造船以及公路建设等方面积累了成熟的经验、装备和技术，具备世界领先的水平。"一带一路"建设可以将中国的生产要素，包括优质的产能输送出去，让沿路沿线国家和地区共享中国的发展成果。更为重要的是，面对区域经济一体化加快推进的趋势，亚欧国家都处于经济转型升级的关键阶段，需要进一步激发域内发展活力与合作潜力。"一带一路"倡议契合沿路沿线国家的共同需求，为相关国家实现优势

① William A. Callahan, "China's 'Asia Dream': The Belt Road Initiative and the New Regional Order", *Asian Journal of Comparative Politics*, Vol. 1, No. 3, 2016, p. 238.

互补、合作共赢提供了新的路径。

其次，“一带一路”倡议将有力地推动区域经济一体化建设。为顺应经济全球化和区域经济一体化的潮流，中国加快了对外开放的步伐，为此，中国提出自由贸易区战略，以期通过自由贸易区建设带动区域经济发展。从整体思路来看，“一带一路”倡议与中国自由贸易区战略是紧密联系的。目前，中国在建的自由贸易区涉及 32 个国家和地区，且这些自由贸易区中的大部分均位于“一带一路”沿线地区。因此，中国的自由贸易区战略与“一带一路”倡议是相辅相成的。从更深层次来看，“一带一路”倡议顺应了贸易自由化和经济全球化的趋势，致力于加强区域经济合作，目的就是借助“一带一路”的建设平台，同有关国家和地区展开全方位合作，创新合作模式，推进区域经济一体化。

第三，“一带一路”倡议将有力地推动国际金融治理机制的创新。“一带一路”倡议的具体实施需要充足的资金支持，为此，中国倡导建立亚投行，出资设立丝路基金，目的就是进一步拓宽“一带一路”建设的融资渠道。由此可见，“一带一路”倡议与新建立的多边金融机构形成相互促进的态势，即“一带一路”建设为新的国际金融机构提供了发挥作用的平台，而新的国际金融机构则可以为“一带一路”建设提供资金支持。更为重要的是，“一带一路”倡议将从机构设置、决策机制以及融资模式等方面示范国际金融治理的创新理念和创新设计，进而推动全球金融治理机制的改革与完善。

总之，“一带一路”倡议的核心内涵就是：以运输通道为纽带，以互联互通为基础，以多元化合作机制为特征，以打造命运共同体为目标，构建新型区域经济合作机制，[①]推动沿路沿线国家以及有意愿参与合作的所有国家形成宽领域、深层次、高水平、全方位的合作格局。正因为如此，“一带一路”倡议与诸如区域全面经济伙伴关系协定等区域合作机制并非竞争关系，更不会削弱现行国际秩序；恰恰相反，“一带一路”倡议为拓展并整合亚太区域合作机制提供了广阔的机遇，对于推进亚太区域的多边主义具有显著的积极意义。[②]

作为跨区域的合作倡议，“一带一路”的要旨就是构建横跨欧亚大陆，连接亚洲、非洲和欧洲的互联互通网络，因此，亚洲是“一带一路”建设的起点和核心区域，在“一带一路”倡议中占据了开篇布局的关键地位。正是从这个意义上讲，“一带一路”倡议不仅有助于推动亚洲区域一体化，而且有助于推进更大范围的亚太自贸区的构建。概括地讲，在助推亚太自贸区建设方面，“一带一路”倡议的地位和作用就在于：加强亚洲国家，尤其是东南亚国家和中亚国家之间的联系，构建全方位、多层次、复合型的互联互通网络，加强沿路沿线各国互联互通的伙伴关系，实现范围更加广阔的亚太区域经济合作与共同发展。特别值得注意的是，基于互联互通建设的核心内涵，“一带一路”倡议将在亚太自贸区建设中发挥积极的作用。

---

① 李向阳：“跨太平洋伙伴关系协定与‘一带一路’之比较”，《世界经济与政治》2016 年第 9 期，第 40 页。

② Min Ye, “China and Competing Cooperation in Asia-Pacific: TPP, RCEP, and the New Silk Road,” *Asian Security*, Vol. 11, No. 3, 2015, p. 222.

从某种意义上讲，互联互通是亚太自贸区建设的必不可少的因素，其中，亚洲区域的互联互通更是亚太自贸区建设的关键，亚洲基础设施互联互通进程将可能用最基础、最根本、最持久的方式，改变整个亚洲地区国家间的经济贸易关系，[①]进而有力地推动亚太自贸区建设。正因为如此，互联互通问题早就引起了亚太区域有关国家以及区域组织的高度关注，东盟则率先提出了互联互通概念。2010 年第 17 届东盟首脑会议通过《东盟互联互通总体规划》，确立了东盟互联互通的三大支柱，即基础设施互联互通、机制互联互通和民间互联互通。

中国不是互联互通的首创者，却是互联互通的积极支持者和推动者。2013 年 9 月，中国国家主席习近平访问哈萨克斯坦，在提出“一带一路”倡议的同时，还首次以中国视角系统阐述了互联互通的基本内涵，即政策沟通、道路联通、贸易畅通、货币流通、民心相通，[②]从而进一步丰富了互联互通的总体框架。由此可见，互联互通和“一带一路”倡议从一开始就是紧密相连的整体，是“一带一路”倡议的关键组成部分。由于中国的积极倡导和推动，2014 年亚太经合组织北京峰会在批准《亚太经合组织推动实现亚太自贸区北京路线图》的同时，还审议批准了《亚太经合组织互联互通蓝图(2015—2025)》，共同表达了在 2025 年之前实现无缝、全面联

① 潘峰：“中国与 21 世纪亚洲基础设施互联互通进程”，《国际研究参考》2015 年第 8 期，第 28 页。

② 习近平：“弘扬人民友谊共创美好未来——在纳扎尔巴耶夫大学的演讲”，《人民日报》，2013 年 9 月 8 日，第 3 版。

接和融合亚太的远景目标，[①]正式确认了互联互通与亚太自贸区建设之间的关系，标志着亚太经合组织成员国在应对区域基础设施融资难题、推进亚太区域互联互通进程方面迈出了历史性的一步。更为重要的是，亚太区域互联互通进程的启动进一步凸显了“一带一路”倡议在助推亚太自贸区建设中的作用。

首先，“一带一路”框架下的设施联通将为亚太自贸区建设创造更为有利的条件。基础设施互联互通是“一带一路”建设的优先领域，是连接“一带一路”的有型纽带；[②]而且，亚太互联互通和基础设施建设既是实现区域经济一体化的前提，亦是亚太自贸区的重要内涵。从内容上讲，互联互通既包括道路、航路等硬件基础设施的互联互通，也包括政策、规则等软件的互联互通。借助“一带一路”建设的契机，亚太区域国家可以展开更加紧密和有效的合作，在现有亚太经合组织互联互通、东盟互联互通、泛亚铁路网、泛亚能源网、大湄公河次区域互联互通、孟中印缅走廊、中巴经济走廊的基础上，进一步推动沿路沿线国家积极参与区域一体化进程，为亚太自贸区建设奠定更加牢固的基础。

其次，“一带一路”框架下的贸易相通将直接推动亚太自贸区的建设。亚太经合组织是亚太自贸区的孵化器，在亚太经合组织21个成员国中，绝大部分国家位于“一带一路”的沿线区域。鉴于贸易与投资合作是“一带一路”建设的重点内容，因此，通过贸易相

---

① “亚太经合组织互联互通蓝图（2015—2025）”，《人民日报》，2014年11月12日，第11版。

② 李向阳：“跨太平洋伙伴关系协定与‘一带一路’之比较”，第32页。

通建设，“一带一路”将有力促进亚太区域生产网络的完善和重构，地区统一市场的构建，以及贸易和生产要素的优化配置，进而丰富亚太自贸区的内涵与外延，助推亚太自贸区建设。

第三，构建区域互联互通网络，以及涵盖整个亚洲的经济合作框架，是“一带一路”倡议的重要基础之一。通过将合作关系延展至整个亚洲区域，“一带一路”倡议有助于弥补亚太自贸区在成员范围上的缺陷，并通过互联互通将亚太区域连接为一个整体，为亚太自贸区的扩员做出铺垫，拓宽亚太自贸区的构架，进而为亚太自贸区的纵深发展注入新的内涵与动力，推动亚太自贸区合作范围和制度建设的进一步完善。

总之，互联互通已经成为亚洲区域合作的代名词，[①]在此框架下，“一带一路”倡议丰富了亚太自贸区的内涵，体现了亚太自贸区建设的新格局和新思路。鉴于亚太自贸区应当包括所有亚洲和太平洋沿岸国家，因此，“一带一路”倡议框架下的亚洲区域合作为亚太自贸区建设搭建了更为广阔的合作平台；通过将亚洲国家纳入一体化的合作框架，从而为亚太自贸区建设营造一个全新的格局。新思路是指“一带一路”倡议以构建互联互通网络为引领，通过互联互通建设将亚太区域连接为一个整体，进而为亚太自贸区建设奠定更加坚实的合作基础。从这个意义上讲，“一带一路”倡议为亚太自贸区提供了更为宏阔的新视野，将有力地推动亚太自贸区乃至亚太经济秩序的建设进程。

---

① 吴泽林：“亚洲区域合作的互联互通：一个初步的分析框架”，《世界经济与政治》2016 年第 6 期，第 77 页。

奥巴马"亚太再平衡"政策之遗产

——大战略视角的研究*

蔡佳禾**

内容摘要 本文主要研究美国奥巴马政府执政时期美国亚太战略的调整,分析这一调整所涉及的地缘战略重心改变,以及它与美国大战略调整的关系。本文认为,奥巴马政府的战略目标更多强调美国国内经济恢复与社会健全等长期利益。在停止伊拉克和阿富汗两场战争的同时,奥巴马政府明显削减了美国军事开支,并且拒绝再次用军事力量大规模干涉中东事务。尽管奥巴马推行的"亚太再平衡"战略是扩张性的地缘战略政策,但是他的大战略总体上是一种收缩性战略。本文认为,由于在中东及东欧问题上奥

* 本文为国家社科基金重点项目"中国及新兴大国群体在国际秩序变革中的地位和作用研究"(项目编号15AZD027)的阶段性成果。

** 作者为南京大学—约翰斯·霍普金斯大学中美文化研究中心教授。

巴马的战略遭受重大挫折，从而表明了当前美国无法在两个地缘政治方向上同时取得进展。奥巴马的大战略因此在国内受到强硬派势力的激烈抨击。本文还分析了特朗普政府在战略上的基本倾向，指出他虽然在增加军费等方面满足强硬派的要求，但他在国内目标优先等方面与奥巴马有共同之处。因此，特朗普政府仍然有可能继承奥巴马留下的大战略思想。

关键词　美国　奥巴马　大战略　亚太再平衡

引　言

2017年1月20日，美国第44任总统巴拉克·奥巴马的任期结束，这位当年意气风发，高声强调“我们能够改变”的总统黯然离开白宫。此时有必要对他8年来的对外政策进行系统的回顾，评估他的成败得失并清理其政策遗产。这样做的目的不仅是对这一时期的美国对外政策进行初步总结，更重要的是这样做还能为我们了解新一届美国政府的对外政策提供一个基本框架。

奥巴马2011年秋在访问澳大利亚时提出了“转向亚洲”(Pivot to Asia)的战略概念。在此之后的六年时间里，奥巴马政府努力按照这种设想推进美国亚太政策调整。而且，奥巴马政府所做的调整并不局限于亚太政策，还涉及美国大战略层面的变化，与美国对外政策的各个方面都有关联。奥巴马政府的这一战略调整，就如美国《对外政策》杂志行政总裁和出版人，研究国家安全委员会的著名新闻人戴维·罗斯考普夫所揭示的：奥巴马政府很早就清楚,"对中国及亚洲的再平衡将是政府全面战略的一部分,这个战略涉及各个方面,从外交到重新配置从伊拉克撤出的军事资产;它还涉及多个重要的经济倡议,包括推动作为贸易政策的'太平洋伙伴计划'(PPT)"。① 对奥巴马政府来说,新的战略不仅是要用多种手段滞阻中国的崛起,而且美国还要进行其他变化调整,奉行"有选择"和"有约束"的干预政策,将更多资源投入到与其他主要大国的竞争中去,以应对美国面临的长期挑战。所以,本文以为,在研究奥巴马政府的亚太政策的同时,还必须对奥巴马的对外战略进行研究分析,由此才能较清楚地了解这些年美国对外政策调整的深度与广度。②

考虑到2012年以后美国学术界开始对奥巴马的对外政策及美国的战略调整进行辩论,因此本文试图从大战略的视角来研究相关的问题。有关大战略的理论及概念,在美国学术界存在着一些争论。本文在分析方法上借助的是保罗·肯尼迪有关大战略的思想,即认为大战略研究的是和平与战时两种状态,在和平时代它尤其重视对外交的研究;它涉及一国决策者如何对其目标与手段进行平衡,决策者如何对所有资源,包括军事、财政、外交、贸易及文化等多方面的节约和管理。同时,大战略的研究方法也涉及一国短期的利益与长期利益之间的平衡。正如肯尼迪说的:"大战略

---

① David Rothkopf, *National Insecurity, American Leadership in an Age of Fear*, Public Affairs, New York, 2014, p. 201.

② Richard Haass, *Foreign Policy Begins as Home: the Case for Putting Americas House in Order*, New York, Basic Books, 2013, pp. 4 - 10.

的关键因此在于政策上,那就是说,一国领导人如何将所有因素,包括军事与非军事的因素,整合起来以维护和加强该国长期及最优的利益。"[①]使用这一研究视角,有助于深入地了解奥巴马的战略调整是否具有长期意义,有助于考察未来美国对外政策变化具有多大的战略空间。

一、"亚太再平衡"战略调整的形成与实施

冷战结束后,由于引领了信息技术革命,美国经历了 20 世纪 90 年代经济快速发展的繁荣期。当时政坛上具有很大影响力的新保守主义势力认为,这将是一个没有竞争对手的单极时代,"美国治下的和平"(Pax Americana)将是一个很长的时段,美国可以运用它强大的军事和经济力量来实施其霸权。[②] 在"9·11"事件发生之前,美国时而敲打日本,时而怀疑德国,时而强调俄罗斯的威胁,时而阻止欧洲国家的联合。著名的进攻性现实主义理论的鼓吹者、美国芝加哥大学教授约翰·米尔斯海默在 2000 年曾发表《大国政治的悲剧》一书,他认为历史经验表明,世界主要大国之间的对抗是不可避免的,所有大国都必然追求自身利益的最大化,必

---

① Paul Kennedy, *Grand Strategies in War and Peace*, New Haven and London, Yale University Press, 1991, pp. 1 - 7, pp. 167 - 175.

② "Rebuilding America's Defenses: Strategies, Forces and Resources for a New Century", an Report of the Project for the New American Century, September 2000, http://pnac. info/RebuildingAmericasDefenses. pdf.

然要争夺霸权地位。米尔斯海默指出,美国应当尽早对中国采取遏制政策,阻止中国的进一步发展。① 这一思想对稍晚上台的乔治·W. 布什政府具有很大的影响。小布什政府认为,中国的崛起正在挑战美国的领导地位,因此需要对美国的对华政策进行调整。但是,这一设想却由于“基地”组织对美国发动恐怖主义攻击而中断。

小布什政府先后发动了阿富汗战争和伊拉克战争,并以此巩固美国的霸权,扩大美国在中东的势力范围。美军虽然只花了几星期就将“塔利班”政权赶出喀布尔,却始终不能消灭只有数万人组成的“塔利班”武装分子。同样,美军在伊拉克也仅用了数周就推翻了萨达姆政权,但是十多万美军却无法消灭“基地”组织势力和萨达姆政权余党组成的“伊斯兰国”极端主义势力。美军也无力解决伊拉克国内各个政治和宗教派别之间的尖锐冲突。美国公众不久就意识到,新保守主义和布什政府的大战略思想是不可持续的。

(一) 奥巴马政府对美国大战略的再思考

奥巴马 2009 年入主白宫以后,他一直在推动其下属对中国政策及美国的大战略进行全面评估和研究。国家安全委员会、国务院、国防部、财政部等政府机构都密切参与了新政策的制定。由于早期使用的“转向”一词受到美国中东专家的质疑——它似乎表示美国不再关注其中东利益——美国的新政策就以“亚太再平衡”名

---

① John J. Mearsheimer, *The Tragedy of Great Power Politics*, Updated ed. Norton Publisher, New York, 2014.

义推出。"亚太再平衡"战略是奥巴马政府对美国的大战略进行的一次重大调整,其变化的意义超过了过去半个多世纪以来美国所作过的任何一次政策变化。这一调整本质上是美国对全球力量转移的回应,是奥巴马政府在结束伊拉克及阿富汗两场战争的同时,将美国的全球战略的重点指向亚洲,以应对和平时期的重大挑战。

2009年,奥巴马政府面临国内严重经济困难以及民众不再支持对外战争的局面。美军在伊拉克和阿富汗劳师无功,但美国的国防预算却从2000年的3 117亿美元上升到2011年的7 000亿美元以上。① 2008年美国发生了严重的金融危机,由于共和党政府放松监管,美国金融资本集团长期利用金融杠杆等工具将全球化带来的红利都留给了自己,而中产阶级的收入却出现了实质性的减少。越来越多的美国人认识到,美国"在扮演世界警察的角色时,需要美国人民在生活标准上明确地付出代价"。奥巴马深信,美国过去十年所犯下的最大错误就是战略上过度的承诺和海外军事上的卷入,他认为"为了美国国内经济的稳定,必须接受对美国海外战略义务的限制"。2009年12月,奥巴马在西点军校演讲时说:"在过去一些年头里,我们美国没有认识到在我们的安全与我们的经济之间存在着联系。"他还说:"作为总统,我拒绝建立那种

① 王志刚,"如何看美国2012财年国防预算",《学习时报》,2011年4月12日,http://opinion.hexun.com/2011-04-11/128616400.html.

超越我们的责任、我们的手段和我们的利益的目标。"[①]奥巴马意识到，要恢复美国经济与社会的活力，就必须在对外战略上实行收缩和克制的政策。

尽管奥巴马政府的最迫切的议程是结束战争，减轻对美国来说已经过于沉重的战略负担，但是奥巴马政府也认为，中国持续的崛起已经构成美国当下最大的挑战。新政府的过渡团队认为：美国在中东负担超重，"但是其他地区所发生的事情却会确定世界未来20年、30年甚至40年的前景"。他们认定，这些地区中必定包括亚洲，而美国却"在亚洲缺席"。国务院政策设计处处长、国务卿希拉里·克林顿的重要助手杰克·苏利文指出，把对外政策的重心转移到亚洲，是其新上司的优先事务中最紧要的事情。

总统国家安全事务副顾问托姆·多尼隆在新政府建立初期表示，奥巴马政府将把更多的注意力转移到亚洲，这将是"美国很长时间以来所做过的最重要的战略行动"。国务院负责亚太事务的助理国务卿坎贝尔说，美国"有充分理由要在亚太地区取得未来30年、40年甚至50年的主导地位"。在这些美国官员看来，如果美国"不能有效应对中国的竞争，那么这件事就会成为未来30年中唯一会被记住的事"。[②] 显然，奥巴马政府从一开始就有一致的

---

① Dana H. Allin, "Obama's American and the Question of Decline", in *Is The West in Decline? Historical, Military, and Economic Perspectives*, ed., by Benjamin M. Rowland, Lexington Books, Lanham, Maryland, 2016, pp. 113-119.

② Stephen Sestanovich, *Maximalist, America in The World, From Truman to Obama*, Alfred A. Knoof, New York, 2014, pp. 313-314.

意见：要维持美国的世界领导权，必须把对华政策和亚洲政策的调整作为优先事务。

尽管美国的经济地位在布什时代有所削弱，但是它的军事优势却因为过去 8 年的大量拨款而得到巩固。美国的国防开支已经长期超过在它以下 20 个国家的军事开支总和。托姆·多尼隆在新政府成立不久后就说“我们必须再平衡我们的努力，恢复我们的力量”。他说美国刚刚度过了一个精疲力竭的严重阶段，“我们在世界上耗尽了权威、力量和威望，由于在伊拉克的努力和金融危机，我们在经济上也消耗殆尽”。尽管如此，政府最重要的事是要“在亚洲完成多向的再平衡，这对我们的利益绝对是关键的”。①但是如何调整美国的亚太战略，新政府需要时间。

在执政的第一年中，奥巴马政府组织召开了“20 国集团”匹兹堡高峰会议，总统对中国、日本等国家进行了访问，他还亲自带队参加了阿姆斯特丹的全球气候大会。然而，美国媒体对奥巴马政府的这些外交活动都予以严厉的批评，认为新政府在外交方面表现平平，甚至软弱。这一年美国经济因为上一年“大衰退”而非常疲软，中美两国在金融、贸易、能源、防止核武器扩散和防止气候变暖等各方面存在着广泛的合作关系，因此，美国政府内部尚未能形成一个包含多方面内容的对华战略共识。在舆论的压力下，奥巴马政府加快了亚太政策的调整。2009 年岁末，奥巴马在对国家安全委员会的官员们说到了中美关系时，他以篮球比赛比喻双方的

---

① David Rothkopf, *National Insecurity, American Leadership in an Age of Fear*, pp. 191 - 1914.

立场："很多年来，我们总是打败他们"，所以，"有时他们在罚球区里做些犯规的肘击动作没什么用，我们也不太在意。现在，比分已经接近，他们还在进行肘击，而裁判并没有给予任何判罚"。因此，美国"要找到打退他们的办法，我们自己也要进行肘击"。① 这种将中国经济上的成功看作球赛中的犯规，反映了奥巴马政府此时的焦虑心态。中美经济实力的差距缩小，美国的全球领导地位可能因中国崛起而受到削弱，构成了奥巴马政府调整对华政策和美国大战略的基本原因。

（二）"亚太再平衡"战略中的军事部署

2010 年年初，奥巴马政府开始实施亚太战略的调整。国务卿希拉里 1 月份在夏威夷发表演讲说：政府从一开始就认识到亚太地区的重要性，因为全球如此众多的趋势都指向亚洲。她说，亚太地区也存在诸多严峻的挑战，如核扩散、军备竞赛、自然灾害、暴力极端主义、金融危机、气候变化和疾病等种种危险，所以"全世界都把 21 世纪的战略和经济重心放在亚太地区，从印度次大陆到美洲西海岸。未来几十年美国的治国之道最重要的任务之一就是，坚持在这个地区大幅增加投入，这包括外交、经济、战略和其他各方面"。希拉里强调美国已经重返亚洲，而且她还引用国防部长盖茨的话说"美国在亚洲不是一个来去匆匆的大国，而是一个长驻的大

---

① Stephen Sestanovich, *Maximalist*, *America in the World*, *From Truman to Obama*, Alfred A. Knoof, New York, 2014, pp. 311 - 313.

国”。这意味着美国调整后的新地缘战略要以亚太地区为核心。①

副国务卿詹姆斯·斯藤伯格在这一时期曾提出过一个被称为中美双方“战略再保证”的调整方案。斯藤伯格认为，这一方案的核心有赖于策略上的讨价还价。“就如我们和盟国对中国要说清楚，我们准备欢迎它作为一个繁荣和成功大国的到来。而中国也必须向世界其他国家再保证，它的发展与全球角色的增加将不会以其他人的安全与福利为代价。”由于政府各部门幕后的权力斗争等因素，斯藤伯格较为温和的方案最后被决策者弃用。国家安全委员会的“再平衡”的方针，由于部分采纳了军方的看法，开始受到奥巴马更大的关注。②

奥巴马在他的新战略中依然强调美国军事力量的重要性。在2010年的《四年一度的防务评估报告》中，美国政府提出，要重新校准美军实力建设的目标，在消减国防开支的同时，有选择地进行新的投入。报告说由于过去八年里美军过于重视地面部队的建设，今后美军要加强对空海力量的建设。显然，美军要摆脱过去偏重反恐战争的不利后果，重新准备开展大国竞争。这一评估报告还强调美国要加强“反介入”和“区域拒止”能力。这是针对中国近期加强海军能力建设的措施，五角大楼希望以此压制中国军事力

---

① “Remarks on Regional Architecture in Asia: Principles And Priorities”, Secretary of State Clinton’s address to the East-West Center, January 12, 2010, http://china. usc. edu/remarks-regional-architecture-asia-principles-and-priorities-january-12-2010.

② David Rothkopf, *National Insecurity*, *American Leadership in an Age of Fear*, p. 197.

量的增加。① 美国主流学术界此时出现了要求采取强硬对华政策的声音。普林斯顿大学的中国问题专家阿伦·弗里德伯格在2011出版《竞争优势,中国、美国与掌握亚洲的斗争》一书。他虽然承认中美两国有诸多的共同利益,但是他强调中国的目标是要对美国"不战而胜",而且要取代美国成为主导亚洲的大国。如果美国放任中国取得优势,美国在亚洲的利益及普世价值观就会面临危险。②

2011年11月,希拉里·克林顿在《外交政策》杂志上发表《美国的太平洋世纪》一文,再次强调驾驭亚太地区的经济增长和经济活力对美国经济和战略有至关重要的利益。她说,考虑到亚太地区对美国未来的重要性,美国对该地区的战略转移,"适应了我们维护全球安全以及维护美国在全世界的领导地位的一贯努力的逻辑"。她还将"亚太再平衡"战略与美国当年建立北大西洋公约组织进行了类比。③ 把亚太地区作为美国21世纪最为优先的战略重心,成为奥巴马政府对外事务的工作重点。

奥巴马在2011年11月访问澳大利亚时强调,21世纪是太平

---

① Department of Defense, "Quadrennial Review Report, Feb. 2010", http://www.comw.org/qdr/fulltext/1002QDR2010.pdf.

② Aaron L. Friedberg, *A Contest for Supremacy: China, America, and the Struggle for Mastery in Asia*, W. W. Norton & Co, New York and London, 2011, pp. 156 - 181.

③ Hillary Clinton, "America's Pacific Century: the future of Geopolitics will be decided in Asia, not Afghanistan or Iraq, and the United States will be right at the center of the action", *Foreign Policy*, November 2011.

洋的世纪，美国的重心将"转向"亚洲，他宣布美澳两国将增强安全合作，美国将在下一年度派250名海军陆战队队员驻扎在澳大利亚北部达尔文港，而且在未来几年时间里，美国将把在澳驻军增加到2 500人。这一行动被普遍视为是对日益强大的中国施压。军事战略的调整是"亚太再平衡"战略调整的先导。

2012年1月，奥巴马、国防部长帕内塔及军方领导人一起正式宣布了美国的新军事战略，这份名为《维持美国的全球领导地位:21世纪国防的优先任务》的报告表示，美国的军事战略将进行重大调整，政府将在减少国防投入和维持美国绝对军事优势之间寻求平衡，美军将放弃同时打赢两场战争的战略原则，改而只需要具备赢得一场大规模常规作战的能力，同时在另一场可能突发的冲突中发挥"干扰破坏"潜在敌人的作用。报告表示，美国将进一步削减在欧洲的驻军，但要扩大和巩固在亚太的军事存在。这份报告公开提出中国的崛起可能影响美国的经济和安全，要求中国澄清自身的战略意图，报告还第一次把中国列为美国新军事战略的针对性目标。①

军事力量的重新部署是美国大战略调整的重要方面。按照一位美国安全和军事政策分析家的看法，"美国控制全球空中和海上优势已经有几十年，并且从未遇到过真正的竞争者。中国正在发

① 温宪:"美国宣布新军事战略将重心转向亚太地区"，人民网，2012年01月06日，http://military.people.com.cn/GB/16805700.html。

展其海军和空军力量，其规模将使它在20年内成为真正的竞争对手”。① 2012年6月，国防部长帕内塔发表了“美国的亚太再平衡战略”的演说。他指出美国将在2020年前向亚太地区转移海军力量，美国的大部分巡洋舰、驱逐舰、潜艇与濒海战斗舰将会部署到太平洋，这一地区的航空母舰数量将增加到6艘。届时，美国将改变长期形成的在太平洋与大西洋大致50％对50％的军事力量格局，美军海空力量的60％将部署在太平洋地区。美国庞大的海空力量向亚太转移的事实表明，美国不能容忍中国军事力量，尤其是海上军事力量的崛起。帕内塔还表示，要改进美国军事战略，尤其要加大在网络战和太空战方面的投入。

帕内塔把这次演说的地点选在新加坡举行的“香格里拉论坛”并非偶然。美国就是要通过其军事力量的重新部署来向亚洲国家发出信号。但是，他也指出未来美军的部署方式也有新的调整。美军不会再像冷战时期那样在亚洲地区建设新的大型的永久性基地。新部署是加强美国与盟友及伙伴国家的合作，通过派遣特别任务部队，参加联合军演、训练和行动，确保伙伴国家在港口、机场和其他设施方面为美国提供使用方便。奥巴马政府的军事部署新方式就是要以较低的成本来实现军事力量的转移，防止长期驻军等措施可能引来盟友国内政治方面的反对。② 一些评论家认为，

① Mark Moyar, *Strategic Failure, How President Obama's Drone Warfare, Defense Cuts, and Military Amateurism Have Imperiled America*, Threshold Editions, New York, 2015, p. 252.

② “美将部署六成海军至亚太”，中国新闻网，2012年6月4日，http://news.xinhuanet.com/world/2012-06/04/c_123230094.htm.

新的防御部署方针表明，“亚太再平衡”战略是调整美国已实施 60 年的“美国治下和平”(Pax Americana)政策的第一步，但是他们并没有完全放弃“前沿部署”的传统方针。①

美国的新军事战略表明，其军事力量一方面要适应国防开支减少和战略收缩的要求，同时也要推进美国全球战略的重心向亚洲转移的目标。虽然帕内塔在新加坡的演说中强调美军的重新部署不是针对中国，但是美国“亚太再平衡”的军事部署主要针对中国这一事实是难以否认的。当然，美国在亚洲地区也面临其他挑战。美国与朝鲜的关系长期高度紧张，对朝鲜近年来研发核武器持强烈的敌视态度。奥巴马上台后，朝鲜方面还制造了“天安号事件”和“延坪岛炮击事件”，半岛局势一度极为紧张。奥巴马政府开始谋划在韩国部署“萨德”导弹系统。经过两年的协调，韩国政府决定追随美国的新战略，同意在韩国部署这一系统。美国的萨德系统是陆基高空末端反导系统，它的部署虽然有着针对朝鲜的成分，但也对中俄两国的战略威慑力量构成了威胁。②

此外，在东南亚地区，随着中东“伊斯兰国”的猖獗活动，一些伊斯兰极端主义分子也在印度尼西亚、菲律宾等地制造恐怖攻击事件。而且，美国对印度的军事力量的扩张也并不放心。但是，所有这些危险对美国来说，都不需要兴师动众地将大量现代化武器从欧洲及中东调来亚太地区。

---

① Cristopher Layne, “The (Almost) Triumph of Offshore Balancing”, *National Interest*, January 27, 2012.

② 刘冲，“美国酝酿在韩部署‘萨德’系统问题辨析”，《现代国际关系》2015 年第 13 期。

尽管有了明确的原则思想,但这一时期美国军事力量的调整并不顺利。一方面,中东和东欧地区不断发生的麻烦妨碍了美军的调整,海军力量的重新部署落后于原订计划。另一方面,尽管“亚太再平衡”的战略要求美国增加在这一地区的资源投入,奥巴马曾经也保证:尽管要消减军事开支,但是用于亚太地区军事部署的费用不会减少,只会增加;但实际上,由于奥巴马政府对军费的大幅度削减,五角大楼很难按计划向亚太地区增加投入。2014年3月,负责采购事务的国防部助理部长凯特琳娜·麦克法兰在华盛顿的一次会议上谈到“转向亚太”这一任务时说,“现在转向政策已在重新考虑,坦率地说,它现在无法进行”。①

奥巴马政府较大幅度地削减美国的国防开支,希望能够将有限的资源投入到恢复社会与经济活力的政策中去。这种紧缩政策与增强亚太地区军事力量的战略存在矛盾,而且也严重影响了美国用于中东等地的军事力量,加剧美国在那些地区的安全风险。战略学的基本原则就是,任何国家都很难同时拥有既“低代价”又“低风险”的战略政策。②

(三)“亚太再平衡”战略中的外交和经济行动

奥巴马政府推出的“亚太再平衡”政策是一种全面的战略调整,按照美国学者孙飞的看法,美国提出的“再平衡”概念并非来自国际关系理论中的“均势”思维,也非标志美国为平衡而欲对抗中

---

① Mark Moyar, *Strategic Failure*, pp. 252 - 255.

② Colin Dueck, *The Obama Doctrine, American Grand Strategy Today*, Oxford University Press 2017, pp. 98 - 99.

国或他国。"再平衡战略"的内在逻辑源自金融资产组合的一种资产分配方式,其理念是随着市场地位的转移和新机遇的显现,金融资产可以通过再平衡来实现投资收益的最大化。孙飞说:"从这个意义上来说,'亚太再平衡'意在使美国在全球的外交、经济和军事承诺与其在亚洲政治、经济、安全利益的扩大相平衡。"①如果孙飞的解释准确的话,那么奥巴马政府的愿望是,美国在中东等地的承诺已是一种负资产,因此需要在亚太地区扩大"投资",获得赢利,来实现其资产负债表的再平衡。

奥巴马本人一再宣称:美国要准备好再次领导世界。他认为美国要拥有更多的可选择的手段。奥巴马政府实施的"亚太再平衡"战略的第二个方面是在外交领域中。奥巴马于 2009 年秋曾经访问中国。这次访问之前美国出现了有关所谓"中美共治"和"两国集团"舆论。据说,这是民主党元老级人物布热津斯基的想法。奥巴马访华时向中国领导人提出了中国配合它在阿富汗开展反恐作战,使用中阿边境的瓦罕走廊的设想。奥巴马还要求中国加大向朝鲜施压迫使其放弃核武器的研制。② 中国政府出于对周边安全的长期考虑没有接受其提议。

在拉拢和左右中国的企图落空后,美国开始了针对中国的外

---

① 孙飞(Philip C. Saunders):"美国的亚洲再平衡:中美关系与地区安全",《国际关系研究》2013 年第 5 期。

② 冯中旻:"向美军开放瓦罕走廊似可行",《联合早报》,2009 年 12 月 21 日;"美阿对华磋商:中国或对美开放瓦罕走廊补给通道",新华网,2009 年 12 月 6 日,http://news.ifeng.com/mil/1/detail_2009_12/06/500694_0.shtml。

交出击。2010 年 1 月，奥巴马政府宣布美国将向台湾地区出售先进的“爱国者- 3 型”地空导弹，以加强台湾当局对抗大陆的能力。奥巴马还会见了达赖喇嘛。国务院亚太事务助理国务卿坎贝尔等人访问了中国周边所有国家，表示美国将不会放弃亚太地区的领导权，它们可以在对抗中国时得到美国的支持。这些外交行动被称为“盖帽和推击”，试图削弱中国在亚太地区的影响力。①

2010 年在东盟地区论坛中，美国国务卿希拉里声称美国在南海问题上不选边站，但她要求相关国家保护不受阻碍的自由航行，并建立防止冲突发生的南中国海行为准则。希拉里说，美国将在南海自由航行视为美国的“国家利益”，以此强硬回应中国提出的南海是中国的“核心利益”。② 此后，奥巴马政府一直以中国维护在南海地区的岛礁主权为借口，在亚太地区各种外交场合指责中国破坏南海地区的航行自由，并且一再鼓励对南海岛礁有主权要求的其他国家在国际场合提出南海问题，试图以此削弱中国在南海主权争议上的合法性。

2011 年和 2012 年，国务卿希拉里在中国周边访问了十多个国家，进行所谓的“前沿部署外交”。她在访问中表示，美国不会继续“忽视”亚太地区，它要重新在亚太地区实行领导。希拉里在访问日本、韩国及澳大利亚等盟国时，反复谈论美国在全球要增进民主和人权，明里暗里表示要推动“民主”国家的联合，敦促它们防范

---

① David Rothkopf, *National Insecurity, American Leadership in an Age of Fear*, pp. 199 - 202.

② “希拉里是否仍会对中国强硬”，《新闻晨报》，2015 年 4 月 25 日。

中国,尤其强调与日本及澳大利亚加强同盟合作。①

美国的"亚太再平衡"战略也是防止日本脱离美国的控制。美国对于安倍政府推行敌视中国的政策加以鼓励,在 2013 年中国宣布设立东海防空识别区以后,美国加强了对日本的拉拢利用。奥巴马政府表面上对钓鱼岛的主权争议仍不持立场,但他在 2014 年访问日本前声称钓鱼岛适用于"美日安保条约"的第五款内容,美军将与日本共同防卫钓鱼岛。美国这一选边站的措施既是安抚日本,巩固美国在这一地区的同盟体系,也是敦促日本积极与美国的战略调整配合,在日本各地增加和扩建由美国使用的军事设施。②

美国政府推出新战略后还迅速改变对缅甸的政策。奥巴马政府对缅甸军人政权的态度出现了 180 度的大转弯,力图使缅甸拉开与中国的距离。中国在缅甸建设电站、港口和输油管道,这些工程如果成功将明显拓宽中国的战略空间。美国的这一轮外交攻势的确对中国与周边地区关系产生了消极影响。例如,澳大利亚宣布了多项旨在强化澳美军事和经济合作的措施,愿意配合美国在澳达尔文市驻军的部署。澳大利亚的一些媒体和智库不断鼓吹"中国威胁论",试图为澳大利亚追随美国的亚太战略寻找合法性。菲律宾总统阿基诺三世在 2013 年后多次表示菲愿意支持美国加强同亚洲盟国关系的政策,希望主动配合美国以获取军事和经济

① "奥巴马与希拉里密集访亚太",中国新闻网,2011 年 11 月 6 日,http://www.chinanews.com/gj/2011/11-16/3463023.shtml。

② "奥巴马不顾中方反对再发表涉钓鱼岛言论",腾讯新闻,2014 年 4 月 25 日,http://news.qq.com/a/20140425/001880.htm。

援助，并在南海争端中依靠美国做其后盾。[①] 在奥巴马政府压力之下，韩国在2016年最终接受萨德导弹系统的部署，中韩关系也出现了重大倒退。一段时间里，奥巴马政府推进“亚太再平衡”外交政策在亚太地区似乎要风有风，要雨有雨，他们自己也颇有成就感。

美国政府也积极拉拢印度，希望印度加入到美国的“亚太再平衡”战略中去。奥巴马政府的国防部长、国务卿等官员接连访问印度，进行游说。奥巴马本人也在2014年访问了印度。国防部长帕内塔建议美印以抑制中国为目标开展军事合作。但是对于印度来说，加入这种明显针对中国的战略只会削弱它的独立性和灵活性。印度政府对这种建议采取了模糊的应对之策。印度高级官员表示，“他们将在关注美国国家安全重点的情况下继续建立自己的轨道，印度有时会和美国同行，有时不会”。[②]

美国的“亚太再平衡”战略具有明显针对中国的意图，但它却一再表示，“亚太再平衡”战略并非是针对中国的。奥巴马政府维持了与中国两年一度的“战略与经济对话”制度，在多个经济和全球事务领域中保持同中国的合作。他也含糊接受中国国家主席习近平提出的建立“中美新型大国关系”的倡议。美国还多次表示，解决朝鲜的核扩散是其在东北亚地区增加军事力量的主要原因。奥巴马政府的这些行为表明，“亚太再平衡”战略并不是冷战时的

---

① “美国重返亚太”，新华网，2012年2月3日，http://www.cs.com.cn/hw/03/201202/t20120203_3227466.html。

② Mark Moyar, *Strategic Failure*, pp. 255 - 256.

“遏制”战略，美国在面对全球各种问题时，依然需要同中国合作。

奥巴马政府“亚太再平衡”战略的第三方面措施是在亚太地区国际经济领域中制定新规则。自 20 世纪 90 年代以来，全球化大潮冲击了整个世界。当年美国凭借它在信息技术领域的领先优势，凭借它强大的金融资本力量，从这波全球化中得到了巨大利益，美国经济在 90 年代中后期有接近 4%的年增长率。克林顿政府不仅还了 80 年代里根和老布什政府的财政赤字，而且在克林顿离开白宫时还留有大笔财政盈余。进入 21 世纪后，全球化经济对美国的不利方面明显增加。产业资本的大量输出导致美国的就业机会流失到劳动力低廉的发展中国家，美国出现了较高的失业率。美国中产阶级的收入陷入停顿。共和党政府还不断给富人减税。较低的经济增长率和小布什政府在战争方面的巨额开支使美国经济问题日益严重。2008 年的金融危机以后，统计数字表明，美国的 GDP 在世界经济中的份额重新回落到 20 世纪 80 年代的局面。①

重振美国经济是奥巴马竞选时的诺言，但是美国要摆脱经济困境的办法有限。不少美国人认为，美国经济竞争力的下降是由于中国、印度等发展中国家不公正地利用了 WTO 优惠关税等规则而导致的，而且亚洲新兴国家正在加快贸易自由化的速度，有可能推进一个排斥美国的自由贸易区进程。美国从 2010 年接过了

---

① William C. Wohlforth, *The American World*, *Mark Ⅲ*, *in Debating a Post-American World*: *What lies ahead*? ed. by Sean Clark and Sabrina Hoque, Routldge, London and New York, 2012, pp. 81 - 85.

几个小国在多年前推进的一个自由贸易区计划——“跨太平洋战略经济伙伴协定”(Trans-Pacific Partnership Agreement,亦称TPP)的谈判主导权,并逐步将新加坡、文莱、智利、新西兰、澳大利亚、马来西亚、秘鲁、越南、加拿大、墨西哥和日本等国纳入谈判进程。

美国与中国的经济合作关系已经非常密切。2008年,中美双边贸易已达到5 000亿美元的规模。美国在中国有大量的投资,美国公司在中国的投资利润非常可观。最重要的是两国还在金融领域有密切的合作关系,中国购买的美国国债规模一度达到2万亿美元以上,这对于美国保持国债利率的低水平和资本市场的低利率有重要作用。美国作为“借款人和消费人”推动了中国等亚洲国家的出口,阻止了大宗商品的价格上升和国际上较低的通胀率。① 在这种情况下,美国决策者也非常清楚,中美双方经济上相互依赖的局面必须加以维护。

美国推出这个TPP计划表面是要建立一个新的自由贸易区,并在一些过去规则模糊的经济和产业领域中建立新的规则,以发达国家的高标准来建立有关知识产权、劳工标准、环境规则、汇率机制、国企地位等方面的新规则。为此,美国政府故意将世界经济第二、美国最重要的贸易伙伴中国排斥在谈判进程之外。奥巴马政府推出这一经济布局的目标是,重塑冷战后亚太地区国际经济的新秩序,以改变有利于新兴发展中国家而不利于自身的经济增

---

① Dana H. Allin, “Obama’s America and the Question of Decline”, in *Is The West in Decline?* pp. 117 - 118.

长不平衡现象。显然，奥巴马政府这一策略也是在故弄玄虚，他将拒绝中国作为一张牌打，让其他国家感到不加入 TPP 有很大风险，从而使其他国家对美国做出更多让步。①

日本过去经常与美国发生贸易冲突，日本平均关税高达21%，且包括农产品在内的多个市场受到高度保护，美国的廉价农产品没法进入日本市场。日本进入 TPP 表明它现在愿意接受新规则，这对美国来说将有重大突破。奥巴马正是要利用这招对付日本、加拿大等主要贸易伙伴，借此为美国产品扩大在亚太各国的市场，实现奥巴马的"出口倍增计划"。美国政府还努力与欧洲国家开展有关"跨大西洋贸易与投资伙伴协定"（TTIP）的谈判。奥巴马也同样用中国这张牌，似乎以此让欧洲在经贸问题做出妥协。

经过三年的讨价还价，TPP 的文件最终在 2015 年 10 月由各国签字，这一拥有 30 章的文件声称，其目标追求更高层次的货物和服务贸易自由化。在货物贸易方面，追求零关税目标，这不仅高于目前 WTO 框架的规定而且也高于亚太地区诸多的自由贸易区的标准。在有关服务贸易的规定中，TPP 强调要在金融服务、跨国投资、法律服务、电信服务、电子商务和电子数据等领域实施全流动，相关国家要接受负面清单义务。文件还规定，各国的经济监管制度都必须统一标准，要设立中立、透明的第三方投资争端解决

① 陈俊安："美媒：TPP 成奥巴马政治筹码，迫不得已打中国牌"，《环球时报》，2015 年 3 月 15 日，http://oversea.huanqiu.com/article/2015-03/5867318.html。

机制。TPP还就环境、劳工、国企等特殊问题做了诸多的规定。[①]

奥巴马总统在这一文件的谈判完成后声称，他处理国际贸易依据一系列原则，包括改进美国劳工与企业的贸易范围，向全球出口更多美国制造的产品，支持美国人获得更多及更高薪资的工作岗位。奥巴马说，国会已经授权他签订自由与公平的贸易协议，因此应当尽快批准这一协议。美方不能让中国等国制定全球经济规则，应由美国制定这些规则，政府要在保护劳工与环境的高标准下，为美国商品开发新市场。奥巴马在推进这一计划时，他的重要政治目标是吸引国会保守势力的支持，尤其是希望得到共和党人的支持。[②] 但是，奥巴马政府的这一努力并没有在美国政界获得一致的支持。当TPP协议宣布完成以后，不仅诸多的共和党人反对这一协议，就连民主党候选人的希拉里·克林顿也表示不支持。而特朗普总统在入主白宫后也正式宣布，他的政府已经放弃TPP协议。

奥巴马政府在经济上打压中国的失败不止表现在有关TPP的问题上。这一时期中国提出了"一带一路"的经济合作倡议，奥巴马政府对此始终抱着抵制的态度，奥巴马最明显的打压中国的行动表现在阻止其他国家加入中国发起的"亚洲基础设施投资银行"一事上。但是美国人错误地估计了形势，包括英国、德国等它的欧洲盟友先后加入了"亚投行"发起国的行列，奥巴马政府自身

---

① "八大问题深度剖析TPP"，凤凰国际iMarkets，2015年10月6日，http://finance.ifeng.com/a/20151006/14005818_0.shtml.

② Colin Dueck, *The Obama Doctrine, American Grand Strategy Today*, p. 241.

反而显得比较孤立。它的这种立场也有悖于美国要加强其在亚太地区领导权的初衷。

二、“亚太再平衡”与美国大战略的收缩

奥巴马政府推出扩张性的“亚太再平衡”战略的同时，对美国的国家大战略进行了反向的，即收缩性的调整。冷战初期，美国的全球战略重点在欧洲，目标是遏制苏联。到 20 世纪 80 年代，美国的全球战略有所调整，在与苏联进行全球争夺的同时，要重点确保美国对中东能源的控制。因此，它的一部分军事力量部署向中东地区扩张。由于中东与欧洲地理位置相对靠近，美军现代化的武器系统大体上可以就近兼顾两头，不需要对军事部署全面调整。而要实施“亚太再平衡”战略，美国就必须收缩它在中东及欧洲的军事部署。美国学者孙飞（Philip Saundes）犀利地分析说，“亚太再平衡”反映了“随着从伊拉克和阿富汗撤军，美国需要重新设定全球战略的重心，释放过去十年来被牵制在中东的外交和军事资源，联邦开支和军费的预期缩减也需要一个关于战略重心的明确说法，以指导对有限资源的削减和重新配置”。奥巴马政府高调宣布的“亚太再平衡”战略，以一种扩张性亚太政策作为其国家战略调整的重心，目的还在于淡化美国在中东和南亚进行战略收缩的意义，维护它在全球的领导地位。①

① 孙飞（Philip C. Saunders）：“美国的亚洲再平衡：中美关系与地区安全”，《国际关系研究》2013 年第 5 期。

（一）奥巴马政府“收缩”美国军事支出

奥巴马入主白宫时，美国朝野在一个方面是有共识的，即所谓的“单极世界已经结束了，主要大国竞争者的回归已经是一个日益明显的事实”。① 美国必须摆脱两场战争的拖累，着眼于同新的竞争对手进行长期博弈。美国哥伦比亚大学国际政治学教授、有多年在国家安全委员会和美国外交机构工作经验的斯蒂文·塞斯塔诺维奇指出，在奥巴马入主白宫后，他比政府中的任何一个高级官员都更坚定地承诺要重新思考美国对外政策的目标和手段。除了要结束在伊拉克和阿富汗的战争以外，奥巴马相信，他必须对美国的国家安全战略进行调整。塞斯塔诺维奇说：“奥巴马总统任期内的每一个重大决策都因为经济资源的有限性而蒙上了阴影。因此，奥巴马必须采取战略收缩政策。”而且，他还要为这种收缩战略加入道义上的迫切性，奥巴马曾经强调：“过去十年，我们已经花了一万亿美元在战争中，这带来了当下债务上升和困难的经济局面。现在我们必须投资于美国最重要的资源——美国人民……美国，此刻是要集中力量关注自家的国家建设。”②奥巴马意识到，由于两场战争消耗了美国太多的资源，又由于金融危机严重损害了美国未来的经济能力，因此他必须尽快将有限的资源重新投入经济和社会重建，扭转美国竞争能力和综合力量相对下降的趋势。

---

① Stanley A. Renshon, *National Security in the Obama Administration*, *Reassessing the Bush Doctrine*, New York, Routledge Publisher 2010, p. 199.

② Stephen Sestanovich, *Maximalist*, *America in the World*, *From Truman to Obama*, Alfred A. Knoof, New York, 2014, pp. 314 - 324.

因此,奥巴马政府的战略收缩不仅要调整美国对外政策中的地缘政治优先次序,而且还必须调整国家在各个领域中的资源配置。对于奥巴马来说,布什政府在过去 8 年中已经将太多的资源用于军事。现在,削弱军费开支将是新政府最大的节约措施,是大战略收缩的一个组成部分。2009 年 5 月,奥巴马在西点军校发表演讲说:当美国结束了伊拉克战争,转交了在阿富汗的责任以后,“我们必须重建我们自己内部的力量。美国繁荣可为我们的权力提供基础,可支付我们的军队,可支持我们的外交。繁荣为我们的人民带来潜力,它有助于投资新的产业。就像从前一样,它将帮助我们在本世纪的竞争中获得成功”。[①] 奥巴马强调说,维护国际秩序的任务不能单单落在美国士兵身上,代价也不能仅由美国一个国家承担。

在 2010 财政年度,也就是奥巴马政府编制的第一个预算中,总统承诺将每年削减 400 亿美元的国防支出,而且这种削减在未来还会进一步增加。2011 年度,白宫指示新任国防部长列昂·帕内塔,必须做更多的军费削减计划。国防部这一年的削减方案是,未来一段时间,美国每年军费减少的额度接近 500 亿美元,或者说白宫打算在以后十年中总计减少 4 870 亿美元的军费支出。奥巴马还成功地同国会达成协议,即使民主党和共和党双方不能就政府的预算方案达成长期协议,国防经费也会“自动地”进行削减,而

① Bret Stephens, *America in Retreat*, *The New Isolationism and the Coming Global Disorder*, Penguin Group, New York, 2014, p. 80.

削减的总量不会少于4 000亿美元。[①] 据说,2014年五角大楼不得不面对自朝鲜战争以来最大的一次军费削减。

奥巴马政府军费削减政策很快影响到美国军事力量的保持。海军在美国亚太战略中具有核心的地位,政府曾经考虑将美国的航空母舰从11艘减少到9艘或8艘。空军取消了13个战斗机中队的作战训练演习,这个数字是其全部战斗机的三分之一。美国陆军是最大的削减对象,它不得不停止所有的常规训练,除了那些很快就要被派遣的部队。陆军还不得不准备将其57万人的规模减少到38万人。这一数量也是陆军60年来最小的规模。军官们很快就发现"钱已经花完了"。[②]

总之,削减国防开支是奥巴马政府收缩战略的组成部分。共和党人当时也难以反对这一政策主张,因为急于摆脱经济危机的美国公众积极支持削减政策。但走出了经济危机后,相当多的美国公众开始忽略高额军费可能带来的痛苦。根据偏保守的《国家利益》杂志报道,美国传统基金会发布的《2017年美国军事力量索引》报告指出,过去五年,由于预算持续减少以及过度作战,美军损耗严重。这家刊物说,盖洛普公司最新公布的一份调查结果显示,有37%的美国人认为美国的军队开支不足,有28%的人表示美国防务开支规模"适当",另有31%的人表示防务开支过高。近一半的受访者,即45%的人认为,美国军队的强大程度还不够,只有

① Stephen Sestanovich, *Maximalist*, *America in the World*, *From Truman to Obama*, pp. 320-322.

② Stephen Sestanovich, *Maximalist*, *America in the World*, *From Truman to Obama*, pp. 320-322.

11%的受访者认为美军实力超出了当前需要的程度。《国家利益》的报道还说,按实际不变的美元币值计算,美国防部的预算自2011年以来已下降24%。[①] 从这种变化看,特朗普政府上台急于增加军费开支,就是要满足保守派与强硬派的共同目标。

(二) 奥巴马在中东地区的战略调整

奥巴马政府的战略收缩在中东地区表现得最为清晰。在阿富汗战争和伊拉克战争的8年期间,尽管美军早已推翻了塔利班政权和萨达姆政权,但是美军在这两个战场持续不断的"清剿"行动并没有消灭这两国中的伊斯兰极端主义武装力量。奥巴马上台时,阿、伊两国仍然面临严重动荡不安的局面。20世纪70年代以来,美国在中东地区的扩张战略耗费糜巨,而后果却始终不彰。美国偏袒以色列的政策,对中东石油资源的控制等因素使中东各国民众长期对美国有很强的敌视情绪。正因如此,美国朝野已形成了基本共识:必须调整美国的中东政策,尽快结束两场战争。[②] 奥巴马本人在2008年大选中明确承诺,如果他当选,16个月以后就会将美军从伊拉克撤回。

奥巴马上台后面临的首要对外政策问题是,在撤走美国驻伊

---

① "四成美国人认为美军缺钱",参考消息网,2017-03-12,http://news.cnr.cn/native/gd/20170312/t20170312_523651975.shtml。

② Richard N. Haass and Martin Indyk, "A Time for Diplomatic Renewal Toward a New U.S. Strategy in the Middle East", in *Restoring the Balance, Middle East Strategy for Next President*, A Project of the Saban Center at Brookings and the Council on Foreign Relations, Brookings Institution Press, Washington DC., 2008, pp. 1-24.

拉克的作战部队后，如何确保由选举产生的伊拉克政府能控制局面。2009年春，奥巴马政府最终确定在19个月内撤出驻伊拉克美军，只留下少数部队继续对伊政府军进行培训和指导。同时，美国继续以无人机和空中支援等方式打击“基地组织伊拉克分支”等极端势力。奥巴马政府还决定对美国的中东战略进行全面调整，减少美军在中东的前沿部署，不再对这一地区可能的动乱局势进行大规模的军事干预。①

奥巴马政府对中东战略的收缩是建立在对该地区重要性的重新认识之上的。第一，进入21世纪美国基本上已不需要中东的能源。美国化石能源的自给率有了快速的提高，美国在本土开采了大量的页岩气和页岩油，而且储量非常丰富，至2020年左右美国的能源能够自给自足。2010年美国从中东进口的原油只占其全部进口原油的18.5%，进口能源的大部分已经来自加拿大、南美和非洲地区。奥巴马政府计划，在2035年之前把从中东进口的石油降低到可以忽略不计的程度。②

第二，与中东伊斯兰世界寻求和解。中东地区的宗教激进主义一直以美国为敌，长期以来美国无法解决这一问题。“9·11”以后，布什政府虽然加大了对中东地区的公共外交，但并没有取得效果。2009年6月，奥巴马访问埃及，在开罗大学发表了演讲，他宣布美国在寻求与伊斯兰世界关系的“新开端”，他还承诺要结束美

---

① Colin Dueck, *The Obama Doctrine, American Grand Strategy Today*, Oxford University Press, 2015, pp. 205 - 208.

② 陈季冰：“中东石油新格局”，《经济观察报》，2016年3月19日。

国与伊斯兰社会相互间的不信任，并要与中东各国在共同利益和相互尊重基础上开展合作。奥巴马还表示美国会继续支持巴勒斯坦建国及巴以和平进程，同时他也表示伊朗有和平利用原子能的权利，前提是伊朗政府必须彻底放弃开发核武器的意图。奥巴马说，美国只打击恐怖主义和伊斯兰极端武装分子，而不是打击伊斯兰教。他还否定了当年小布什要在中东建立西方民主制度的设想，表示美国不会将自己的意志强加给中东人民。① 奥巴马的这些话表明，美国政府已经准备全面调整在中东的战略，过去那种动辄使用武力，代价高昂的干预政策将被放弃。

（三）进展不顺的中东地区战略收缩

然而，中东局势的迅速变化使得奥巴马政府看似合理的中东战略遭到一连串的挫折。

在美国撤军进程中，2011 年年初中东发生了所谓的“阿拉伯之春”。多个阿拉伯国家发生了大规模的民众抗议示威，反对政府的腐败和专制，要求当权者弃权下台。在这场突如其来的街头革命的打击下，短短数周，突尼斯、埃及、也门的当权者不得不先后宣布下台，而利比亚及叙利亚却因统治者的武力对抗演变为内战。此外，巴林出现的公众抗议行动被沙特等海湾国家联合派遣的军队镇压下去。

美国政府虽然不是这些街头革命的发动者，但在踌躇了几周

① “奥巴马开罗演讲显真诚平和　号召穆斯林世界加入促和大军”，《中国日报》，2009 年 6 月 5 日，http://www.chinadaily.com.cn/hqzx/2009-06/05/content_8251417.htm。

后，奥巴马就认定这是中东新时代的开端。奥巴马说他“决心要站在历史的正确一边”。奥巴政府显然是见猎心喜，将中东的风云变幻视为实现美国新战略的机会。美国政府要求埃及总统穆巴拉克等领导人不得镇压民众的抗议，却默认海湾国家联合镇压巴林什叶派示威。原因很简单，巴林有美国第五舰队的司令部及军事基地。2011年5月，奥巴马决定要更明确地支持“阿拉伯之春”，他在国务院的讲话中说：“美国的政策将是促进这一地区的改革，并且支持向民主制度的转变。”①埃及的穆巴拉克政权在美国敦促之下下台，美国还对埃及穆斯林兄弟会——相对温和的宗教激进主义政治组织——上台寄予很高的希望。但是，中东局势的走向根本不可预测。②

2011年6月，美国特种部队在巴基斯坦边境城市白沙瓦发起突击，打死了基地组织领导人本·拉登。2011年8月利比亚卡扎菲政权被推翻。但这些变化反而使中东多国陷于更大的混乱，“基地”组织武装分子迅速将其他活动范围扩大到利比亚和叙利亚。2012年9月，美国驻伊大使史蒂文森在利比亚东部的班加西美国领事馆被杀害，保护他的三名美国特工也被极端武装分子打死。

由法国情报专家们所做的事后研究表明：多种美国势力出钱出力，很早就卷入了这场“阿拉伯之春”，他们通过网络工具、培训运动骨干等方式扩大和加速了政治抗议的进程，导致中东多国陷

① Bret Stephens, *America in Retreat*, *The New Isolationism and the Coming Global Disorder*, pp. 79 – 80.

② Colin Dueck, *The Obama Doctrine*, *American Grand Strategy Today*, pp. 75 – 80.

于长期动荡中。北约国家对利比亚的空中军事干预行动,以及为反对派提供武器物资的援助,对利比亚、叙利亚两国爆发内战具有决定性的作用。[①] 中东局势的发展表明,几个月的街头"革命"和少数独裁者的下台,根本不可能带来奥巴马政府所希望的自由民主。米尔斯海默与斯蒂芬·沃尔特指出:"利用政权变革来传播美国价值观破坏了当地的制度,并造成了无人治理的地区,暴力极端主义者就是在这些地方猖獗起来。"[②]奥巴马政府的中东政策实际上削弱了中东国家反对恐怖主义的力量,为宗教极端主义势力的重新扩张带来了绝佳的机会。

(四)"伊斯兰国"的崛起与叙利亚危机

"伊斯兰国"的前身是成立于2004年年初的"基地组织伊拉克分支"(AQI),它在萨达姆政权被美军推翻后就已出现。"基地组织伊拉克分支"的首任领导人是臭名昭著的恐怖分子扎卡维(Abu Musab al-Zarqawi)。当时,这个组织吸收了很多萨达姆政权的军官加入,宣称要将美军赶出伊拉克。2006年6月,在扎卡维遭美军空袭身亡后,"基地组织伊拉克分支"宣布更名为"伊拉克伊斯兰国"(ISIS),由阿布·阿卜杜拉·拉希德·巴格达迪(Abu Abdullah al-Rashid al-Baghdadi)担任首领。2011年,美军离开伊

---

① 姚立:"美国是'阿拉伯之春'的背后推手"《光明日报》,2013年1月10日;李翠亭:"'阿拉伯之春'的历史后果:兼论美国对阿拉伯世界的民主输出",《武汉大学学报》2014年第1期。

② John J. Mearsheimer and Stephen Walt, "The Case for Offshore Ballancing, A Superior Grand Strategy", *Foreign Affairs*, July/Aug., 2016.

拉克，中东多个阿拉伯国家出现政治动荡。“伊斯兰国”认为这是它发展的大好机会，这个极端组织迅速占领了一大片地区。① 2012年年初，叙利亚内战爆发，美国政府暗中支持推翻阿萨德政府，该国多地迅速陷于无政府状态。② 巴格达迪迅速抽调一部分武装分子从伊拉克进入叙利亚，利用西方和中东国家反阿萨德的政策获得了大批武器，并控制了叙利亚的大片地区。

在伊拉克，什叶派、逊尼派及库尔德人三派之间存在着尖锐的权力斗争。2014年6月，军力显著增长的“伊斯兰国”将其半数武装力量重新调入伊拉克，先后攻克费卢杰、安巴尔、提克里特、摩苏尔等重镇，并控制尼尼微、萨拉赫丁等省的大部地区。而美国训练很长时间的伊拉克政府军战斗力低下，它在2014年摩苏尔的战斗中被“伊斯兰国”的武装分子打得一败涂地。“伊斯兰国”极端力量甚至逼近库尔德自治区首府埃尔比勒，并控制伊拉克与叙利亚、约旦边界的全部过境点。2014年6月29日，巴格达迪在摩苏尔宣布，去除其组织名称中原来有关伊拉克和叙利亚等地的地名限制，正式成立“伊斯兰国”，并宣布由他自己担任“伊斯兰国”的“哈里

① Fawaz A. Gerges, “ISIS and The Third Waves of Jihadism”, *Current History*, December. 2014.

② 根据美国政府内部一些被泄密的情报，美军国防情报局在2012年已经向白宫送交了多份报告，警告如果阿萨德政府被推翻，叙利亚就会出现萨拉菲主义极端力量的政权。但奥巴马对这些质疑的报告非常“抵触”。因为由中央情报局主导推翻萨达姆政权是奥巴马政府的既定政策，政府希望在坚持与伊朗政府谈判核武器问题的同时，打击伊朗在叙利亚和黎巴嫩的势力。参见查科嘉：“川普国家安全顾问出局的幕后”，观察者网，http://www.guancha.cn/ChaKeJia/2017_02_15_394435.shtml。

发"，定"首都"于叙利亚北部城市拉卡。"哈里发"一词是伊斯兰历史上具有最高权威的政教合一的领袖的称谓。巴格达迪的这一举动是要表明，"伊斯兰国"的建立具有全球性意义。此后一个时期，以"伊斯兰国"为主的中东极端组织得到该地区多种势力的暗中支持，他们的武装力量不仅控制伊拉克和叙利亚两国大片领土，而且还先后渗透到陷于内战的利比亚和也门等地。

2014 年 8 月开始，奥巴马政府对"伊斯兰国"势力开展了无人机打击行动，并且组织西方和中东国家的"联军"展开地面行动。但奥巴马明确拒绝军方向叙利亚派遣地面部队、进行强硬军事干预的要求。他的有限和消极的行动受到了国会和舆论的批评。"伊斯兰国"在中东的得势表明，奥巴马政府在中东奉行的战略收缩遭到了重大挫折，这一地区比他上台之时更为混乱和不可预测。

俄罗斯是叙利亚沙德尔·阿萨德政权的主要支持者，在叙利亚政府无法抵御"伊斯兰国"和亲西方反对派的双重攻击时，2015 年 10 月初，普京果断下令俄罗斯军队进入叙利亚，以密集的空中打击及指导叙利亚政府军作战等方式扭转了对阿萨德政权极为不利的战场局面。① 奥巴马面对叙利亚局势的突变，既不能对俄军军事行动进行对抗，也不能放弃反对"伊斯兰国"的政策，结果只能在纽约同普京会谈，划分美俄在叙利亚的军事活动范围，避免出现误击对方的情况。奥巴马的行动实际上承认了俄罗斯干预叙利亚

① 伊拉亚·克拉姆尼克："俄打击 ISIS 目标的真正动机和原因"，（蓝山编译自俄罗斯《国防》杂志 2015 年第 11 期），搜狐网，2015 - 12 - 25，http://www.sohu.com/a/50568559_119927。

局势的合法性。

在此后两年时间里，叙利亚政府军作战效率大有改进，在俄军的空中和战场支持下，叙利亚政府逐渐打败了包括“伊斯兰国”在内的多路对手，收复了大片失地，改变了其虚弱的政治地位。奥巴马政府下台时，中东地区甚至已听不到“沙德尔政权必须下台”这样的话语。而俄罗斯则证明了自己仍然是国际政治中的超级玩家，它的战略手段依然强大，无人能轻视其世界级大国的地位。

（五）奥巴马政府在欧亚大陆的其他挫折

奥巴马政府在中东推行收缩战略还面临另一重考验，这就是美国如何维护其重要盟国以色列的安全。“伊斯兰国”等极端主义势力的扩大使以色列面临新的威胁。但是以色列认为，奥巴马政府犯下的最严重的错误是同伊朗签订了有关核问题协议。自美国发动伊拉克战争以来，伊朗对自身的安全更为担心，他们自2005年开始推进铀浓缩加工。作为世界石油储藏量第二位的国家，伊朗在能源方面并不需要核能。西方和美国怀疑伊朗政府的目的是通过获得高纯度的铀来研发核武器。小布什政府一直威胁如果伊朗不放弃谋求核武器的尝试，美国有可能对它采取军事行动，因为伊朗的核武器研发会对以色列的安全构成巨大威胁。奥巴马虽然没有放弃军事威胁的言辞，但是他认真地推动了联合国安理会五大国及德国与伊朗的谈判，通过实行更为严格的对伊朗石油出口制裁，最终迫使伊朗在2015年7月与六大国签订协议。伊朗同意其在任何情况下都不会谋求核武器，将铀离心机数量减少到6 000台，并保证会接受国际原子能组织的核查。伊朗还保证以后只提取纯度在3.67%以内的浓缩铀。六大国则同意取消对伊朗的石油出口制裁。①

奥巴马在协议签订后说，有关伊朗的核协议避免了中东地区的核扩散，美国舆论也支持总统的这一方针。但是这个协议却不能得到美国在中东两个主要盟国——以色列与沙特阿拉伯的支持。沙特政府认为，伊朗今后有可能暗中发展核武器，而以色列认为相关协议应包括完全拆除伊朗的核设施。以色列总理内塔尼亚胡稍早在美国国会发表演讲时称，谈判中的对伊朗核协议"非常糟糕"，协议允许伊朗保留大量核设施，从而使其有能力在短时间内获得制造核武器所需的足够裂变材料。② 内塔尼亚胡在访问华盛顿时只与美国国会领导人会谈，他甚至拒绝了去白宫与奥巴马会面的邀请。美以关系在奥巴马任内降到了冰点。奥巴马政府推动巴勒斯坦与以色列双边谈判的努力自然也没有取得任何进展。长期以来，以色列通过犹太裔美国人院外游说集团影响美国政治，尤其是影响美国的中东政策。奥巴马政府对伊朗的政策没有得到以色列的首肯，这意味着他的收缩战略在国内政治领域会面临很大的困难。

奥巴马政府上台时曾经表示要与俄罗斯改善关系。但是美俄关系因为西方继续执行扩大"北约"的政策而受阻。2013 年 12 月

① "伊朗与六国达成历史性协议"，《北京日报》，2015 年 7 月 15 日。http://news.163.com/api/15/0715/03/AUHM4VKV00014AED.html。

② DanaH. Allin, Obama's America and the Question of Decline, in *Is The West In Decline*? ed. by Benjamin M. Rowland, pp. 121 - 122；"以总理强烈反对可能达成的伊朗核问题协议"，新华网，2015 - 03 - 04，http://world.huanqiu.com/hot/2015-03/5814502.html。

起,乌克兰国内发生严重政治危机:乌克兰的亲俄政治力量与亲西方的力量发生尖锐冲突。俄罗斯政府认为,由于西方长期干涉乌克兰内政,俄乌两方间的传统关系可能被彻底切断,乌克兰将被全面纳入西方政治甚至军事体系。2014 年 3 月初,俄罗斯总统普京下令俄军占领乌克兰领土克里米亚半岛,并在数周内完成了吞并克里米亚的法律程序。[①] 俄罗斯军事占领以及稍晚进一步卷入乌克兰内战的行动触发了西方国家对俄罗斯的全面制裁。但是,由于奥巴马执行战略收缩政策,美国在欧洲的军队一直在减少。2014 年美军在整个欧洲的人员只有 67 000 人,只占冷战时期美国在欧洲驻军的 15%左右。[②] 在这种情况下,西方的制裁措施不可能改变俄罗斯的军事行动。由此,奥巴马的欧洲政策也清楚暴露出其虚弱的本质。美国国会尤其是共和党议员,对奥巴马处理乌克兰危机方式的相当不满,共和党资深参议员约翰·麦凯恩强烈批评奥巴马的对俄政策软弱无能,"要为俄军队进入乌克兰负起部分责任"。[③] 其实,普京也是在看清了奥巴马政府的战略收缩态势后才大胆行动的。

奥巴马对自己的收缩战略的可能后果是非常清楚的。他的主要目标就是要防止美国在中东等地重新卷入一场代价高昂、看不

---

① 柳丰华:"俄罗斯与当前的乌克兰政治危机",中国俄欧亚研究网,2014 年 5 月 20 日,http://club. kdnet. net/dispbbs. asp? boardid=1&id=10709377。

② Mark Moyar, Strategic Failure, p. 267.

③ "美俄就乌克兰问题交锋,美国议员批奥巴马太天真",中国新闻网,2014 年 3 月 10 日,http://news. 163. com/14/0310/15/9N018A1Q00014JB6. html。

到出路的新战争。无论是利比亚还是叙利亚,无论是伊朗还是也门,他都不会让美国重新回到战略扩张的状态。他深知如果美国再次在中东投入地面部队,美国仍然会面临像深陷伊拉克战争和阿富汗战争那样的困境。

三、奥巴马政府大战略的遗产和得失

2014 年开始,美国政坛上对奥巴马的大战略及对外政策的各种批评纷至沓来,严厉与尖锐的批判主要来自于对立的共和党阵营,温和与建设性的批评大致来自民主党阵营。本节将对这些批评的声音进行比较和综合性的分析,目的是要考察奥巴马政府在大战略方面的成败得失,并分析其在亚太地区的战略会给下届政府留下多少有用遗产。这一分析的价值因为 2016 年秋唐纳德·特朗普当选美国总统而更具有意义。因为新总统对于战略问题和对外政策方面都非常生疏,但他却喜欢凭着直觉发表自己的看法。特朗普不是真正意义上的共和党人,他在政治、经济、社会等领域中的观点很难让美国对外政策的主流和圈内人士接受。这使研究者很难判断特朗普政府对外政策及战略方面的走向。但是,通过对大选前的各种战略主张的详细考察,我们相信,特朗普政府的战略选择边际还是会在一定程度上呈现出来。无论他个性有多么乖张与不羁,特朗普总统的对外政策必定会在一定的战略思考空间中形成与变化。

奥巴马的总统国家安全事务顾问理苏珊·赖斯于 2015 年 2 月曾在布鲁金斯学会发表演说,介绍刚发表的《美国 2015 年国家安全战略报告》。她当时想归纳奥巴马在维护国家安全方面的成就，指出奥巴马政府2010年发表前一份《国家安全战略报告》时，美国处在一个困难时期，政府要负责任地结束两场战争，要从经济“大衰退”中恢复，并且要“重建美国在世界舞台领导地位的进程”。时至2015年，赖斯认为，美国的重新崛起已是现实，美国保持了强大和可持续的世界领导地位，未来也将如此。但是赖斯在介绍政府在安全领域的成就时却让人感到乏善可陈，她只列举了美国领导世界在西非战胜了埃博拉病毒；它对俄罗斯占领克里米亚进行经济制裁并使其付出了沉重经济代价；美国领导了60个国家打击“伊斯兰国”；它还在治理全球气候变化方面构建起成功的前景；伊朗被迫坐到了谈判桌前；最后，美国领导了TPP谈判，出现了有利于美国工人和企业的全球贸易新标准的潜在可能。① 这里，非传统安全领域似乎是苏珊·赖斯可以夸耀的主要对象，“亚太再平衡”战略这个词甚至未被提及。给人的印象是，奥巴马政府在大战略方面明显地缺乏自信。

（一）温和批评者的看法

美国杜克大学的哈尔·勃兰兹教授在2014年6月的文章中指出，奥巴马政府有很明确的大战略，其战略原则为美国的对外行动提供了架构，“这些原则的思想大体上就是要维护美国的国际领

① President Obama's National Security Strategy in 2015: Strong and Sustainable American Leadership, President Obama, Home. Blog, ed. by Tanya Somanader, Fed. 6, 2015. https://obamawhitehouse.archives.gov/blog/2015/02/06/president-obamas-national-security-strategy-2015-strong-and-sustainable-american-lea.

导地位和美国的优先事务，而且是要以较低的代价、更好反映变化中的全球地缘力量的方式来实现这种目标"。[①] 这位学者认为，构成奥巴马国家战略的一大要素是地缘政治背景，奥巴马强调"转向"亚太的迫切性，他要把美国从中东和南亚地区深深的军事泥潭中拉出来，而亚太地区才是 21 世纪国际安全竞争和经济的核心地区。奥巴马清楚地知道，"一个上升的中国尤其代表着对美国对外政策持久和最大的挑战"。从地缘政治角度分析，奥巴马推行的就是"亚太优先"的战略。

勃兰兹指出，考虑到美国面临的挑战与限制，奥巴马政府这一战略是有意义的。但是合理的战略并不总是成功的，奥巴马的战略思想中包含着诸多的矛盾、困境和挑战，这些问题对美国的未来可能构成相当严重的后果。他指出，地缘政治方面的主要问题是，美国转向亚太的前提应当是有一个基本稳定与和平的欧洲，美国与俄罗斯的关系应是平静与建设性的。但是，事态的发展表明，"莫斯科与基辅之间的事情是无法预料的"，勃兰兹认为美国政府在乌克兰问题上处置不当。另外，他认为如果美国急于从中东撤军，过快地进行战略调整，这种调整就可能建立在一种软弱的地位上。[②] 应当说，勃兰兹的这些见解是很深刻的。

---

① Hal Brands, "Breaking Down Obama's Grand Strategy", in *The National Interest*, June 23, 2014, http://dukespace.lib.duke.edu/dspace/bitstream/handle/10161/8917/Breaking%20Down%20Obama%27s%20Grand%20Strategy%20_%20The%20National%20Interest.pdf?sequence=1.

② Ibid.

支持奥巴马政府的自由主义政治评论家彼得·贝内特在2011年就指出,“理解美国在中东政策转变的途径是,我们正在走向离岸平衡战略”。代替直接占领伊斯兰国家的土地,美国正试图通过从海上、空中和装备盟友等方式来保卫自己的利益。他说:“这在很大程度上也是奥巴马政府正试图在东亚做的事。”他指出,奥巴马稍早的澳大利亚之行传达的主要信息是,美国“最终要集中力量遏制中国在太平洋的崛起”。美国怎样来做到这一点?贝那特认为,美国在澳大利亚北部只是象征性地部署海上陆战队,奥巴马政府的“离岸平衡”战略将是“支撑美国海军在太平洋的存在,援助中国周边的那些害怕其霸权野心的国家”。① 这一分析非常清楚地从军事战略角度说明了“亚太再平衡”战略的要点以及基本目标。

自由派批评家是支持奥巴马削减军费的。在他们看来,美国军费开支早已超过十多个大国的军费总和,美国必须节约国家安全方面的支出以投入国内经济和教育等方面的建设。而且美国也不应当去单独干预叙利亚和克里米亚问题,不能单独干预中国的南海问题。但是他们也认为,在处理国际事务中那种“只做一点或是完全不做”并不是可行的选择,“奥巴马落入了一个重复做这种虚假选择的陷阱之中”。在民主党的国家安全事务专家看来,小布什政府长期从事两场战争是“做得太多”,而奥巴马政府的战略收

① Perter Beinart, “Obama's Foreign Policy Doctrine Finally Emerges With ‘Offshore Balancing’”, *The Daily Beast*, Nov. 28, 2011. http://www. thedailybeast. com/articles/2011/11/28/obama-s-foreign-policy-doctrine-finally-emerges-with-off-shore-balancing. html.

缩是“做得太少”。这两种方式都不利于美国国家利益。①

在党派政治上大致中立的米尔斯海默和斯蒂芬·沃尔特在2016年大选时指出，“考虑到美国过去25年来糟糕透顶的记录，占主导地位的大战略出现灾难并不令人奇怪”。在历数奥巴马政府最近在东北亚、欧洲与中东各地遭到的各种失败后，他们认为，这种局面是“民主和共和两党实施多年并被误导的一种开明霸权大战略的自然后果”。他们批判美国在这一战略下被认为必须以实力解决世界所有问题，促进制度基础上的世界秩序，代议制民主，开放的市场的认识。美国还有权利和责任去管理世界所有地方的当地政治。这两个批评者一定程度认同奥巴马政府的收缩目标，因为美国在当前所有西方盟国的国内总收入(GDP)之和中只占到47%，而在西方的军事开支上却付出了75%。正因如此，美国大多数民众认为，盟国一直在搭美国的便车。米尔斯海默和沃尔特强调要将“离岸平衡”作为美国的大战略：美国只需要管理好自己的力量，让世界几个关键地区保持平衡，以对抗东北亚、东欧及波斯湾等地潜在的霸权。美国也不需要派出大量军队部署到世界各地，不用出了问题就进行干预，应当鼓励盟国带头去阻止那些崛起的大国。这些观点表明，在总体上，这两个学者还是支持美国在战略上进行收缩，只是在策略上他们更偏向否定干预主义的

① David Rothkope, *National Insecurity: American Leadership in an Age of Fear*, pp. 362 - 369.

方针。①

纽约对外关系委员会主席理查德·哈斯的观点代表了主流思想库的想法，他们是奥巴马战略调整的坚定支持者。哈斯认为美国的力量根基已经受到侵蚀，过去20年里美国的对外政策已经过分扩张。美国为打两场战争每年付出了将近2000亿美元，现在应当削减军费，以减少赤字并将资源投入国内事务。哈斯认为，此时美国并无纳粹德国和苏联那样的威胁，无论是中俄两国还是伊朗、朝鲜，更不用说基地组织之类，他们对美国都不会构成重大威胁。美国正处在一个“战略缓解期”当中，这并不是说要回到孤立主义，而是要利用这个机会，“恢复”它在国际与国内事务上的平衡，集中精力解决陈旧的基础设施、二流的学校和过时的移民制度等国内问题。这些都需要先解决好美国国内政治中的分裂和过快增长的财政赤字及政府债务。哈斯认为这些问题才是对美国长期安全的最大威胁，所以他提出的“战略缓解”的思想可以说是一种“休养生息”战略。②

（二）强硬派的批评及其战略思想

对于具有较强军事—军工利益背景的批评家来说，“亚太再平衡”战略已提出多年，但是政府“并没有配合实施有效的行动。中

---

① John J. Mearsheimer and Stephen Walt, “The Case for Offshore Ballancing, A Superior Grand Strategy”, *Foreign Affairs*, July/Aug. 2016.

② Richard Haass, *Foreign Policy Begins as Home: The Case for Putting Americas House in Order*, New York, Basic Books, 2013, pp. 84-86,114.

国继续在增加军事开支和武装系统，这威胁了美国在西太平洋的力量”。他们认为中国在南海与东海推进了扩张性的要求，“奥巴马政府并没有对此挑衅做出有力反应”。这些与共和党有密切联系的分析家严厉地批评奥巴马政府的中东政策，他们认为“从中东撤出美军丢失了好不容易赢得的战果，加上它战略性的错误行动，造成了让伊朗和‘伊斯兰国’崛起的真空”。此外，他们批判说，“奥巴马政府根本性地误解了阿拉伯之春的性质，未能认识到这次起义会给激进伊斯兰力量提供机会”。①

这些批评家也是对华强硬派，他们认为美国应当推行一种“保持优势”的战略。这一战略的主要目标是阻止地区性霸权挑战美国的领导地位。他们认为在几个主要对手中，中国具有最强大和最长久的挑战能力，因此美国应当坚定地将中国作为主要战略目标。在欧洲和中东地区，美国应准备接受更大的风险，让盟国对付俄罗斯，让以色列、土耳其及沙特去对付伊朗。至于伊斯兰极端主义势力，他们认为美国可以通过部署特种部队等措施来遏制其危害。

这些“保持优势”战略的鼓吹者认为美国应当维持“打一个半战争的能力”，同时应当在西太平洋采取“前沿部署”军事战略。他们明确提出美国要将军力“部署在日本、菲律宾和台湾等第一岛链上”，因为美国对盟友有着安全承诺。他们否定“离岸平衡”战略的

① Mac Thornberry and Andrew F. Krepinevich, “Preserving the Primacy, A Defense Strategy for The New Administration”, *Foreign Affairs*, Sept. /Oct. 2016.

意义，认为那种在遥远地区封锁中国，通过力量动员夺回失去土地的战略只会让美国付出更大的代价。

“保持优势”战略的鼓吹者不得不承认美国资源有限，但是他们对于奥巴马削减军费极为不满，认为美国有多种能力进行长期竞争。在具体的措施方面，一是美国可以利用经济优势向对手施加强大压力；二是可以让盟国付出更多的资源，减少美国的成本。不难看出，这些对华强硬派虽然可以言之凿凿地否定奥巴马的大战略，但是他们自己的战略思想却相当陈旧，与当前世界的诸多现实脱节。

倾向于共和党的战略学学者、美国乔治敦大学教授库林・杜克对奥巴马进行了毫不留情的批判。他认为奥巴马的战略是一种“深度退缩和强调国际和解的战略”，放弃了美国的海外军事承诺，在外交上造成美国与欧亚大陆分离，那是美国自二次大战后就拒绝的传统。杜克认为奥巴马的大战略的主要目标是强调美国国内改革，将美国的力量用于国内福利补贴，为其中间偏左的国内政策获得长久的好处。这种战略迎合了悲观主义和美国“衰落”的观点，严重低估了美国的经济潜能和优势。① 杜克强调，这一战略在各方面都出现了非常严重的后果。他批评奥巴马真正的大战略就是“离岸平衡”战略，它明确宣布美国不愿意在亚洲大陆地面上从事大规模的军事行动，在国防支出方面进行相当深度的削减，更加强调远程军事打击能力，非常厌恶“军靴踏上陆地”的干预方式，以

① Colin Dueck, *The Obama Doctrine, American Grand Strategy Today*, pp. 42 - 47, 198 - 209.

及迫切地想让美国的盟国带头去应对国际安全挑战。总之,奥巴马的战略"明确偏离美国公开声明的战略设想,走上了离岸平衡的方向"。①

在谈到奥巴马的"亚太再平衡"战略时,这位共和党批评家承认这强化了美国在亚太地区的地位。但是他怀疑奥巴马政府在行动中缺乏持久性、有效性和可信性。由于奥巴马"实施战略收缩,强调了再保证以及和解,中国在很多问题上没有对美国帮什么忙",美国的"合作政策也令人惊讶地并没有换得中国多少回报"。因此,美国今后要对中国实施更多的威慑,并给亚洲盟国更多的保证。

杜克认为,下届共和党政府应当实施保守的现实主义对外政策,目标是要维护美国的优势地位。他提出了"压力战略"建议,即美国可通过威慑和强制外交来达到目标,在威慑不能达到目的时,政府也要法随言出,坚决使用武力。杜克在军事上也强调调整"前沿部署"。他认为美国有三个层次的对手,有中国和俄国这样的主要大国竞争者,也有朝鲜、伊朗等"无赖国家"的挑战者,还有"基地组织"和"伊斯兰国"这类直接的威胁,他强调要维护同盟国的关系,不能强迫盟国采取行动。杜克强调中国是最大竞争者的同时,承认中国与美国还有多重的共同利益。但在他看来,军事威慑和强制外交这些工具可以用来对付所有对手。②

---

① Colin Dueck, *The Obama Doctrine, American Grand Strategy Today*, p. 99.

② Colin Dueck, *The Obama Doctrine, American Grand Strategy Today*, p. 224, 218 - 220.

对奥巴马政府的亚太战略和收缩战略持更激烈的批评来自布雷特·斯蒂文思，他担任过《华尔街日报》评论副主编，同已经失去势头的新保守主义保持着密切关系。他批评奥巴马在对外政策上执行了"退缩主义"的战略，代表着一种"新孤立主义"的倾向。美国在中东已经遭到了严重的失败，让中国和俄国等挑战美国的国家获得了扩张成果。他还强烈批评奥巴马政府对国防开支的削减。斯蒂文思不忘为"新保守主义"评功摆好，说美国过去对西方安全的承诺给全球民主和繁荣带来了富有成效的红利，美国自身没有什么衰退问题，竞争力非常强大，而且"人均 GDP 从 1980 年的 12 000 美元增加到了 2012 年的 46 000 美元"。①

斯蒂文思批评奥巴马的"转向亚洲"是建立在一种认为美国能够选择未来地缘政治挑战的想法上。美国认为：它再也不会到中东去打仗，也不会在欧洲再同俄罗斯有冷战，美俄已经重新设定了关系。在拉美和非洲也只有一些无关紧要的挑战。只有亚洲有真正挑战。斯蒂文思强调美国的安全挑战是世界性的，美国的责任是为全球秩序当警察，美国没有权利去决定哪个对手会构成更大的挑战，以及在何时、何地及如何实施这种威胁。他认为美国还是应当更重视中东地区，而"转向"亚洲的这一选择是"单向和单维度的"。他强调美国的利益是要保卫"全世界的负责任公民"，他说"一个社区如果没有警察去逮住那些打碎别人玻璃窗的流氓，社区

① Bret Stephens, *America in Retreat: New Isolationism and the Coming Disorder*, New York, Sentinel, Penguin Group, 2014, pp. 80 - 82, 110 - 120.

的秩序最终要崩溃”。他实际上鼓吹的是美国继续当“世界警察”的战略。①

(三) 对奥巴马战略遗产的分析

时殷弘教授在讨论大战略时指出:“大战略的根本原则之一,在于念念不忘根本目标,排除‘对于不忘根本目标’的干扰。”②如果我们以此对奥巴马政府的大战略各种批评意见详加考察,就不难看出,多数批评者都认为奥巴马对自己的目标是坚持不渝的,他成功完成了从战争阶段到和平阶段的政策转换,始终强调美国要维护其世界领导地位,他也认识到美国不可能在国际上对所有麻烦问题事事干预,以及美国必须减少军事支出,并对社会长期安全与经济健全加大投入。从这些看,奥巴马是一个有大战略视野的总统。奥巴马政府采取的是一种“国内优先”的大战略,他推行的“离岸平衡”军事战略是军事革命条件下的变革,并且与“亚太再平衡”的地缘战略基本上是匹配的,实现了战略目标与政策手段的平衡。这些是奥巴马政府留下的遗产,问题是下届政府是否会接受与保留。

非党派的学者麦克·鲍埃勒这样评价说,奥巴马看到了美国对外政策在后冷战时代需要做出根本性改变,但他却没有摆脱其前任们的那些假设和政策选择。奥巴马自诩为现实主义者,但实际上他的政策演说常常充满华丽的辞藻,表现出他内心中的理想

① Bret Stephens, *America in Retreat*, pp. 224 - 225.

② 时殷弘:《国际政治与国家方略》,北京大学出版社 2006 年版,第 43 - 45 页。

主义甚至乌托邦主义。他在有些领域取得了成功(例如在亚洲)，“但是同其失败的程度相比,那些成功就暗淡无光了”。鲍埃勒认为奥巴马的对外政策缺乏一种全面的战略思想,这种看法代表了美国相当多的尖锐批评家的意见。①

美国国家安全问题学者,曾经在军队特种部队司令部任职的马克・莫亚强调美国的军事安全已经严重受损。在莫亚看来,由于奥巴马过度削减美国国防开支,在中东、东欧、东亚、非洲及南亚等地,奥巴马已经让美国的敌人取得了进展。如果美国继续沿着军事与战略上软弱这条道路走下去,那么对美国利益的损害会迫使下届总统不得不进入战争,美国将要被迫付出更高的代价。与多数批评者不同,莫亚对于美国的经济前景有乐观看法,即有关美国经济衰落的情绪只是一种周期性的幻觉,美国完全有能力支付占 GDP 3%～5%的国防支出。②

美国的战略学家对于“亚太再平衡”其实没有多少争论。共和党人和民主党人都认为,美国必须采取更为坚定的措施以应对中国的崛起。他们的差异只是在奥巴马政府已采取的政策是否到位,投入的资源是否充分等方面。温和的批评者认为,奥巴马在亚洲显著加强了美国的外交和经济地位。强硬派强调美国不能对中国的“野心”让步,但他们自己也质疑美国是否会真的准备帮助一些盟国争夺南海小岛。“美国怎样才能保证那些千里之外,在自我

① Michael J. Boyle, “The Tragedy of Obama's Foreign Policy”, in *Current History*, January 2017.

② Mark Moyar, *Strategic Failure*, pp. 269 - 270.

防卫方面或许付出太少的繁荣国家的安全?”有些强硬派一方面同意把应对中国崛起看作美国战略中最优先的问题,另一方面他们又不愿意接受“转向”的概念,这些人相信美国未来面临的挑战是全球性的,包括来自中东和欧洲的重大威胁,不能仅是应对中国。①

美国历史学家莫顿·凯勒很有洞察力地指出,奥巴马在他的第二届政府中面对“阿拉伯之春”以后出现在利比亚、埃及、叙利亚、乌克兰等地的混乱局势,保持了低调、谨慎的态度,避免采取用美国军事力量干预的方针。他指出,人们可以指责奥巴马没有明确的中东政策,但是人们很难指责他“做了不该做的事,或者没有做那些应该做的事”。凯勒认为,奥巴马在对外政策上的这种立场与“美国公众当中占主流的感觉是一致的,即自 40 年代以来美国扮演不可或缺的世界警察的角色的想法已经日薄西山了”。②

对奥巴马大战略的批评主要指向他的中东政策,几乎所有的批评者都认为他的中东政策出了重大问题,他们认为奥巴马政府没有完整的中东战略,他只是在打击 ISIS 问题上做做表面文章。中东地区陷于严重的动荡之中。不管特朗普政府是进还是退,美国未来在中东都可能面临更糟糕的局面。③ 麦克·鲍埃勒认为,

---

① Michael J. Boyle, “The Tragedy of Obama's Foreign Policy,” in *Current History*, January, 2007; Bret Stephens, *America in Retreat: New Isolationism and the Coming Disorder*, pp. 207 - 229.

② Morton Keller, *Obama's Time: A History*, Oxford and New York, Oxford University, 2015, pp. 146 - 149.

③ Kenneth M. Pollack, “Fight or Flight? America's Choice in the Middle East”, *Foreign Affairs*, March/April, 2016.

奥巴马"公开宣示美国的安全承诺,但实际上却采取了放弃中东,并悄悄接受恐怖主义周期性的爆炸是生活一部分的战略"。奥巴马所相信的理论是,中东地区面对致命和虚无主义的宗教极端主义,因此需要"伊斯兰改革运动(Islamic Reformation)"。鲍埃勒则认为,中东已经陷于教派冲突和内战,"基地"和 ISIS 四处活动,鼓励其成员向欧美的城市发动攻击。奥巴马试图忽视这些事实,但他低估了恐怖主义可能对西方造成的损害,极端势力甚至有能力将欧洲国家的民主政府"甩出轴心线"。① 奥巴马中东政策的失败实际上与他的"亚太再平衡"战略是密切相关的。受内外多种因素的限制,美国已经很难有效地同时兼顾两个地缘战略方向。

强硬派批评家拒绝接受将国内事务放在优先地位就是一种大战略的观点。其实,这种将国内事务作为战略优先的思想,在很多国家中都有过先例。美国自身在 20 世纪之前也是这样做的,只是这种战略在 20 世纪被赋予贬义的概念——"孤立主义"。19 世纪的美国其实并不孤立于世界,处于 21 世纪的美国就更不可能有"孤立主义"的选择。强硬派的战略思想实际上拒绝承认和平与战争条件下的战略差异,而且盲目认为美国有能力长期维持很高比例的军事支出。这些不仅违反了大战略的基本原则,也不符合美国的实际情况。

当前,唐纳德·特朗普政府的对外政策还处于形成之中。但是他已经公开宣布放弃 TPP 协议、宣布要在美墨边界修边界墙,

---

① Michael J. Boyle, "The Tragedy of Obama's Foreign Policy", in *Current History*, January 2017.

他也公开宣布要阻止若干伊斯兰国家的公民进入美国。特朗普甚至还公开宣布了他要退出有关全球气候变暖的"巴黎协议",并且要废除上届政府的清洁能源政策。特朗普的这些政策主张都倾向于要使选民们相信,他的对外政策和战略将摒弃奥巴马的遗产。

但是,如果从特朗普在竞选时的表态,从他上任后这 150 天的所有表现看,特朗普对奥巴马对外政策中的那些具体措施的否定,其实都出于其保守的政治理念的需要,而不是要做出大战略方面的改变。舆论关注特朗普反复提及"美国优先"思想,以为这仅是他反全球化的表态。其实,这些言论表明特朗普最关注的是解决美国国内的各种长期性的难题,尤其是经济问题。就此而言,他与奥巴马的战略存在着共同点,表明了这两届美国政府在大战略方面具有某种连续性。

理查德·哈斯的"战略缓解"、强硬派的"保持优势"以及杜克的"压力战略"代表了共和党人面向未来的三种战略选择。强硬派在强调军事上的"前沿部署"的同时,更倾向于以中东和欧洲优先的地缘战略。但是强硬派的这些观念更偏重的是短期利益,很容易让美国重新陷入伊拉克战争之类的陷阱中去。这绝对不是特朗普乐意见到的前景。目前还不能说特朗普在军事战略和地缘战略方面已经拒绝了奥巴马的遗产,尽管特朗普决定增加 2019 年的军事费用,这并不意味美国在大战略上会重新回到作为"世界警察"的战略扩张方向上去。

衡量特朗普中东战略走向的标志是,他是否会撕毁奥巴马政府 2015 年签订的伊朗核协议。特朗普就任总统后首先访问中东,并在沙特阿拉伯高调批评伊朗支持恐怖主义和教派冲突,但他在伊朗核问题上的表态非常谨慎。他在以色列时访问了犹太圣地哭墙，但他并没有承诺要改变美国在巴勒斯坦—以色列问题上的立场。那种认为“美国正在回到更传统的中东外交政策”上去的观点是站不住的。[①] 2017 年 4 月初，资深共和党参议员约翰·麦凯恩批评说，“特朗普政府不再把结束叙利亚内战作为美国的优先事务是美国历史上又一页不光彩的记录”。此前一天，国务卿蒂勒森刚表态说，叙利亚的未来要由叙利亚人民自己来决定。麦凯恩认为美国应更积极援助叙利亚反对派推翻阿萨德政权，而特朗普总统在叙利亚想做的事情主要是帮助中东本地武装力量加强对 ISIS 的军事打击。[②] 尽管特朗普因为叙利亚战场上出现了化学武器而下令对叙利亚政府军目标进行了空中打击，但此后美国政府并没有出现竭力要推翻阿萨德政府的迹象。

在亚太地区，特朗普总统与习近平主席在 2017 年 4 月进行了“海湖庄园会谈”，这一会谈的时间和取得的进展明显超出人们的预期。中美在防止朝鲜半岛核扩散和全面经济合作等方面达成新的共识。特朗普强调美国在朝鲜核问题上已经走过了“战略忍耐期”，这是美国亚太战略中的新动向。[③] 特朗普政府下一步的政策

---

① 韩晓明：“特朗普访问沙特全程是和解气氛”，《环球时报》，2017－05－22，http://world.huanqiu.com/exclusive/2017－05/10708571.html?referer＝huanqiu。

② Eugene Scott，“McCain rips Trump administration over Syria policy”，CNN，Updated 1822 GMT April 4，2017，http://edition.cnn.com/2017/04/04/politics/john-mccain-syria-trump-cnntv/index.html。

③ 吴正龙：“特朗普对朝政策的五大特点”，环球网，http://opinion.huanqiu.com/opinion_world/2017－04/10502942.html。

选择会渐渐地明朗。未来，特朗普政府会对平壤采取更强硬的军事威慑政策，必然会有更多的美国军事力量出现在东亚地区，以显示他对中国实施了更多“压力”。他也会以此表明他改变了奥巴马的软弱政策。但是，这也可能是他对“亚太再平衡”战略的重点调整而不是实质性的否定。

如果特朗普坚持自己的这种战略优先，那么，奥巴马的大战略遗产，包括他在亚太地区的战略，恐怕在较大程度上都会被特朗普政府所继承。

对美中日三边合作机制的持续探索*

盖伊·克里斯托弗森**

内容摘要 本文主要讨论的问题是，美中日三边关系是否以及在何种程度上正朝着亚太地区某种稳定的三边机制迈进，抑或向某种三角均势迈进。本文认为，现有的和新出现的区域制度将有助于抵消美中关系下将东亚划分成一个新的两极结构的趋势。特别是正在逐渐构建的美中日三边机制，可以削弱"战略分歧"出现的可能性。不过，目前出现的最多只是某种松散的三边机制，尚未成为正式安排。围绕钓鱼岛问题的三边互动表明，美国一方面加强了与日本的同盟关系，另一方面又试图在中日争端中充当某种非正式的调解人角色。在未来，一个可能的美中日三边机制会

* 原文为英文，王首都译。

** 作者现为南京大学—约翰斯·霍普金斯大学中美文化研究中心常驻教授。

是一种威慑和调解的结合。它将是多层次东亚安全秩序的一个重要组成部分。

关键词 中美日三边机制　东亚秩序　中日争端　美国的作用

引　言

东亚地区的安全架构多层次、不稳定，而且尚未完全制度化。① 尽管一些地区性机制——诸如东南亚国家联盟(ASEAN)、东盟加三(ASEAN+3)、东亚峰会(East Asian Summit)、东盟地区论坛(ASEAN Regional Forum)、亚太经合组织(APEC)和众多"二轨"以及介于"二轨"与"一轨"之间的区域性合作组织已经建立，但是究竟哪些机构能够应对该地区的安全挑战，这仍然是个未知数。这种制度化可能被美中关系将东亚划分成一个新的两极格局的趋势所削弱。

本文认为，现有的和新出现的区域制度将有助于抵消美中将东亚划分成一个新的两极结构的趋势。② 特别是美中日的三边机制，可以削弱"战略分歧"的可能性。这种"战略分歧"将分裂东亚

---

① Muthiah Alagappa ed., *Asian Security Order: Instrumental and Normative Features*, Stanford: Stanford University Press, 2002.

② J. Mearsheimer, "The Gathering Storm: China's Challenge to US Power in Asia," *The Chinese Journal of International Politics* (2010); David Lampton, "Power Constrained: Sources of Mutual Strategic Suspicion in US-China Relations," *NBR Analysis* (June 2010).

并迫使该地区择边而立。[①]

未来东亚秩序究竟是双边还是多边，这取决于尚未正式出现和制度化的三边机制的力量。美中日关系需要这种机制，但还没有为这种机制所建立的“第一轨”（Track 1）机构。在过去25年里，已经有许多二轨（Track 2）和介于“二轨”与“一轨”之间的项目，但是它们从未演变成“一轨”机构。

一些中国学者认为，这种美中两极趋势不会受到东亚地区性机制的影响，因为美中权力管理使得东亚地区所有的地区制度设计显得相形见绌，并使其产生分化。[②] 但是本文认为，在美国、中国和日本的对外政策行为中，一个新兴的三方机制正在逐渐构建，尽管它尚未在“一轨”层次被正规化。这种三边机制可以长久持续，从而缓和东亚潜在的两极格局的发展趋势。

因为这种三边机制是在传统的国与国关系之外形成的，所以对中国外交管理部门来说是一个新的挑战。中国外交部没有管理三边关系的部门。对日政策由亚洲司管理。对美政策则是由北美和大洋洲司管理。

2012年中日钓鱼岛危机为检验美中日三方机制是否成型提供了一个研究案例。本文将讨论的问题是：美中日三边关系在何种程度上被视为正朝着亚太地区稳定的三边机制迈进，以及这种

---

① Kenneth Lieberthal and Wang Jisi, *Addressing US-China Strategic Distrust*, China Center Monograph no 5, Brookings Institution, March 30, 2012.

② 阎学通、漆海霞：“足球而非拳击：中美对抗并不等同于冷战”，载《中国国际政治学报》2012年第五卷第二期，第105－127页。

机制在何种程度上被视为向权力平衡三角进一步发展（在这个权力平衡三角中，最紧张的双边关系是中日关系，而美国处在枢轴位置）。

一、历史背景

在2012年钓鱼岛危机之前，日本政界关于日本的大战略应该是怎样的以及日本如何定位自己在中美之间的正确位置展开讨论，众多党派采取不同的立场。日本外交部关于多层次的东亚安全秩序的概念，把中美日之间三方框架增进信任措施（CBMs）置于第二层次，而将美日联盟置于第一层次①。

自冷战结束以来，中美日三边关系就一直为中国学者所讨论。张蕴岭在1997年就美日中三角关系的相互联系曾有过著述。他研究了三角关系的多重配置——遏制中国的美日同盟；美国联合中国遏制日本；或中国和日本联合领导东亚，对抗美国。他还考虑了所有三个国家之间没有对抗的稳定关系的可能性②。

---

① Narushige Michishita and Richard J. Samuels, "Hugging and Hedging: Japanese Grand Strategy in the Twenty-First Century," in *Worldviews of Aspiring Powers: Domestic Foreign Policy Debates in China, India, Iran, Japan, and Russia*, Henry R. Nao and Deepa M. Ollapally eds., Oxford: Oxford University Press, 2012, pp. 146 - 180.

② 张蕴岭:《中国的崛起与世界秩序》，新加坡：世界科学出版社2010年版。关于《变化中的中美日关系》一章最初刊登在《太平洋评论》第十卷第四期（1997），第451至465页上，并于2010年再版（The chapter on "Changing Sino-US-Japanese Relations" was originally published in *PacificReview*, vol. 10 no. 4 (1997): 451 - 465, and republished in 2010.)

1998 年以来,来自三个国家的学者出版了一系列关于美中日关系的书籍。北京大学国际战略研究院院长王缉思联合编写了不少这类书籍。目前该系列最新的一部作品于 2010 年出版,题为《理顺三角关系:管理中美日关系》(*Getting the Triangle Straight: Managing China-Japan-US Relations*)。

楚树龙在 2008 年的著述中提到,由于各自的双边机制无法管理的、三国相互关联的安全问题,有必要建立一个三边机制。他意识到三方各自都对三边机制持保留态度,但楚认为中国愈发支持三边机制的建立。该机制的一个功能是作为应对海洋争议危机管理的机制。①

2007 年,美国前政府官员理查德·阿米蒂奇(Richard Armitage)和约瑟夫·奈(Joseph Nye)在著述中提到了美中日三方互动的必要性,指出"中国的利益在某些方面与美国和日本的利益趋同,因此应该在有潜在收益的领域寻求三边合作"。②

2007 年,斯坦利基金会与亚太安全研究中心(APCSS)合作,举办了一系列关于美中日关系的研讨会,与会人员包括来自三国的政府官员。在关于建立信任措施的众多建议中,有一个是关于

① 楚树龙:"稳定亚洲中美日三边关系的机制",《东北亚政策研究学报》,布鲁金斯学会,2008 年 1 月。

② Richard L. Armitage and Joseph S. Nye. *The U. S.-Japan Alliance: Getting Asia Right through* 2020, Washington, DC: CSIS, February, 2007, p. 23.

建立讨论海上安全问题的三边协商机制以及三边安全对话。[①] 这些研讨会是介于"二轨"与"一轨"之间的。亚太安全研究中心(APCSS)是美国太平洋司令部(PACOM)下的一个国防部机构。

在过去二十多年中,"二轨"以及介于"二轨"与"一轨"之间的项目和会议数量众多。然而,2005 年卡内基国际和平基金会有一个项目值得注意。裴敏欣和迈克尔·斯威恩认为,美国必须在中日争端中发挥斡旋者的作用。

> "亚洲最强大和最具影响力的两个国家深陷于充满情绪、不断恶化的关系之中,这不符合华盛顿的利益。这种不断恶化的关系可能破坏区域增长和稳定,甚至增加该地区出现新一轮冷战的可能性。"[②]

他们表示,美国应该调解中日争端,以免"许多亚洲国家会认为,华盛顿支持中日紧张局势是为了使东京成为美国遏制中国战略的一部分"。[③] 这里确立的原则是,如果美国斡旋失败,这将被解释为美国意图操纵争议,以获得自己在美中日战略三角中有利

---

① United States-China-Japan Working Group on Trilateral Confidence- and Security-Building Measures (CSBM), Stanley Foundation Project Report, 2008.

② Minxin Pei and Michael Swaine, "Simmering Fire in Asia: Averting Sino-Japanese Strategic Conflict," *Carnegie Endowment Policy Brief*, No. 44, November 2005, http://carnegieendowment.org/files/PB44.pei.FINAL3.pdf.

③ Ibid.

的位置。相反，美国作为中日调解人的角色，可以证明美国想要建立一个稳定的三边机制。

当"一轨"美中日对话的可能性在战略规划的最高级别被考虑到时，"二轨"的对话和讨论将最终过渡到"一轨"层面。第一次官方三方对话原拟于 2009 年 7 月底在华盛顿特区举行。会议拟由中国外交部政策规划部门负责人、美国国务院政策规划室主任和日本外务省副大臣主持。他们原计划将讨论东亚问题、金融危机、气候变化和能源问题。这些问题被认为是不太敏感的非传统安全问题，是相比于传统安全问题更好的出发点。然而，由于各种原因，会议没有按计划进行。①

2010 年 10 月，美国国务卿希拉里・克林顿在河内召开的东亚峰会记者招待会上提出了美国作为调解人的观点。她说：

> "中日两国有着稳定、和平的关系符合所有人的利益，我们向两国建议，美国非常乐意主办一个三方会谈，把日本和中国及两国外交部部长召集在一起讨论一系列问题。"②

---

① Gui Yongtao, "China-Japan-US Relations and Northeast Asia's Evolving Security Architecture," in *Getting the Triangle Straight: Managing China-Japan-US Relations*, Gerald Curtis, Ryosei Kokubun, and Wang Jisi, eds, Tokyo: Japan Center for International Exchange, 2010, p. 89.

② "U. S. Offers To Mediate In Japan-China Territorial Dispute," *Radio Free Europe/Radio Liberty*, October 30, 2010, http://www.rferl.org/content/US_Offers_To_Mediate_In_JapanChina_Territorial_Dispute/2205920.html.

希拉里提出了美国对三边关系的主要原则：美国对维护东北亚秩序有着强烈的兴趣，这种秩序维持着该地区的繁荣。

希拉里的提议与2010年9月的危机有关。危机源于中国渔船与日本海岸警卫队船只发生碰撞，以及随后中国渔船船长被捕等事件。希拉里会见了中国外交部部长杨洁篪，讨论希望加强美、中、日的合作。随后，中国否决了希拉里的提议，认为三边会谈的想法只是美国的一厢情愿，因为这场争端只涉及中国和日本，美国不应该参与其中。①

然而，在2010年9月，美国奥巴马政府的高级官员参与了中日两国的斡旋。贝德在书中提到，东亚和太平洋事务的助理国务卿库尔特·坎贝尔和美国国家安全委员会东亚事务高级主任杰弗里·巴德尔分别会见了中国和日本官员，“探讨解决问题的方式”。② 与此同时，美国官方发布了许多支持盟友日本的公开声明。

2011年1月在奥巴马和胡锦涛参加华盛顿特区会议期间，美中日三边机制构建的可能性再次出现。胡锦涛询问了奥巴马关于建立美中危机处理机制的相关议题。之前在2010年7月，温家宝曾询问东京关于建立中日海上危机管理机制的相关问题。美国建议建立美中日三边机制，但中国当时不愿意建立三边机制。奥巴

① “Trilateral talks on regional peace merely U. S. wishful thinking: Chinese FM,” *Xinhua*, November 2, 2010.

② Jeffrey A. Bader. *Obama and China's Rise: An Insider's Account of America's Asia Strategy*, Washington, DC: Brookings Institution, 2012, p. 107.

马和胡锦涛最终就建立双边机制达成一致。①

日本在东京组织了一场介于“一轨”与“二轨”之间的会议,重点讨论的是建立美日中三边对话机制的需求。这次会议原本可能打算与胡锦涛2011年1月对华盛顿的访问同时进行。这是第十四届日中美对话。参与组织包括亚洲基金会、日本国际事务研究所(JIIA)和中国国际问题研究所(CIIS)。② 但是,这种介于“一轨”与“二轨”之间的会议对在华盛顿进行的“胡奥会”没有明显的影响。

2012年5月16日,关于三边主义的“一轨”层面构建曾被纳入考虑。中国和日本官员在杭州举行会议,讨论海事安全和钓鱼岛问题,被称为中日海上事务国高级别协商会议(中文为“海上危机管理机制”,日文为“海事に關する日本と中國のハイレベル協議”)。中国外交部发言人称,“中国希望这一机制能够为双方及时沟通海上事务提供一个平台”。中国海洋法专家认为,“新机制是解决海洋问题的新起点”。③

为了安排2012年5月的会议,日本外交部部长玄叶光一郎和中国外交部部长杨洁篪于2012年4月7日在中国宁波举行会谈。

---

① Chinese interlocutor, Beijing, June 2011.

② John J. Brandon and Scott Snyder, “A Rising Need for U. S. -Japan-China Trilateral Dialogue,” February 16, 2011, Asia Foundation, http://asiafoundation. org/in-asia/2011/02/16/a-rising-need-for-u-s-japan-china-trilateral-dialogue/.

③ Yang Jingjie, “China, Japan start sea talks,” *Global Times*, May 16, 2012, http://www. globaltimes. cn/NEWS/tabid/99/ID/709685/China-Japan-start-sea-talks. aspx.

玄叶光一郎介绍了日中美对话的可能性。根据日本外交部的网站，“玄叶光一郎部长提到日本希望尽快举行日中美对话。杨先生回答说中国正在认真研究这个问题”。①

2012 年夏天，随着中日关系在钓鱼岛问题上的恶化，8 月 29 日，两国为纪念中日关系正常化 40 周年举办了一场介于“一轨”与“二轨”之间的研讨会，参与会议的有日本大使馆、日本基金会、中国社会科学院日本研究所，来自东京的中国日本研究协会和日本经济国民议会。② 研讨会上，双方呼吁建立“一个危机管理机制使得双方不断升级的争执得以降温”。③ 研讨会提到了 2012 年 5 月举行的中日危机管理机制的第一次会议，并希望第二次会议将在 2012 年年末举行。《中国日报》引用了一位学者的话，他说“日益减弱的美日中三边战略互信‘迫切需要’危机管理机制”。④ 日本驻华政治事务部部长英朗垂水在日本驻华大使馆呼吁利用危机管理机制这一手段以缓和紧张局势。他声称在 2012 年危机出现时

① Ministry of Foreign Affairs of Japan, Japan-China Foreign Ministers' Meeting (Overview), April 23, 2012, http://www.mofa.go.jp/announce/jfpu/2012/04/0423-01.html.

② "Uphold Larger Interest and Manage Crisis for Sound and Steady Development of China-Japan Relations," August 30, 2012, http://www.fmprc.gov.cn/eng/zxxx/t980262.htm.

③ "Trust highlighted in Beijing forum," *China Daily*, August 30, 2012, http://www.chinadaily.com.cn/china/2012-08/30/content_15718113.htm.

④ Qin Zhongwei and Zhang Yunbi, "China vows to defend islands," *China Daily*, August 31, 2012.

并没有这种危机管理机制。他担心这种机制的“崩溃”。①

截至2012年9月，美国关于三边机制的想法已经在“二轨”级别上流传多年，并由美国在“一轨”层面上提出。这可能使美国产生了在2012年中日钓鱼岛争端中通过“一轨”层面发挥调解作用的期望。

二、三角互动：2012年9—10月

美国国防部长莱昂·帕内塔2012年9月的东北亚之行访问东京和北京时，他的目的是加强美日与美中军事关系。在离去之前，帕内塔接受了来自《外交政策》杂志的采访，他指出：**“我们敦促中国和日本尽可能和平地解决这些争端……必须找到一种和平解决这些争端的办法。”**②显然，帕内塔并没有在采访中自称为调解员。尽管如此，《外交政策》的采访者还是称呼他为调解人。

中国对美国所扮演的调解员角色持怀疑态度。据报道，中国外交学院国际关系研究所所长王帆认为，华盛顿正在进行权力平衡的危险游戏。

① “Trust highlighted in Beijing forum,” *China Daily*, August 30, 2012, http://www.chinadaily.com.cn/china/2012-08/30/content_15718113.htm.

② Gordon Lubold, “Panetta to FP: He'll be a Mediator in Asia,” *Foreign Policy*, September 17, 2012, http://www.foreignpolicy.com/articles/2012/09/17/panetta_to_fp_hell_e_a_mediator_in_asia.

> “华盛顿在东北亚地区存有偏见并实行再平衡战略，一直寻求通过同时利用和控制中日之间的紧张局势而受益。这种行动对区域稳定构成威胁，并加剧了形势升级的风险。”①

来自上海复旦大学的沈丁立也持怀疑态度，认为美国正在要权力平衡的政治手段，而这个政策与美国正在推行的“遏制中国和日本的力量，从而最大限度地提高了美国的利益”的政策是自相矛盾的。②

来自中国人民大学国际关系学院的时殷弘表示，美国是解决钓鱼岛争端的障碍，因为美国承认美日安保条约涵盖了钓鱼岛。时殷弘认为美国作为中日之间的调解人所能做的十分有限。③

2012年9月19日，在与习近平会晤期间，帕内塔阐明了美国的政策：钓鱼岛被美日安全联盟覆盖。如果发生军事冲突，美国将有义务进行干预。帕内塔的目的是威慑。

中国媒体没有讨论帕内塔访问的要点，即此次访问是向北京传达美日军事同盟涵盖钓鱼岛这样一个信息。中国媒体警告称，美国不应卷入钓鱼岛争端。中国媒体早在几个月前就表示，美日军事同盟不包括钓鱼岛；如果中国与日本发生军事冲突，美国不会

---

① Zhao Shengnan and Zhang Yunbi, “US ‘will not take sides over islands’,” *China Daily*, September 18, 2012.

② Ling Yuhuan, “Panetta finds little traction in Beijing,” *Global Times*, September 18, 2012.

③ Ibid.

干涉，因为美国对争端保持中立。2012年9月，中国媒体在报道帕内塔的访问时，称之为“斡旋”，避而不谈美日军事同盟，但批评美国鼓励东京的挑衅，认为帕内塔的所谓调解无助于缓解这种挑衅行为。① 媒体还暗示，美国的行动已经滞后于日本“购买”钓鱼岛的举动。

《人民日报》还指责美国企图利用中日紧张的局势，而自己却扮演起一个在三边关系中平衡中国和日本的角色。

> “美国通过播种不和，采取分而治之的策略并扮演着一个所谓离岸平衡者的角色。美国企图通过这种做法在中日相争中渔翁得利，这纯属一厢情愿。”②

该报称，该地区并不需要美国起到离岸平衡的作用，因为“中国是亚太地区的一个无可争议的核心国家，并有坚决处理有关其利益的地区事务的意愿和能力”。③

帕内塔告诉中国政府和领导人，华盛顿和北京需要更好地发展联系，这将有助于避免可能演变为对抗的误解。帕内塔访问北京的一个目标是邀请中国参加由美国主导的2014年环太平洋军

---

① Zhao Shengnan and Wu Jiao, “Beijing stresses peaceful solution,” *China Daily*, September 19, 2012.

② “Greater co-op with China will bring more benefits to US,” People's Daily Online, September 21, 2012.

③ Ibid.

演。中国认为帕内塔此行的这一方面是非常成功的。①

在帕内塔访问之后,中国媒体继续讨论美国作为调解人的问题。在央视的《对话》栏目中,主持人问朱锋教授中国是否能够“相信美国是一个诚实的斡旋人”,朱峰回应说,帕内塔对东北亚访问期间,美国“没有起到调解作用”,并进一步指出,“这种看法来自媒体”。他进一步断言,“帕内塔在中国没有提到美国的调解作用”。国防部外交办公室周波大校则认为,“如果美国真心诚意是可以调解的”,即如果他是一个诚实的调解人。周波指出,美国对中国和日本都曾说过,“美国将采取中立态度”。②

2012 年 9 月 24 日,在帕内塔访问北京后,美国国防部副部长凯瑟琳·希克斯间接暗示美国可以在钓鱼岛争端中发挥调解作用。在对五角大楼将扮演什么样的角色问题上,她回答道:“我们可能是一个保持稳定的力量,我们可以提供一个沟通的渠道并帮助缓解紧张局势。”③

中国开始认识到美国担心局势升级。北京大学国际关系教授牛军认为,“美国不想看到中日紧张局势失控,所以它会调解”。来自中国现代国际关系研究所的阮宗泽表示,即使美国继续支持日本,“美国仍会试图阻止中日紧张关系的升级”。普遍认同的观点

---

① Zhao Xiaozhuo, “Panetta's Asia Tour: Achievements and Problems,” China-US Focus, September 27, 2012, http://www.chinausfocus.com/foreign-policy/panetta-s-asia-tour-achievements-and-problems.

② CCTV Dialogue 09/22/2012 “Prudence in US-China military ties,” http://english.cntv.cn/program/dialogue/20120923/100554.shtml.

③ Tan Yingzi and Zhou Wa, “US seeks larger role in islands dispute,” *China Daily*, September 26, 2012.

是：美国不会改变其在亚太地区的战略，并且它将继续促进美中军事关系的进一步改善。

《北京日报》对此持怀疑态度，认为“这样的‘调解’显然给争议火上浇油，并使得人们质疑美国促进亚太地区和平的‘诚意’”。①该文认为，美国喜欢进行调解，但“这些调解带给人的更多是战争和更加恶劣的生活条件。这表明，任何恶意的‘调解’都会导致麻烦并带来负面的结果”。② 这篇文章认为领土争端是美国的过错，认为“一方面，美国在领土问题上煽动中国的邻国；另一方面，当争议升级的时候，它又扮演着维和者的角色”。③

中国社会科学院研究员周方银认为，中国人应该持怀疑的态度。虽然承认华盛顿的动机是不希望中日紧张局势失控，周还是做出了负面的评价：“美国想扮演一个‘调解者’的角色。然而，调解人应该是公正的，但是美国并不公正。美国也不想帮助解决任何争端。此外，关于钓鱼岛争端，美日同盟使得美国甚至都不能作为一个‘沟通人’的角色出现。”④

美国国务卿希拉里·克林顿呼吁在钓鱼岛争端中要保持“头脑冷静”。中日紧张关系被提上了2012年9月的联合国大会，中国外交部部长杨洁篪和日本外交大臣玄叶光一郎分别在联合国会

---

① “U. S. mediation always focuses on its own interests”, *Beijing Daily*, September 25, 2012, http://opinion.china.com.cn/opinion_36_55036.html. Also carried by *People's Daily*, and other Chinese media.

② Ibid.

③ Ibid.

④ Zhou Fangyin, “Friendly advice to Japan, US,” *China Daily*, September 27, 2012.

议上做了报告。在会议期间,紧张局势继续,杨洁篪在一个小时的谈话中教训了玄叶光一郎。虽然三国之间没有会面,但是美国呼吁保持冷静,这将美国展示为一个调解人的形象。①

然而,2012 年 9 月 28 日,负责东亚和太平洋事务的助理国务卿库尔特·坎贝尔举行了新闻发布会。在回答《读卖新闻》关于美国打算如何对待中日争端的问题时,坎贝尔明确表示,美国并没有在中日争端中扮演调停人角色的意图,并将继续鼓励双方通过和平、有效的外交方式解决它们的问题。坎贝尔还补充说,这是整个亚太地区的共识:美国不应该是个调解人。②

在坎贝尔的发言之后,华盛顿再也没有谈到调解。然而,其他来自美国的观点与官方的立场并不一致。中国似乎鼓励美国作为调解人的想法,尽管北京对这个想法一开始所持的是否定态度。2012 年 9 月 30 日,电视节目《对话》采访了安德鲁·奥多斯(Andrew Ordos)和伊利·拉特纳(Ely Ratner)。两人似乎更倾向于认为美国起到了调解作用。奥多斯教授曾参与过美中日"二轨"三边项目,并主笔该项目的出版物《理顺三角关系:如何管理中美

---

① Andrew Quinn & Paul Eckert, "U. S. call for 'cool heads' in China-Japan island dispute goes unheeded," *Reuters*, September 28, 2012.

② Kurt M. Campbell, "U. S Foreign Policy in the Asia-Pacific Region," New York, September 28, 2012, US Department of State, http://fpc. state. gov/198185. htm.

日关系》中关于三边安全的一个章节。[①] 拉特纳声称，帕内塔对北京的访问确实发挥了调解者的作用，因为北京方面确实冷静了下来。[②]

一组美国前官员私下讨论了如何缓解在钓鱼岛问题上的紧张局势问题。然后他们向美国国务院建议，由代表两党利益的团体访问东京和北京。小组没有提出具体要给中方和日方提供什么样的建议，只是讨论不同的缓解紧张局势的方法。[③] 小组成员包括前奥巴马政府的副国务卿詹姆斯・斯坦伯格（James B. Steinberg）、前乔治・W. 布什政府的副国务卿理查德・阿米蒂奇（Richard L. Armitage）、前布什政府国家安全顾问斯蒂芬・哈德利（Stephen J. Hadley）和前克林顿政府负责国际安全事务的助理国防部长约瑟夫・奈（Joseph S. Nye）。

该小组的建议被呈交给库尔特・坎贝尔。现在已经知道库尔特・坎贝尔在2012年10月2日向国务卿希拉里・克林顿发送了电子邮件。他建议由前政策制定者组成一个代表两党的团体，以推动各方就解决问题进行对话，同时表明美国是积极主动的，而不仅仅是扮演调解人的角色。坎贝尔指出，美国正在进行细致的外

---

① Andrew Ordos, "Prospects for Trilateral Security Cooperation," in *Getting the Triangle Straight: Managing China-Japan-US Relations*, Gerald Curtis, Ryosei Kokubun, and Wang Jisi, eds, Tokyo: Japan Center for International Exchange, 2010, p. 96 - 119.

② CCTV Dialogue, "China-US relations in a turbulent Asia," 09/30/2012, http://english.cntv.cn/program/dialogue/20120930/100530.shtml.

③ Michael Gordon, "In Asia Trip, U. S. Group Will Tackle Islands Feud," *New York Times*, October 20, 2012, p. A10.

交以缓和局势，找到一种能保全面子的解决方法。希拉里回答说，她向奥巴马总统的国家安全顾问托马斯·多尼隆（Thomas Donilon）提出了这个想法，并且他也同意了。①

国会也参与其中。2012年10月4日，美国国会议员、来自圣何塞的民主党人迈克尔·本田（Michael Honda）在《旧金山纪事报》发表声明，呼吁美国更多地参与纠纷的调解。本田宣称，作为一个日裔美国人和曾在国会中国问题执行委员会任职的人，他认为符合美国国家利益的方式，就是以不偏不倚的立场处理中国和日本的关系。他总结说："现在是美国与中国和日本坐下来解决这一争端的时候了。等待是不行的。"②2012年10月10日，参议员丹尼尔·井上（Daniel Inouye）在东京会见了日本首相野田佳彦并讨论野田在钓鱼岛问题上的行动。③

央视的《对话》栏目再次对钓鱼岛危机进行报道。来自中国海军研究所的海军军官张军社表示，"我们注意到美国提出要成为一名调解员"。主持人杨瑞打断了他的话，指出"美国拒绝扮演中日之间调解员的角色"，并且美国将在中日之间继续制衡，即美国将追求权力的平衡，而不是希望成为解决冲突的调解者。另一位与会者臧英年（Gregory Yingnien Tsang）建议，"如果美国拒绝成为中日之间

---

① US State Department release of emails, 2016.

② Mike Honda, "China-Japan conflict a U. S. concern," *San Francisco Chronicle*, October 4, 2012.

③ "Clinton emails show U. S. tried to heal Tokyo-Beijing rift over Senkakus," *Japan Times*, Feb 15, 2016, http://www.japantimes.co.jp/news/2016/02/15/national/politics-diplomacy/clinton-emails-show-u-s-tried-heal-tokyo-beijing-rift-senkakus/, accessed December 9, 2016.

的调解者,他们应该使用一个不具约束力的国际调解组织”。①

2012年10月11日,北京和东京同意就钓鱼岛争端开展新一轮副部长级会谈。东京同时派遣外交官到一些关键国家,游说他们支持其立场。中国人称之为宣传战。中国外交学院亚太中心主任苏浩声称,日本的宣传工作是在中国的压力之下,采取的一种双管齐下的办法:恢复东京—北京外交会谈,同时游说国际社会。②此举通常被视为是为了挽救似乎将要失去控制的局势。

北京方面知道它与东京在钓鱼岛问题上正处于僵局。中国媒体没有放弃美国可以作为调解人帮助争议者摆脱僵局的想法。《中国日报》报道,美国副国务卿伯恩斯(William Burns)将飞至东京和北京“调解纠纷”。2012年10月13日,中国现代国际关系研究院的袁鹏表示,“华盛顿现在的目标是在中日之间进行调解,去了解中日双方手上究竟是什么牌,并确保情况不会失控”。③

2012年10月16日,袁鹏再次表示,美国发挥了调解作用,说明“华盛顿正在做出不懈的努力,防止局势失去控制;在协调中日双方关系上,美国公开表示的‘不调解’的姿态给予其更大的灵活

---

① CCTV Dialogue 10/09/2012, “China pushes back Japan over Diaoyu Islands,” http://english. cntv. cn/program/dialogue/20121010/100675. shtml.

② Guo Ka, “Japan plans propaganda war,” *Global Times*, October 15, 2012.

③ Zhang Yunbi and Zhou Wa, “Discussions target Diaoyu deadlock,” *China Daily*, October 13, 2012.

性”。① 就在同一天，伯恩斯(William Burns)在东京曾明确表示，“美国的立场是，它不会干预争执或者发挥调解人的作用”。② 日本反对派自民党领袖安倍晋三曾告知伯恩斯在领土争端中“没有谈话的余地”。

威廉·伯恩斯的北京之行非常短暂，10 月 16 日晚上到达，2012 年 10 月 17 日离开。自他到达起，媒体的关注极少。在伯恩斯离开之后，中国媒体一反常态，没有报道任何他与中国领导人讨论的内容。

2012 年 10 月 19 日在台北举办的一次介于一、二轨之间的会议将来自中、日、美以及中国台湾地区的官员和学者聚集在一起，以了解他们对于如何解决争议的看法。日本学者加藤加之继续推进三边机制的概念：

> “一些学者认为美国应该是调解者，在争端中发挥建设性作用。美国、中国和日本之间的三方对话将有利于解决争端。”③

根据库尔特·坎贝尔的建议并获得国务卿希拉里的支持之

---

① Zhang Yunbi, “US, Japanese officials hold discussion on islands row,” *China Daily*, October 16, 2012.

② “Gemba meets with US Deputy Secretary of State over the Senkaku issue,” *Japan Daily Press*, October 16, 2012.

③ “Symposium on Diaoyutai Islands opens in Taichung,” *China News Agency*, October 19, 2012.

后，美国前高级官员代表团以介于一、二轨之间的半官方姿态访问了东京和北京。① 2012年10月22日，他们首先在东京会见了日本首相野田佳彦。2012年10月23日，他们在北京会见了国务院副总理李克强。该国代表团没有具体的计划或建议，但希望他们可以开启中日对话和缓解中国东海的紧张局势。②

2012年10月22日，该代表团与日本首相野田佳彦举行了30分钟的会晤。当天早些时候，他们会见了外交大臣玄叶光一郎。

2012年10月22日，在北京会议前，中国外交部宣布代表团并不扮演调解者角色，要讨论的仅仅是美中关系。③ 中国媒体重申，代表团无权进行调解。④ 10月23日，外交部发言人洪磊表示，“日本拖第三方进入争议的企图从未有助于其所谓的领土立场，这种做法是徒劳无益的”。⑤ 而实际上代表团确实与时任副总理李

---

① Cheng Guangjin and Zhang Yunbi, "Ex-security officials to try easing tensions," *China Daily*, October 22, 2012.

② Adam Westlake, "U. S. diplomatic group hopes to diffuse China-Japan tensions with visit," *Japan Daily Press*, October 22, 2012.

③ "Foreign Ministry Spokesperson Hong Lei's Regular Press Conference on October 22, 2012", http://www.fmprc.gov.cn/eng/xwfw/s2510/t981877.htm.

④ "U. S. Delegation Not Entitled to China-Japan Mediation: FM," *People's Daily*, October 23, 2012, http://english.peopledaily.com.cn/90883/7986730.html.

⑤ Zhang Yunbi, "Li vows to safeguard postwar order," *China Daily*, October 24, 2012.

"Report: Islands Spat Could Spark Conflict Group Tells Clinton that China, Japan Must Communicate," *Pittsburgh Post-Gazette*, November 3 2012, p. A4.

克强和外交部部长杨洁篪讨论了钓鱼岛的争议。李克强明确表示，北京要维护战后地区秩序，而东京则试图通过改变现状来加以破坏。

美国国务院发言人说，该代表团的出访担任的是代表美国政府的协商角色。国务院推动并支持此次出访。不过，“代表团成员个人不是前往调解地区安全问题，而是听取每一方的观点”。①

这个准官方代表团在回国时告诉美国媒体，他们曾计划提醒希拉里国务卿，“中日之间的沟通存在问题和严重误解”，这些误解可能“增加领土争端升级的风险，如果双方的船只发生碰撞或有其他事故发生的话”。② 美方认为中日交流不畅，这种认识大概是促使美方做出进一步调解的一个动因。

事实上，那时中日双方还是有外交活动在悄然进行。日中双方的副外长河相周夫和张志军，于2012年10月20至21日在上海进行了会晤，讨论了钓鱼岛问题。③ 中日都承认正在进行多层次、多渠道的会谈。

2012年10月23日，就在准官方代表团在北京会见了李克强与杨洁篪之后，在第4届中美亚太事务协商会议上，美国亚太事务助理国务卿库尔特·坎贝尔会见了中国外交部副部长崔天凯。坎

① “Report: Islands Spat Could Spark Conflict Group Tells Clinton that China, Japan Must Communicate,” *Pittsburgh Post-Gazette*, November 3 2012, p. A4.

② http://www.bloomberg.com/news/articles/2012-11-01/clinton-warned-of-military-danger-in-china-japan-dispute.

③ Adam Westlake, “Secret meetings held in Shanghai between China, Japan officials,” *Japan Daily Press*, October 24, 2012.

贝尔随后前往东京。2012年10月26日,坎贝尔在东京与理查德·阿米蒂奇、约瑟夫·奈和日本官员参加了题为“领导层改变与中美日三边关系未来走向”的第九届《日经新闻》/战略与国际研究中心(CSIS)年度研讨会。本次研讨会讨论了东亚海上争端。尽管中国方面没有人员出席,研讨会却貌似一个三边机制。① 坎贝尔发表了主题演讲,并感谢阿米蒂奇和奈前往东京和北京听取各方意见并讨论。他没有提到调解。

2012年10月27日,中央电视台的《对话》栏目不断提及美国的角色问题,并提到了坎贝尔的访问,表示目前还不清楚美国与北京和东京频繁接触而不表明立场,究竟是什么意思。受访者认为,美国试图充当日本和中国之间的调解人。杨席宇表示,美国是在采取避险措施,一方面加强与日本的军事合作,同时又试图防止中日紧张局势失控。②

2012年10月30日,中国国家海洋局宣布其海监船从钓鱼岛附近水域驱逐了日本海岸警卫队的船只。对于中国国内观众而言,这件事情表明中国在钓鱼岛问题上正在取得进展:北京正在采取积极行动,以打破僵局。③

同日,陈建在香港外国记者俱乐部发表谈话,此次谈话被认为是打破中日僵局的一次外交尝试。陈是前中国驻日本大使和联合

---

① http://www.ustream.tv/recorded/26430976.

② CCTV Dialogue 10/27/2012 “Northeast Asia's tangled power links.”

③ “Japanese vessels expelled from Diaoyu Islands waters,” *Xinhua*, *October* 30, 2012.

国前副秘书长。他表示，中日有必要形成一个机制以避免海上事故或中国和日本巡逻舰之间在钓鱼岛附近发生冲突。他就如何解决危机提出了一些原则，包括和平解决等。陈呼吁美国敦促日本来到谈判桌前。谈判的首要任务是形成机制以防止海上冲突。[①]

陈建的演讲表明，鼓励美国调解的目标之一是让东京认识到领土争端确实存在。迄今为止，东京一直拒绝承认存在争端。

从 2012 年起，为了应对中国在钓鱼岛附近部署国家执法船以及随之而来的危机，美国国会在保持美国中立的政策前提之下，会为日本政府提供越来越多的口头支持。[②] 2013 年 1 月，美国国务卿希拉里表示，美国"将反对任何企图破坏日本政府管理钓鱼岛的单方面行动"。[③] 最有力的证明就是奥巴马总统于 2014 年 4 月 24 日在东京时，明确表示美日安保条约第 5 条涵盖了钓鱼岛。此举被认为是美国总统首次公开表明美国对钓鱼岛争端的立场。

库尔特·坎贝尔在他的著作《转向：美国对亚洲战略的未来》(*The Pivot*: *The Future of American Statecraft in Asia*)中含糊地提到 2012 年这段时间，称"美国努力促进对话和理解，并敦促保

---

① FCC club lunch with Ambassador Chen Jian, October 30, 2012, http://fcchk.org/event/2012-10-30-fcc-club-lunch-ambassador-chen-jian.

② Mark E. Manyin, Specialist in Asian Affairs, "The Senkakus (Diaoyu/Diaoyutai) Dispute: U.S. Treaty Obligations," Congressional Research Service Report R42761, October 14, 2016, pp. 6-8.

③ U.S. Department of State, "Remarks with Japanese Foreign Minister Fumio Kishida after their Meeting," speech by Hillary Rodham Clinton, in Washington, DC, January 18, 2013, http://www.state.gov/secretary/20092013clinton/rm/2013/01/203050.htm.

持头脑冷静，但总的来说收效甚微”。[1] 坎贝尔的悲观评估反映了这样一个事实：2017年争议仍然存在，调解虽然不能结束这场纷争，但它可能有助于防止升级到武装冲突。

三、2012年后的危机评估

在2012年钓鱼岛危机之后，许多来自美国、中国和日本的学者做出分析，试图了解危机的性质。关于美国在其中所扮演的角色，不同分析的解读都不尽相同。

东乡和彦（Kazuhiko Togo）大使借助博弈论，把中日钓鱼岛争端用囚徒困境理论来解释。他认为，中日两国都知道，他们通过合作可以最大化各自的利益，但合作由于相互不信任而被阻碍。中国和日本陷于囚徒困境之中。该争端可以这样解决：中国同意不进入钓鱼岛的周围海域，同时日本同意不占领或不在岛上修建设施。双方将致力于建立信任措施（CBMs），以增加彼此的信任。美国的立场是和日本一起遏阻中国的势头，同时保持距离，不过度卷入争端。这是美国同时保持距离与威慑的现实主义立场。日本的现实主义者也将通过加强美日同盟和增强自己的军事能力来威慑中国。美国不希望看到争端升级为武装冲突，但美国从紧张局

---

① K. Campbell. *The Pivot: The Future of American Statecraft in Asia*, New York: Twelve Hachette Book Group, 2016, p. 181.

势中获益，这种紧张局势使日本接近美国，从而增加美国的力量。① 这种评估假设下，无论中国还是日本，它们的主要目标都是和平与稳定。

美国学者洛厄尔·迪特默（Lowell Dittmer）也借鉴博弈论，比较了美苏中战略三角中的三角政治框架与美日中战略三角。他认为美国在缓和中苏争端方面发挥了关键作用，因为美国在美苏战略三角中占据了枢轴地位，而且美国在战略三角中成功地成为霸权稳定者。迪特默认为，美国应该在美日中战略三角中具有类似的关键作用，但在缓和和稳定日益升级的日中争端方面不那么成功。这两种情况看起来在结构上类似，但实际上不同，因为美国在中苏争端中采取平衡的中心立场，而在中日争端中却没有。由于美日同盟关系，美国不可能削弱自己的中心作用，中国被认为是在挑战现状，并且美国本身感到受到中国军事崛起的威胁。迪特默认为美国没有客观地考虑解决争端的最佳方式。②

另一位美国人希拉·史密斯（Sheila Smith）指出，美国在2012年秋季和2013年全年继续保持与北京和东京的接触，希望防止错误的判断。其他东亚国家也要求华盛顿设法缓解中日之间不断升级的紧张局势。2014年春季，当奥巴马在东京时已经声明，美日安全条约第5条将包括钓鱼岛，美国的缓解局势政策开始

① Kazuhiko Togo, "Japan-China-US Relations and the Senkaku/Diaoyu Islands Dispute: Perspectives from International Relations Theory," *Asian Perspective* 38 (2014), p. 248.

② Lowell Dittmer, "Japan, China and the American Pivot: A Triangular Analysis," EAI Working Paper no. 163 (May 26, 2014), p. 17.

转向更强势的威慑。钓鱼岛危机为建立美日双边危机管理机制、联盟协调机制提供了机会，使华盛顿和东京在危机真正发生的时候有更大的协调能力。[①] 尽管外交大臣玄叶光一郎希望在2012年的危机之后建立一个三边机制，实际上却未能成型。

米拉·拉普·胡珀（Mira Rapp Hooper）强调，对于日本而言，美国的作用是盟友和威慑能力的提供者。美国提供延伸威慑作用的目的是影响对手的成本计算，以防止他们进攻美国盟友。这种策略结合了美国对盟国的防御保证。它还包括向对手（在这种情况下是中国）保证，它们不会被无端列为攻击的目标。[②] 胡珀称钓鱼岛危机对美国延伸威慑的作用是一个挑战，表明这种威慑在低强度冲突中不那么有效。

日本和美国对2012年钓鱼岛危机的评估都假设所有三个国家的首要目标是和平解决。相比之下，中国的评估侧重于把权力转移作为争议的主要目标。

中国军方的观点是，美国的再平衡战略是导致亚洲地区一些国家对中国的敌意增加的根源。一些分析人士把钓鱼岛危机主要看作中美之间的对抗。有人认为，为了迫使美方退缩，中国应该考

① Sheila Smith, "Japan, China, and the United States in an Uncertain Asia," *The Asian Forum*, April 29, 2016, http://www.theasanforum.org/japan-china-and-the-united-states-in-an-uncertain-asia.

② Mira Rapp Hooper, "Uncharted Waters: Extended Deterrence and Maritime Disputes," *Washington Quarterly* (spring 2015): 127 - 146.

虑与区域"挑衅者"日本发生小规模冲突。① 类似观点认为，钓鱼岛危机是中国打破美日同盟，加速权力转移的机会。

张云从中国方面的视角，解释为什么中国在2010年放弃了原先在钓鱼岛争端上的克制政策，转而采取更积极的政策。北京决定，它不能被动地等待在亚洲获得与美国更平等的关系的权力转换。中国在争端中的目的是为了与美国建立平等关系。中国人把钓鱼岛视为美国遏制中国海军发展的岛链战略的一部分。钓鱼岛争端是中美之间的战略博弈。中国在争端中的行为更多的是针对美国，而不是日本。②

2012年2月，习近平提出与美国发展"新型大国关系"，希望与美国建立平等的关系。这是中国对美国再平衡战略的回应，也是中国通过提出自己的概念以加速权力转移的努力。这个概念的两个支柱是美中平等和避免对抗。

一些中国人认为这场危机将有助于中国成为东亚的领导者，这是权力转移思维的一部分。关于中国崛起导致权力转移这种说法的倡导者是阎学通，他借鉴了中国的国际关系理论，这种理论预期将出现一种以中国为中心的秩序。2013年，阎把钓鱼岛危机归咎于日本没有认识到中国的崛起，从而造成了危机。日本没有认

---

① Yawei Liu and Justine Zheng Ren, "An Emerging Consensus on the US Threat: the US According to PLA Officers," *Journal of Contemporary China*, vol. 23, no. 86, (2014): 255-274.

② Zhang Yun, "The Diaoyu/Senkaku Dispute in the Context of China-US-Japan Trilateral Dynamics," RSIS Working Paper no. 270 (March 19, 2014), p. 8.

识到在中国有一个民族复兴的蓝图。民族复兴会使东亚回到传统的以中国为中心的秩序,并使得日本给予中国更多的尊重。① 类似的说法是"日本必须承认中国的发展"。《环球时报》的一篇社论更明确指出,关于钓鱼岛,"日本必须认识到北京的意志",否则只会自取其辱。②

阎学通对钓鱼岛危机的评论表明了理论对实践的影响以及权力转移思维对外交政策的影响。它应该被视为社会建构主义,即对现实的社会建构;中国讨论了多年的"话语权"问题——以中国的概念来界定国际关系与全球秩序的权力。不过中国的概念尚未在地区或国际上得到广泛认同。

在中国,许多人都相信中国的崛起、美国的衰落以及随之而来的东亚权力转移。这是一种与对美怀疑态度相符的中国话语。一些学者怀疑这种权力转移是否实际存在。罗伯特·萨特(Robert Sutter)认为,美国的衰落是由新闻记者构建的,在权力转移方面缺乏经验上的明确性。③ 迈克尔·贝克利(Michael Beckley)称此为"衰落论",认为这种误解可能导致美国的鲁莽行为,或美国的收

---

① "Interview with Professor Yan Xuetong," China: Change and Challenge, NHK, Mar. 8, 2013, http://www3. nhk. or. jp/nhkworld/english/tv/newsline/china_change_challenge/report05. html.

② "Japan must recognize Beijing's will," Global Times editorial, March 14, 2013, http://www. globaltimes. cn/content/767993. shtml #. UUHWj9HF2p0.

③ Robert Sutter. *The United States in Asia*. (Lanham, MD: Rowman & Littlefield Publishers, 2008).

缩和中国的鲁莽行为。贝克利认为中国正在崛起,但尚未赶上。①

2015 年,中国现代国际关系研究院前院长崔立如在著述中提到,中国有必要与美国和日本共同建立稳定的区域秩序。② 阎学通认为,与美国相比中国在军事上还存在弱点,主张基于道德权威而不是军事力量的权力转移。他表示,"相比霸权国家而言,即使一个崛起的国家在经济基础、技术创新、教育体制、军事实力等方面处于劣势,它还是能够取代一个占主导地位的霸权国家"。③

这篇文章对中国、美国和日本三国对钓鱼岛争端的分析进行了简要回顾。尽管并不详尽,但表明了学者和政策实践者对争端所抱有的不同期望。2012 年钓鱼岛争端可以通过建立新型的大国关系,使得中美关系更加平等,以此来加速权力转移,加速中国崛起并建立以中国为中心的秩序,这些看法表明了中国对"话语权"的依赖。如果中国话语权和中国概念没有被日本或美国所接受,显然美国不可能在钓鱼岛争端中发挥可行的调解作用。

结　论

美国是否应该在中日钓鱼岛争端中发挥调解人的作用,这个

---

① Michael Beckley, "China's Century? Why America's Edge Will Endure," *International Security*, vol. 36 no. 3 (Winter 2011/12): 41 - 78.

② Cui Liru, "China-US Relations in the 'Brave New World,'" *China-US Focus*, April 2, 2015.

③ Yan Xuetong, "Political Leadership and Power Redistribution," *The Chinese Journal of International Politics*, vol. 9 no. 1 (2016): 1 - 26.

问题说明了美国为维持东北亚的秩序和繁荣所面临的挑战。维持东北亚的秩序和繁荣同样也是中日两国理所当然的目标。

中国分析人士对钓鱼岛争端的评估,有时认为存在一个三边机制,而美国在中日之间担当调解人的作用;有时认为存在一个均势三角,美国处在三角的中心位置,通过日本制衡中国。中国分析人士还没有找到一种方法让中国可以在三边机制或者均势三角中发挥主导作用。

问题在于,美国是否有可能在自己都还不承认自己所扮演的角色的情况下,在目前为止尚未进入正式的"一轨"层次的三边关系中,以调解人的身份发挥作用。美国确实发挥了非正式的调解作用,但是没有公开承认这个角色,而是称之为"讨论"。如果美国正式承认调解人这个角色,美国能否实现更有效的调解?

美国在美中日三国都参与的中日钓鱼岛争端中的公开调解作用,应该是承认争议的存在和谈判的必要性。日本的官方立场是没有争议,也没有什么可以谈判的,因此日本政府似乎不希望美国担任调解人的角色。然而,许多日本学者和官员期望美国在三边框架内发挥这一作用。日本外交大臣玄叶光一郎在2012年就希望与中国和美国就海洋问题进行三边对话。

中国可能已经在三边对话中感到有机会让日本承认钓鱼岛争端需要讨论。但中国仍然怀疑美国是否是一个公正的调解人。中国和美国关于以下问题仍有分歧:美国的中立性;主要的动力究竟是美中日三边关系,还是美中日三角均势——其中美国由于中日关系非常紧张而处于关键位置。中国对美国的战略不信任影响了更有效的调解。然而,在美国声明不会担任调解人角色之后,中国仍然在英语媒体中提及美国的调解作用。

2012 年 9 月和 10 月期间出现的是一个松散的三边机制。由于诸多原因,这种机制不会成为更加正式的安排。美国避免在中日争端中充当调解人从而使自己正式卷入争端,这种做法是明智的。但是如果美国眼睁睁地看着东北亚的和平与繁荣因为钓鱼岛局势升级而消失,它也会损失很多在东北亚的既得利益。一些中国分析人士很敏锐,他们了解美国安排帕内塔(Leon Panetta)和伯恩斯(William Burns)访问东京和北京的威慑动机,以及前官员组成的非官方代表团的调解动机。其他一些中国分析家则更倾向于坚持传统权力平衡的观点,这在东亚关系上是更多被接受的主流观点。

争端看似经历过升级和缓和的阶段,这可能与调解努力有关。中日双方建立起的危机管理机制,一种多机构机制,中日海上事务高级别磋商(中文为“海上危机管理机制”,日文为“海事に關する日本と中國のハイレベル協議”)的建立,将有希望继续保持局势的缓和。海上危机管理机制第六轮会晤在 2016 年 12 月 7 至 9 日进行。[①] 该机制现在有四个工作组。另外,虽然在关于中日海事通信机制(JCMCM)应包括哪些领域存在分歧,该机制仍在防务官员之间进行。

本文最后指出,在未来,一个可能的美中日三边机制会是一种

---

① Sixth Round Meeting and Working Group Meetings of Japan-China High-Level Consultation on Maritime Affairs, December 9, 2016, http://www.mofa.go.jp/press/release/press4e_001410.html.

威慑和调解的结合。它将是多层次东亚安全秩序的一个重要组成部分，但它的出现势必会伴随着争论、分歧和各种歧义。

Nations and Societies

国家与社会

东亚的国际社会与文化

——对东亚地域社会结构的反思

张寅性[*]

内容摘要 随着后冷战与全球化时代的来临，东亚地区的结构变化日益凸显，主要表现为地区连带合作与主权国家矛盾的相互交错。本文试图以主权国家体制和国际社会的观点为基础，对这种结构变化趋势进行“社会”和“文化”形态的考察，以有助于理解这一进程。作者认为，东亚的理想化结构与现实之间存在差距。东亚国际关系需要从“近代”和“主权国家体制”的观点出发进行重新整合。全球化脉络下的国际公共性，不仅依存于国家主体间的权力均衡，还依存于市民、企业、团体等非国家主体的参与，因此“国家与社会”的关系日益重要。

关键词 东亚 地域结构 国际社会 主权国家 国际文化

---

* 作者系韩国首尔大学政治外交系教授。

一、前 言

伴随后冷战与全球化时代的来临,东亚地区的结构变化日益凸显,由单一转向复杂,形成一种多边关系。区域内人员、财物、信息往来密切,相互依存和交流增加,主体间的社会关系也在不断深化。从区域之外的大国游戏规则来看,相比于其他地区,东亚不再是被动角色,一变而为一个积极主动的地区,区域内各国的主动自由性参与得以增强。关于东亚合作与共同体的构想是随着地域化(regionalization)理论及地域主义(regionalism)的出现得到大范围传播的,这一现象与上述内容不无关联。出于对东亚国际社会稳定繁荣的渴望,关于区域重构及制度重建的言论盛行一时。

虽然存在着各种各样的东亚论形态,但它们无非是构想一个具有社会性和凝聚力的东亚地区,抑或主张打破国民国家的制度框架。然而,与这种带有祈盼性的思考相反,东亚论的势头已逐渐弱化,似乎东亚之构想丧失了动力。探求连带合作机制的地区构想及理念,对于以国家利益为中心的地区和国家而言实在是微不足道。即便可以调整区域内各国的利益来谋求共同发展,但变更国民国家框架,并对主权进行限制的地区构想着实难以付诸行动。中日韩之间经济层面的利益竞争也十分激烈。以利己主义为基础、追求国家利益的保守外交政策也在不断强化。不管怎么说,现实情况就是:围绕着领土、慰安妇、历史教科书等历史记忆的问题变得政治化;随着民族主义情绪的高涨,矛盾对立正在不断深化。

在东亚内部，各国之间的连带合作及矛盾对立处于共存或者说交错的局面，并趋于常态，这在东亚历史上是前所未有的。这暗示了在区域内的各主体之间，基于主权平等的相互作用比任何时候都要来得激烈。可以说，东亚的主权国家体制已经全面启动。后冷战及全球化不仅招致了东亚地区的秩序变动，也为东亚地区的新型存在形态的觉醒提供了契机。东亚合作体、共同体的构想，与地域化、地域主义这些由后冷战及全球化思维所带来的现象并无二致。但是，呼应外在条件的变化并对地区的理想状态展开构思，不过是一种应然性的展望罢了。更重要的事实是，目前亟须重构地区的主体性——能反映东亚地区内在现实的主体性。

连带合作和矛盾对立的交错，暗示了东亚地区主体性重构已经上路。这种观点始于对历史上东亚国际体制的存在形态的考察。现如今，需要对东亚地区所蔓延的主权国家体制和区域性国际社会展开历史性的考察。由此，应然论与利己主义，理想与现实，方法论上能够应对东亚局势，并谋求建立区域内国际关系与秩序的一系列观点，将得以印证。而东亚地区的重构，在寻求有关东亚制度的战略构想之前，首先应当作的工作是在东亚国际关系的基础上对该地区进行考察。即以主权国家体制和国际社会的观点为基础，对后冷战及全球化思维下的东亚地区进行“社会”和“文化”形态的考察。这是对东亚地区内部主权国家所具备的“国际社会”和“国际文化”的考察。

二、东亚地区的构造及动态

1. 东亚地区观念与主权国家体制

冷战时期，很少有将“东亚”看作一体的观念。“东亚”虽然有时会成为对外政策的议题，但并不是一个作为国际生活空间而被共享的概念。东亚人的地区观念里，“东北亚”和“东南亚”曾是相互分离的。但随着东亚各国在冷战后期的经济发展，以后冷战及全球化为契机的经济贸易的增加，以及东南亚在经济方面比重的扩大，关于东南亚的认识在不断加深，东北亚和东南亚在地理、经济上的差距开始缩小。特别是东亚论者的东亚想象，使“东亚”这一概念得以扩展，对于东亚空间范围的扩大意义非凡。但是，由于地区的国际关系格局不尽相同，安保和经济的争议焦点比重不一，将东北亚和东南亚囊括为一个地区并非易事。地区是作为一个包含了各主体的，以地理毗连、经济效率、文化相似为基础的各种争议焦点的安全复合体（Security Complex）①而成立的。当作为一个安全复合体时，地区的相互依存、地域认同及凝聚力较高，由此可以成为一个能感受到共同命运的场域。若从这种地区观念出发，对韩国人、中国人、日本人来说，“东北亚”就不得不成为东亚想象的中心了。

---

① 关于“安全复合体”的概念，参考 Barry Buzan, *People, states, and fear: the national security problem in international relations*, Brighton: Wheatsheaf Books, 1983。

“东亚”的概念与表象，在地缘学和经济角度上是有所不同的。中日韩的地区观念不相一致，各自所想象的地理范围也泾渭有别。对于处在亚洲中心的中国来说，“东亚”是指经由东北亚到东南亚的中国的东部地区。对中国人而言，对这一地区的关心虽然比起任何时候都要多，但毕竟不过是广大周边地区中的一部分而已。对于日本人来说，“东亚”也是包括了东北亚与东南亚的统称。在二战前日本的地区观念中，“东亚细亚”（“东洋”、“东亚”、“大东亚”）是作为与西洋对抗的生存空间，是可以映射对外政策的区域；①而战后的日本，将东南亚视为生存上可以依赖的经济市场的同时，将东北亚视为安保空间，对两者的认识相互分离。在韩国人的地区观念里，以东北亚为中心的传统对外观占主导地位，对东南亚的认识相对薄弱，“东亚”基本上就是象征着东北亚。

以东北亚为中心的地区观念尤以韩国人为甚。早先，中国将自己置于天下中心，视周边为夷，持同心圆式的中华观；开放门户后，在对主权国家体制的接受过程中，这种中华型的地域观，正如康有为的大东亚世界观及孙文的亚洲主义那样，成为主权国家体制批判的理论。近代的日本以“西方 vs. 日本”的二元对立型世界观为基础，有着强烈的在东亚内部谋求扩张的波状型地域观。日本人曾想要脱亚入欧，将东亚纳入日本帝国内并构建能与欧洲世

---

① 关于日韩的“亚洲”、“东洋”概念的形成与演变，参考三谷博：《“亚洲”概念的受容与变容：从地理学到地政学》，渡边浩、朴忠锡主编《韩国、日本、“西洋”》（首尔：亚研出版部，2008 年）；张寅性：“作为自我的亚洲，作为他者的亚洲：近代朝鲜知识分子所体现的‘亚洲’与‘东洋’”，《新亚细亚》第 5 卷第 3 号（首尔：新亚细亚秩序研究会，1998 年）。

界相抗衡的东亚世界。而将有着中日韩三国的东北亚看作国际生活的“场（Topos）”的地域观，更多是近代韩国人所持有的。在中日韩三国的格局之上，一种鼎立型的地域观——内含着希望通过实现区域内的权力均衡，以及以此为基础的东西方列强间的权力均衡来维持韩国的自主独立的愿望——也是很强烈的。中日韩各自的地域观，可以分别形容为“中国内的东亚”、“日本 vs. 亚洲”、“东北亚中的韩国”。

此种地域观在当下依然存在：冷战体制下，意识形态被持续压制；但在后冷战及全球化思维下又得以重新复活。现代中国的国际关系论者们一直在标榜“天下体制（张锋）”、“天下主义（赵汀阳）”、“新天下主义（许纪霖）”，将其作为可以克服主权国家体制（权力均衡体制）的新型世界秩序原理。历史上，主权国家体制内爆发的战争更多，天下秩序内的和平更能得到保障。① 这可以说是照应中国强国化的中华世界秩序观的现代型变容。再看日本，在进步论者慢慢隐去之时，随着对区域内威胁（中国、朝鲜）的敏感反应，日本不断地在谋求美日同盟的强化及保守化，其中亦能窥见其意图在“西方 vs. 日本”的格局下应对东北亚的地区问题。韩国则依然维持了以东北亚为中心的地域观。经济活动在谋求全球性扩散的同时，回归东北亚地区的“东北亚经济中心”、“东北亚均

① Zhang Feng, “Rethinking the ‘Tribute System’: Broadening the Conceptual Horizon of Historical East Asian Politics,” *Chinese Journal of International Politics*, 2 (2009)；赵汀阳：《天下体系》，卢承贤译（首尔：道路出版社，2010 年）；Zhao Tingyang, “Rethinking Empire from a Chinese Concept ‘All-under-Heaven’(Tian-xia)”, *Social Identities*, 12: 1 (2006)。

衡"等论调仍旧被一路高唱。不管怎么说,在应对围绕着朝鲜核问题、韩美军事同盟、中美军事对立的安保争论时,韩国的以东北亚为中心的地域观更为强化。可以说,中日韩在经济争论中增强了新的区域性,但围绕安保争论的地域观则保持着延续性。

地域观的延续性与区域内各国在地缘学上的格局有关。东亚各国在后冷战及全球化的思维下,实现了史无前例的主权国家的同时,以主权平等为基础的互动也十分频繁。主权国家体制正在运转。以中国的强国化、韩国的经济发展和民主化为契机,随着主权国家力量的壮大,比起任何时候,中日韩三国立足于主权国家而展开互动的频率都在增大。围绕着历史教科书、中国慰安妇等历史问题和独岛(竹岛)、钓鱼岛等领土问题,韩日、中日关系逐渐恶化;围绕朝鲜等问题,安保层面的紧张及矛盾在持续。对立矛盾正在趋向日常化,这正暗示了探索主权平等和相互认同的主权国家体制已经开始运转。

"东亚"表象的浮起和主权国家体制的形成正慢慢走到一起。主权国家体制在东亚内的意义,从 19 世纪后期和后冷战时代里可以发现,开放门户后的东亚国际关系,往往就是在主权国家体制的框架下来把握的。但是并不是说在开放伊始,主权国家体制就已在东亚内运转了。哪怕在 20 世纪初,东亚各国与西欧列强之间仍旧有着不平等条约,区域内各国之间也有着严重的主权不平等。主权国家体制虽然在 19 世纪中后期伴随着开放而被接受,但并不稳定;中韩两国都无法变成真正意义上的、主权国家体制运转下的近代国家。

东亚的国际秩序长期处于帝国的阴影下。中原的王朝国家笼罩的中华帝国、日本帝国主导的国民帝国、美苏作用下的冷战帝国，三者分别各自主导了中华体制、帝国—殖民地体制、冷战体制的形成，东亚的地区秩序也随之被定调。各个帝国的性质虽然不同，但都构筑了世界的中心，并制约着周边的国家和民族。这是主权不平等的非对等关系。中华帝国以权力的不平等为基础，通过册封的礼节和文明的权威对周边小国加以制约。日本帝国所具有的，是追求与西方列强平等的主权国家体制和探索东亚各国间权力不均等的帝国体制混合的国际体制，换言之即一种变质的日本型中华体制。[①] 各冷战帝国（美国、苏联）则在形成自由阵营（资本主义国家）和共产阵营（社会主义国家）的同时，通过不对称的同盟和认同来对东亚国家实行规范与制约。帝国的约束力和小国地缘学上的关联性是重要因素。东亚地区所依存的，是帝国位于区域内还是区域外、运用哪种秩序原理来制约东亚，即依存于帝国的地缘学上的位置和社会性的组织力量。中华帝国和日本帝国作为区域内的帝国，地理上邻近，力量此消彼长，政治社会体制与文明/文化的性质之间都相关联，以这种形态对东亚世界和国家进行制约；冷战帝国作为区域外的大国，通过世界性战略和与之连动的东亚战略来干涉被边缘化的东亚。在这些情况下，当帝国在行使主导权或霸权时，地区是很难形成的。

东亚各国可以作为主权国家进行活动的空间，位于暴露帝国

① 滨下武志将日本帝国形成的一系列过程理解为日本帝国替代了中华帝国，即东亚内部的帝国中心更替的过程（滨下武志：《近代中國の國際的契機：朝貢貿易システムと近代アジア》，东京：东京大学出版会，1990 年）。

权力脆弱性的国与国之间。主权国家在19世纪后期，于中华帝国和国民帝国之间以一种不稳定的形态登场。在中华体制下被视作唯一世界(the world)的中华帝国，在开放后被逐步编入主权国家的体制中，在融进全球世界(the global world)的过程中被相对化成了一个区域世界(a regional world)。日本帝国在帝国一殖民体制中，通过构筑一个近代主权国家和传统帝国混合的秩序，试图构造一个可以抗衡欧美主导的全球世界的另一个世界(a world)，或者是一个假想的"世界史的世界"——涵盖日本在内的真正的世界。① 主权国家体制虽然在中华帝国和国民帝国(日本帝国)之间被接受，但并不健全，在国民帝国或冷战帝国所主导的帝国一殖民体制或冷战体制中以歪曲、受限的形态展开。随着制约东亚区域内的帝国力量的消亡，以及冷战时期分裂东亚的区域外帝国的约束力的下降，主权国家体制在后冷战及全球化的思维下开始发生作用。中日韩的主权性质在增加自由度的同时，也展现了东亚历史上从未有过的互动和相互认同的国际关系。

东亚地区的崛起，与主权国家体制的运转不无关联。地区与国家相关，当国家处于帝国强大的压制下时，地区是不易察觉的或者是容易扭曲的。中华世界是一个中心和边缘被纳入同一个世界的整体范畴，因此地区这一概念很难成立。与之不同，在帝国一殖民体制或冷战体制中，地区是帝国经营并主导世界政策的投射对

---

① 众所周知，京都学派的知识分子们将近代的世界看作西方中心的"世界史"，同时意图构筑一个包含了日本文明或者东亚文明的新的"世界史"。相关内容参考河上徹太郎:《近代の超克》(东京:富山房1979年)。

象。地区在全球世界(the global world)成立之时便出现,在制约全球世界的国际关系的主权国家体制成立之时,便具有了地缘学意义上的实体。19世纪以国际化(开放)为契机,随着全球世界的形成,中华体制(朝贡体制)瓦解、主权国家出现,地区也得以诞生。"东洋"、"东亚"等概念,靠着日本——这个主动接受主权国家体制并造就了一个与之相符的近代国度的国家——得以积极地成为一个地区的概念并得到传播。后冷战时代亦是如此,冷战帝国的意识形态束缚和物质上的约束力减弱甚至萎缩,国家的自由度和能动性增大;另一方面,在应对经济自由主义推动下的全球化的渗入时,"东亚"地区又重新崛起了。应该说,在全球世界出现的脉络下,国家和地区通过相互关联的作用来呈现的这种形式,在近代开放与现代后冷战格局中算是很相似的。东亚地区的形成,是与对主权国家体制(需要近代国家的体制)的接受与展开紧紧连在一起的。

如此看来,从后近代或者后国民国家的观点去试图把握后冷战及全球化脉络下的东亚地区和地域主义的尝试是不妥的。无论是从经济文化等非政治领域关注民间主体的超越国家的交流与合作等激增现象,从而认为应该解除国家暴力、废除压制人(市民)的国民国家框架,[①]还是从后近代的观点,将其作为一个提供契机的媒介点去看待地区的东亚论,两者的说服力都是存疑的。东亚的国际关系和东亚地区的问题,并不是后近代国家或者后主权国家

① 西川长夫:《國境の越え方:國民國家論序説》,东京:平凡社2001年版。

体制的发轫，而应该是主权国家体制的再出发和再展开。立足于这种观点，看到经济文化领域的合作沟通时，便也可以直面政治和安保领域的对立冲突，以及趋向日常化和结构化的东亚这一现实。

2. 势力结构与权力(不)均衡

地区的出现及政治化，从时间上看，正好照应了中华帝国转向日本帝国、冷战帝国瓦解这样的脉络，即照应了帝国解体、主权国家崛起的情况；从空间上看，正好与国家通过国际化(开放)或全球化(后冷战)来应对世界并谋求发展和自由的维度相重叠。东亚地域主义的出现，与区域内各国对于在帝国以后出现的世界主义(全球主义)的应对，以及与探索国家/民族生存发展的民族主义(nationalism)的崛起之间都有关联。地区是在世界与国家交织的脉络中出现的，地域主义是在全球主义和民族主义交织的过程中出现的。东洋连带论和亚洲主义在19世纪后期世界和国家相遇的开放格局下出现，摆脱冷战束缚的东亚论和东亚地域主义在后冷战时期兴起，这两者都绝非偶然。

地区不仅仅是单纯的地理上、地缘学上的存在，也是和国家、世界的作用力相关的产物。在主权国家体制被接受以来，东亚内部形成了两个层面的势力结构：一个是欧洲和东亚之间的区域间(inter-regional)或者说是全球的势力结构，一个是东亚各国之间的区域内(intra-regional)或者说是地区的势力结构。两种势力结构以西势东渐和门户开放为契机，随着西方列强携国际法、主权、外交原则在东亚内强行推进近代国家体制而出现。地区的势力结构并不是通过地理上的毗连及互动而适时出现的，它是随着国家势力在应对全球势力压迫东亚的过程中而被想象出来的。随着全球的势力结构和国家的势力结构相互交织，地区势力开始崛起。在全球的势力结构中寻求均衡的列强将权力投射到东亚时，东亚区域内的各个国家为了应对这一现象而产生各种势力关系，地区的面貌正是在其中显露出来。地区要在区域内的权力均衡达到完善时方可运转。当中国的东亚约束力随着日益开放的国际化而变弱、全球的势力结构开始压迫东亚，当美苏外在的游戏规则随着后冷战时代的到来而弱化、经济上的全球主义开始压迫东亚，地区得以被重新发现，地域主义也开始崭露头角。

两种势力结构限制了东亚的国际关系，也规范了东亚的和平与稳定。正如黄遵宪的《朝鲜策略》里所讲的那样，两种势力结构圈定了中国官僚们东亚政策构想的框架，19 世纪 80 年代以来日本知识分子的东洋连带论或者韩国知识分子的东洋和平论都曾被想象出来。特别是近代韩国的知识分子们，对这两种势力结构十分敏感。他们认为，只有中日韩三国间的区域内权力达到均衡，东亚—西方区域内的权力均衡才能实现；只有这样，东亚三国的自主独立才能得以维持。他们也认为，哪怕是日本，如果倒下了，中日韩的三足鼎立就将瓦解，依附西方列强的东亚地区（“东洋全局”）就会陷入危机。① 而在主权国家体制内，两种势力结构得以带着

① 相关内容可参考张寅性：“近代韩国的势力均衡概念：‘均势’和‘鼎立’”，《世界政治》第 25 辑第 2 号（首尔：首尔大学国际问题研究所，2004 年）。这种认识在亡国之后，仍然以“外部的东洋和平”和“内部的东洋和平”的称呼残留在韩国人的国际观中。参考张寅性：《近代韩国的和平观念：“东洋和平”的理想与现实》，渡边浩、朴忠锡编《韩国、日本、“西洋”》，首尔：亚研出版部，2008 年，51－54 页。

互相关联的均衡性和紧张感而被运用起来。如果说近代东亚在日本的霸权主导下,区域内的权力不均衡愈发严重、区域内的势力结构逐渐瓦解,那么后冷战时期的东亚则随着经济发展和主权扩大,实现区域内权力均衡的可能性在不断增加。

在各帝国体制内,势力结构的形态是不同的。中华体制是以天下(世界)包容地区的全球性作为区域性的格局,所以不存在两种势力结构,"版图"里是无法区分世界与地区的。[①] 日本的国民帝国以及美苏的冷战帝国内,因为主权国家的性质,两种势力结构均发挥了作用,但其形态却并不相同。地区被两种形态的帝国所主导的全球势力结构所限制。日本帝国通过"东亚新秩序"及"大东亚共荣圈",借由区域内的权力不均衡来试图达到区域间的权力均衡。而冷战体制下,在冷战帝国所构筑的全球势力结构的磁场中,区域间的势力结构和区域内的势力结构被弱化了。美苏全球性的权力均衡得到维持的同时,区域内的势力结构随着帝国间的同盟而四分五裂。在帝国主导的国际体制中,国家主权遭到了剥夺或限制,地区不再是区域内互动的场所,而被客观化成了帝国(日本帝国、冷战帝国)战略(政策)所投放的被动空间。

近代东亚区域间的权力不均衡带来的外部制约性和区域内的

① 在附属国家并存的古代东亚世界里,尚有可操作的权力均衡的余地;但依靠统一王朝而起的中华世界成立以来,大国—小国之间的权利不均衡提供了中华与"事大"理念可以发挥作用的空间。参考 In-Sung Jang, "Reconsidering the Concept of *Sadae* in China-Korea Tributary Relations," *Concepts and Contexts in East Asia* No. 3, Chuncheon: Hallym Academy of Sciences, 2014。

权力不均衡带来的内部不稳定，诱发了全球主义、地域主义和民族主义。而这三种动力在东亚内部的形态与欧洲有所不同。欧洲各国是通过主权斗争得以形成民族主义（国民国家意识）和地域主义（欧洲整体性）的。欧洲是世界政治发挥作用的场所，因此全球的势力结构和地区的势力结构同时展开，均衡的权力关系与制度依托着民族主义得以被制定。全球主义随着民族主义和地域主义的结合而扩散至非西方社会。与之不同的是，在东亚内部感知全球势力结构和民族势力结构的关系时，地域主义诞生了。随着全球主义和民族主义互动的密切，地域主义出现了。地域主义，是弱小国无力单独应对之时，区域内的国家通过连带合作来共同应对全球的势力结构和全球主义，借此探求本国的生存发展之路，它也是一种意志的表现。“东洋连带论”、“亚洲连带论”、“东亚共同体”的构想，均属此类。

然而，这种地区构想是建立在现实权力的不均衡之上的，必然脆弱不堪。当区域间的势力结构和区域内的势力结构之间的不对称性及权力不均衡趋向结构化和日常化时，无论是主权平等论还是描绘权力均衡的理想状态的地域观念，都会暴露脆弱性。因此，应然论的提出，便指出应当高举主权平等的原理并探索可期的均衡状态。但是，倘若地域观念和地域主义是由从全球到地区的权力不均衡所招致的安保威胁所触发的，是从探索国权扩张及生存的民族主义那里出发的话，倘若帝国理念解体，新的普遍性理念无法树立，那么地域观念和地域主义必然会在现实的权力面前遭受挫折。近代东亚便如此，而后冷战时期的东亚会何去何从呢？

三、东亚国际地区的社会性结构

1. 东亚和“国际社会”

后冷战时期，东亚的地区性转换虽然是由经济全球化所推动的，但同样与区域内各国的国家性转换——针对全球化而重新组建国民国家与国民经济——有关。地区不是仅仅通过两种势力结构的互动就能赋予的。一个地区想要从被动反应的一方转为自主能动的一方，区域内各国间的互动必须增加，地区的社会性必须增强。通过经济、社会的发展，区域各国的自主性得以增强；随着国家主权平等化的进步，区域内各国间经济层面的相互依存加深，相互交流也日渐活跃。但同时，随着后冷战时期而来的记忆政治的抬头，区域内各主体间的对立矛盾也随之而来。东亚区域内的各国，正处于既需要以主体性应对全球性资本主义（全球化），又需要对区域内的矛盾（后冷战）给出能动性对策的状况中。地区在世界与国家、连带合作与对立矛盾之间，对社会性结构提出了要求。对地区的构想，可以从“国际社会”的观点出发进行思考。

东亚内部，由于长久以来不是由区域内的中心国家掌握着地区的霸权，就是被区域外列强的世界性霸权所笼罩，因此缺乏形成主权平等的国际社会的机会。中华体制、帝国—殖民体制、冷战体制等体制虽然形态各异，但都不是完整的国际社会。东亚的主权国家机制，也只是在19世纪后期很短的时间内不完整地起过一些作用而已。主权、国际法、权力均衡等原理并没有全面地发挥作用。主权国家体制虽然在全球层面得以扩散，但在东亚层面上的地域性国际社会（regional international society）并未形成。东亚由于区域间的权力不均衡，对外表现出了脆弱性；又因为区域内国家权力（经济实力、主权）的相对性差异而导致区域内的权力不均衡进一步扩大，内部也暴露出脆弱性，因此东亚要形成完全符合主权国家体制的国际社会是很难的。区域外的大国的约束力制约着区域内的互动，区域内的权力不均衡妨碍、歪曲着社会性的建立，东亚国际社会的形成可谓困难重重。

在思考东亚的国际社会之时，首先有必要区分国际社会与国际体制。体制（system）作为实现结构、行为者的双向互动的机制，虽然提供了制约社会（society）性质的框架，但并不是社会本身，国际体制亦如此。主权国家体制虽然改变了东亚国际领域的社会性，但社会性是依存于区域内的权力分配和权力作用的。在欧洲，国际社会与国际体制同时展开并形成规范和社会性；但就近代东亚来说，近代国际体制的吸收和国际社会的形成，两者步调并不一致。虽然那些制约着社会性关系的诸如主权、国际法、权力均衡等主权国家体制的原理被吸收了，但它们并没有带来东亚的国际社会。英国学派的国际社会论者们基于“欧洲国际社会的膨胀”这一前提[①]，将非西方国家对欧洲国际社会的规范、价值、习惯的接受

① “欧洲国际社会的膨胀”是英国学派国际社会论者们的想象。参考Hedley Bull and Adam Watson eds.，*The expansion of international society*，Oxford：Clarendon Press，1984。在共同研究中，菅波英美涉及东亚的例子。

看作“国际社会化(international socialization)”。[1] 东亚地区只是被看作全球化水平下社会化的一个客体罢了。但其实不应看作“欧洲国际社会的膨胀”，而应看作“主权国家体制的膨胀”，即应将东亚看作这样的社会性关系：既依据因“主权国家体制的膨胀”而被吸收的新国际体制的原理，又在一定程度上依存东亚的国际遗产。东亚的帝国秩序内所熟悉的原理或习惯(规范、价值、观念)即便是一种扭曲的形态，但无疑在一定程度上延续了东亚区域内的权力关系。此处应该讨论以东亚的习惯和新的权力关系为土壤而形成社会性关系的、东亚国际地域的社会性结构。可以设定一个“国际性的社会性结构(international societalization)”；在此概念之下，东亚各国不再是国际社会化的客体，而是被设定为国际社会得以形成的主体。

按照赫德利·布尔(Hedley Bull)的理论，“一群有着共同价值和利益的国家在和属于其他集团的国家间的关系中，认为自身受到自身所属的规则群的制约并共同维持这一系列制度。从这个意义上，一个社会形成的时候，国际社会便存在于此了”。[2] 当共同利益和共同价值，对于法律道德的共同理解成立，作为规范的国际法发挥作用之时，国际社会就形成了。该定义中值得关注的是，

---

① 关于东亚被编入欧洲国际社会以及国际社会化问题的研究，参考 Yongjin Zhang, *China in international society since* 1949: *alienation and beyond*, New York: St. Martin's Press, 1998; Shogo Suzuki, *Civilization and empire*: *China and Japan's encounter with European international society*, Abingdon: Routledge, 2009。

② Hedley Bull, *The anarchical society*: *a study of order in world politics*, New York: Columbia Univ. Press, 1977, p. 13.

自发认识到国际社会的构成要素并认为要受其约束的主观性认识，或者是要将其共享的意识。国际社会不仅仅是几个国家共同的利益、价值、制度的实际存在，也靠着对互相的谅解而成立。谅解（understanding）是指对实际存在的共鸣。国际社会随着谅解范围的扩大而变得更加包容，随着谅解的加深而变得更具约束力。国际地域的社会性结构，与共享共同的利益或价值、形成规则和制度、构筑谅解体系等事并无二异。换言之，即提高社会性。社会性（sociality）是指在一定范围内所实现的谅解、约束、交流的程度，是从行为者们的属性和格局中衍生出的社会关系的性质。就算国际体制变化了，社会性仍然存在。区域水平上的地区国际社会，哪怕在全球的世界性国际社会之下仍能成立，其原因就在于这种社会性。

当然，与权力不平等的格局相结合的国际社会观，特别是地域观念的差异，会使得东亚国际社会的形成布满荆棘。但同时也会刺激对于东亚国际社会的想象。主权均衡或国家发展的意志能提供社会性生成的一种前景。后冷战及全球化加上经济发展，能成为促进东亚国际社会形成的契机。冷战的终结，削弱了区域外大国对于东亚地区的约束力，并改变了区域内的关系形态。经济发展承认了自由主体的资格，拓展了中日韩区域内的均势及相互认定的空间。全球化带来了区域内经济活动的活力。通过外部约束力的弱化、区域内均势的改善、区域内经济活动的增加，将东亚地区设定成一个国际社会的想法也同样能够站稳脚跟。

国际社会的形成，伴随着对国家间的合作与矛盾的辩证看待过程。经济文化层面的互动（区域内贸易、文化交流），随着经济发展而来的社会领域的成长，非国家主体区域内活动的增加等，都会为地区国际社会的形成做出贡献。分享国家主体和非国家主体间合作交流的事例也在增多。但是这不代表以国家为中心的思考和本国中心主义已有所缓解。当互动和区域内的活动增多之时，必然会有更多的矛盾和摩擦发生。区域内的竞争与摩擦、矛盾与对立，也会妨碍、延缓地区国际社会的形成。实际上，经济利益的竞争、围绕领土和历史问题的对立矛盾，在东亚内部正在趋向结构化和日常化。但是这种竞争与摩擦、矛盾与对立，也会成为国际社会形成的动力。合作与矛盾共存的形态，虽然给东亚的国际地区造成一定的紧张感，但是经济矛盾正被防止变得过度化，同归于尽的纷争也并未到来。正是这种紧张感和抑制力，暗示了在东亚的国际领域内，以互动和交流为基础的社会性关系正在形成。

2. 东亚地区的社会性结构：进化与创生

东亚论者们常常憧憬着东亚共同体。在东亚内部憧憬着共同体社会，就算是会有长远的前景，那也是不切实际的。因为在东亚地区内，别说是“共同体”，就连“社会”都不是完整的。关于东亚共同体的展望，在地区国际社会成立并以此为基础而得以被探索时，将不仅仅止于希望层面的蓝图，其实现的可能性也将提高。国际社会的观点所要求的，不是对东亚地区未来的应然性的展望，而是对现实的、实际的过程的反省。这种反省应当涉及历史经验和逻辑构成两方面，是对于国际社会由自然而然和意识行动两方面同步生成一事的一种反省。

东亚国际地区的社会性结构，是指规范和价值——规范能抑制利己的主体间自我毁灭式的竞争，价值能对其产生规制、交流空间的扩大以及社会性的强化。地理上的毗连、经济上的相互依存、文化上的相似性等，提高了社会性关系形成的可能性，也是强化交流的环境要素。比起共同体，社会更具弹性，更加开放。如果说“共同体”是一个在所认可的领域内有共同的利益、价值、规范来强力制约着各个成员，并且成员的约束力和归属感很强的集合体，“社会”则随着互动的范围和共通的利益、价值、规范的程度，不断浮动，各成员的认同性也并不确定。社会成员的资格，虽然比起共同体成员较为开放，但在地区国际社会的情况下，相较于国内社会，因为地理、地政学上的认可，成员国的资格迟早将面临限制。

国际地区的社会性关系，通过地区内各主体的参与（commitment）和活动（activity）而得以实现。① 追求国家利益的行为者的参与和活动，同时助长了合作与矛盾。尽管有矛盾，倘若面向连带合作的持续互动的话，在个别利益与共同利益之间、竞争与合作关系之间，协商（条约）和制度化（规范）的前景会显现，也会成为一种惯例。非国家主体的超越国家的参与和活动，会缓解各国间的社会性关系内含的紧张，强化非政治领域内的非权力性的社会性，地区的社会性关系由对立竞争转向协力互助的场景也是可以预想到的。国际社会是谋求利益的主体间的互动产物。当经

① “参与”（commitment）和“活动”（activity）是引自罗斯·普尔的话语。他认为，想要实现自由主义式的、民主的制度的话，就需要自由主义式的、民主的文化；作为其实现的条件，他举了市民的参与和活动的例子。Ross Poole, “Patriotism and nationalism,” Igor Primoratz and Aleksandar Pavkovic eds., *Patriotism: philosophical and political perspectives*, Hampshire: Ashgate, 2002, pp. 134 - 135。

历了经济发展(近代化)和社会发展(民主化)而成长的市民社会,以能够改变国家性质的程度来推行合作的制度化时,互助型的国际社会便能制约国家利己主义,规范地区各主体的参与和活动。互助型的国际社会成立,并且制度或惯例得以累积之时,才是可以谈论地域共同体形成的时候。东亚共同体不是抽象的理性和非历史的合理性,而是依据历史经验和现实合理性的、在自然地域形成的时间学当中被想象的、进化(evolution)的产物。

然而,地球(the globe)被认作世界(the world),倘若各主体暴露在全球主义之下,并因参与全球资本主义而使得超越国家的行为趋向日常化,又倘若他们在多中心的、重叠的网络下活动,那么东亚地区是无法成为跟近代以前的东亚世界那样完整的地域世界(the regional world)的。由于东亚的国际社会区域内关系的特殊性,期待它会自然而然地进化成像村落社会或欧洲共同体那样拥有高度的规范与归属感的共同体是很困难的。从关系网的交错重叠和各主体超越国家的行动中而来的边界的流动性,为应对全球主义而来的区域变换,不管怎么说,国家利己主义必然会妨碍到地域共同体自然的形成路径。要将共同体的构筑(construction)看成是历史的、逻辑的归结的话,是需要决断性的。从社会到共同体的过渡,需要的不是进化,而是创造性的飞跃,即一些有意识的行动。东亚共同体不仅应当在历史经验和现实合理性中被构想,同时也应当在地域构筑的空间学中被有意识地进行实践,依靠抽象的理性和非历史的合理性而创生(creation)。

但是共同体自然性的形成(历史性地生成),因为东亚国际地区的矛盾因素而不得不被搁浅。倘若"必须形成共同体"这一坚定的目标并非共有的话,意欲缓解东亚地区的支离破碎并强化约束力的有意识的构筑(有目的性的创生)便是不现实的。规范(制度)的创生,针对的是要缩小当下的国际社会与未来的共同体之间的差距。这种创生是以东亚国际社会的进化为前提的。此处设定的并不是通过集体利益来追求个人利益的礼俗社会(Gemeinschaft),而是随着个人利益相互的竞争冲突而逐渐调整的法理社会(Gesellschaft)。法理社会在矛盾对立和连带合作的辩证过程中诞生。依据协议(条约)而形成规范,这即可视作这种辩证法的体现。基于条约的合理性结构,同样也基于竞争与合作不断反复的法理社会的属性,国际社会的各个主体都是追求法理的存在,国际社会正是在这种法理调整的过程中诞生。

法理社会中的社会性观念(理念)和规范(制度),是在各主体追求法理(权力)并谋求共同利益时才具有了自己的模样。在共通的文化(谅解的框架)较脆弱的情况下,如果共享的观念或者共通的谅解没有先行存在的话,地区的社会性结构只能是一个在法理竞争和共同利益追求之间不停往返的过程;在这一过程中,通过主体的参与和活动,追求共同利益的观念(理念)会被分享,规范(制度)会被创立。主体的参与和活动,经由个人利益的冲突对立而抓住共通的利益,在这一过程中,观念得以共享,规范得以创立。观念的共享,经由法理的媒介来加强对于地区一体化的感觉;规范的创立,则形成了具体体现共通法理的制度。共享的观念可以作为制约各主体的利己欲望的监督性的理念(regulatory idea),而被创立的规范则可以制约各主体的利己欲望与法理之争,并使得理念(观念)得以形成。国际共同体的构想无法直接干预这个过程,只能发挥像北极星一般的,能够唤起对集体利益、共通的法理以及面向共同体的认同的向往的作用而已。

在对法理竞争和追求集体利益的辩证过程中,创立国际规范的决心比什么都重要。国际规范的创立,可以看作首先在特定的争议领域(issue area)中形成核心规范,从而将其扩散至其他争议领域的行为。这并不是经由低级政治(low politics)的合作向高级政治(high politics)的制度蔓延(spillover)的方式。在东亚的脉络中,争议领域呈并列状分布,政治和安保领域的权力关系大大制约着社会性,这种功能主义式的蔓延思路是行不通的。扩散,是指特定的争议领域具有了能主导其他争议领域的、相当优越的支配性力量。虽然在帝国(中华帝国、日本帝国)的脉络中,国家权力的优越性支配制约着帝国体制的社会性,并在此动用了霸权的文化意识形态,但在后冷战时期主权平等的脉络中,可以预见这样一个规范化的过程:各主体的法理之争在激烈的特定争议领域中构建了具有优越性的制度,并向其他争议领域扩散。

四、东亚与"国际文化"

1. 国际社会与"文明"、"文化"

地区国际社会的存在形态,与国际社会的文化有很强的关联性。社会是以文化为基础的,社会的形成与依靠内化而来的文化的形成是相关的。社会化是指成员接受了特定社会的文化并使自身去适应它;从国际水平来看,各成员维持着稳定的秩序,接受已经确立为国际文化的国际社会的规则与惯例,这种国际社会化是可以被设定的。但是，在像近代的东亚一样的、既往的规则与惯例都被打破的剧变期的社会里，原有的文化在与从外部接收的异质文化相接触的过程中而变异，即所谓的文化变迁（acculturation），抑或原有的文化受到外部的异质文化的压迫，即所谓的文化破坏（vandalism），这些都是很常见的。在国际领域里，也能预见到这样的国际文化变迁（international acculturation）：异质的国际体制的原理或制度被接受后，与地区国际社会的惯例相结合，导致了原有文化因子的变异或重组。国际地区的社会性结构或者国际社会的形成，是与国际领域的文化变迁紧密联系的。此外，东亚国际社会的形成，还牵出了“文明”与“文化”的问题。因为国际领域的文化变迁，是随着主导文明的大国权力的膨胀而被推动的。

既往的东亚论中，在把握东亚的历史存在方式时，也多多少少意识到了文明与文化的问题。经济史学家们把东亚的经济发展置于资本主义的“文明”进程中，有忽略“文化”或者将其看作因变量的倾向。弗兰克（Andre G. Frank）以经济发展的水平为例，论证了东亚直到资本主义文明向着产业化发展之前为止一直是世界经济的中心。杉原薰以劳动集约型生产和勤勉革命为依据，论证了东亚的经济优越性和东亚模式的有效性。滨下武志则通过展现东亚海域的贸易网络来说明东亚的经济动态。① 另外，原洋之介的东亚经济论，通过构筑经济合作体以及经济共同体来展望“新东

---

① In-Sung Jang, “Remapping East Asia as an International Society: The Discourses on East Asia and Asian Identity in Contemporary Korea,” Kazuko Mori and Kenichiro Hirano eds., *A New East Asia: Toward a Regional Community*, Singapore: NUS Press, 2007.

亚”、“东亚文明的地域学”等现象的形成。他从以国民经济为基础的经济合理性中寻找对于全球资本主义的经济层面的应对对策。[①] 像这样，在经济发展的观点下，对抗资本主义的东亚文明在东亚经济论中被设定出来了。但这只是在经济合作体或经济共同体的构想中，呼应资本主义文明的东亚文明被设定了而已。文化在此处则深陷于文明的概念中，或者被看成了国民文化。

与此不同，在20世纪90年代和21世纪前十年风行的亚洲价值论、儒教资本主义论、儒教民主主义论等观点中，可以窥见其对文明的重视。东亚论动用了“亚洲的价值”或者“儒教”等观念，从文化的观点来把握东亚的经济现象（经济发展、经济危机）和政治现象（民主化）。但是文化并不是独立的概念，它有着维系东亚文明——作为与文明对抗的产物——的虚构性的价值。这价值使得对抗西方资本主义文明的东亚文明的复兴变得合法化，并有利于提高地域认同性。东亚价值论与东亚经济论一起，虽然暗含了文明与文化在东亚国际地区的社会性结构中的作用，但是在“西方文明 vs. 东亚文明”的二元对立中，东亚的文明/文化要在与西方资本主义文明的对比中才被捕捉到。在这里，所谓“东亚地区的主体性结构”的眼光是很弱的，或者说是很缺乏的。

对东亚论的反省，则积极地在探索东亚的主体性存在方式。崔元植、白永瑞等持反省式东亚论的学者们，在用“全球资本主义 vs. 东亚地区的问题”来置换“西方文明 vs. 东亚文明”之二元对立的同时，憧憬着后现代文明，并探索着东亚的主体性存在方式。

① 原洋之介：《新東亜論》（东京：NTT 出版，2002 年）。

他们在警惕后冷战时期的秩序变动中出现区域内霸权的同时，为了对抗世界经济的全球资本主义以及增进区域内的连带合作，提出了旨在克服国民国家框架的“作为方法的东亚”，同时也宣扬着“作为企划的东亚”、“作为知识性实验的东亚”。① 不过这种方法论的视角，是从对全球资本主义的抵抗以及对地区霸权的批判出发的。从冲绳、台湾等周边地区视野出发来重构东亚的努力也与之不无关联。② 虽然从周边的视角来批判霸权、重视弱者的观点很重要，但东亚主体性的反省，只是一种从对全球文明（全球资本主义）的对抗性观点中所捕捉到的批判性的表现罢了。从文明和文化的观点出发来建构东亚地区仍旧十分脆弱。

在东亚论中残留着许多立足于国民国家框架的“国民文化”观念，这并不稀奇。因为在全球化时代的主权国家体制内，对抗全球层面的资本主义世界文明、国家层面的国民文化是具有现实意义的。在国民文化犹存的现实下，东亚地区的“文化共同体”、“规范共同体”、“认识共同体”等都不过是黄粱一梦。将个别的国民文化总合起来，是不会形成具有普遍性的文化共同体的。将其限定在政治、安保、经济等互相区隔的争议领域中时，文化共同体的意义也只会跟着被限定住。倘若国民文化的框架还存在的话，规范共同体、认识共同体等构想就很难从应然论中摆脱出来。此处有必要就应对资本主义全球文明的各种文化在东亚国际地区的水平上

---

① 有关韩国的反省式东亚论的分析，参考 Jang，“Remapping East Asia as an International Society”。

② 郑文吉等编：《从周边看东亚》（首尔：文学与知性社，2004 年）；崔元植等编：《在帝国的岔路口梦想后帝国时代》（首尔：创作与批评社，2008 年）。

所生成的文明乃至文化进行一番思考。若想要成立东亚国际社会,就需要有呼应社会的文化。就像当国家势力难以应对全球的势力结构时,地区便出现了一样,东亚的个别文化在应对全球文明的同时所浮现的地区水平上的国际文化,也是可以想象的。

通常提到"文化"时,总会浮现出维持着共同体的传统文化或者国民文化。在政治学中,文化会被认为是像政治、经济、安保这些争议领域中的一类。无论是为了缓和摩擦及共生而呼吁国民文化间的相互理解和异质文化间对话的文化交流论,还是从各国民文化中抽出共通的文化要素来构成东亚文化的文化共同体构想,"文化"正是从这样的角度被理解的。"国际文化"一词也是因应"国际政治"、"国际经济"的需要而被使用,一般指文化领域的国际关系。

地区国际社会的文化,既不是国民文化单纯的堆砌,也不仅仅只是抵抗全球文明/文化的抗争产物。正如社会、共同体都需要文化一样,地区国际社会或者地域共同体也同样需要国际地区水平上的文化,即"地区文化"或者"国际文化"。此处的"国际文化"、"地区文化"是指在国际地区的一个单位层面上被营造的文化,即在国际社会中被营造的文化。此处,将文化视为"人类生活中所必需的手段的总称"即人类的生活形式的文化人类学的定义,是很有帮助的。在国际地区的水平上被营造的"国际文化"和"地区文化"并不是所有国民文化或市民文化的总和或共通产物。"东亚国际文化"既不是所有国家营造的各自异质的国民文化的总和,也不是各个国民国家相异的传统文化的再生。它是通过各地区成员的国际生活而生成并制约着国际生活的,在国际地区水平上被营造的文化。虽然受到国民和世界的干涉，但也不会还原成任何一方，它就是这种地域生活的总体性行为。

2.“东亚的国际文化”

东亚层面上的国际文化，早前是在中华世界中被营造的。西嶋定生将东亚以“东亚文化圈”、“东亚世界”这样的概念来把握。东亚文化圈是指共享中国的儒教文化或律令体制的汉字文化圈，东亚世界是指这种汉字文化圈通过册封体系为媒介而形成的、自我完结式的世界。① 东亚世界曾是由中心（中华）主导的政治秩序（册封体系）及汉字文化（儒教文本）通行的地区世界。朝贡贸易和交易网络是东亚世界能形成的经济方面的要素。但是“东亚世界＝东亚文化圈”在西势东渐下，随着西方文明的压迫而解体，取而代之的是日本帝国构筑的“大东亚世界”和“东洋文化”。冷战体制下，东亚地区随着区域外大国（美国、苏联）的干预而支离破碎，其间营造出了受民族主义影响的国民文化。

也有批判指出，西嶋的东亚世界论有着想在世界史（区域史）的观点中捕捉到日本史的意图。② 但是在全球化的脉络下来思考超越国民文化的东亚地区文化时，西嶋的“东亚世界”、“东亚文化圈”等概念提供了很有意义的启示。首先，通过这一概念，可以得

① 西嶋定生:《東アジアの形成》,《岩波講座世界歴史》(东京:岩波书店,1970 年);西嶋定生:《中國古代國家と東アジア世界》(东京:东京大学出版会,1983 年)。

② 李成市批判西嶋的东亚世界论未能摆脱一国史(日本史)的倾向。李成市:《東アジア文化圈の形成》(东京:山川出版社,2000 年);李成市:《被创造的古代》(首尔:三仁出版社,2001 年)第三部《东亚文化圈的形成》。

到这样一个观点：东亚可以视为一个地区世界，东亚文化可以在地区的水平上来感知到。另外，东亚地区的文化变得可以同政治、经济相结合来看了。“东亚世界”中，文化是一个同政治经济权力相结合的实体概念。日本帝国体制下揭示的“东亚文化”、“东洋文化”，冷战体制内通用的“美国文化”，也都是与帝国的势力或者文化霸权相结合的。东亚的国际文化也与东亚的政治经济现象相结合。

东亚地区的文化以全球近代文明为媒介而形成。全球主义基于全球资本主义推动了全球文明，民族主义推动了国民文化。东亚国际社会的地区文化，是使得东亚扩张的全球文明与东亚国家的各个国民文化互动的产物。这种见解，是立足于“文化以文明为媒介而成立”的观点。文明常常被视作文化的集合，也会被定义为文化各要素的共同分母。此外，文明是人类生活进行时所必需的物质手段或制度，文化可以定义成社会各成员通过学习而共享的生活形式或精神财富。① 但是文明与文化不单单是整体与部分的关系，也不单单是用物质与精神就能区分的。文明的概念中，就像“基督教文明”、“儒教文明”等用语中所见，包含着生活形式或精神财富，文化概念中同样包含着物质成分。

相比定义问题，更要去关注在特定的国际体制下所营造的文明与文化的权力关系。从国际关系论的观点出发，特定的文化在

① 克拉克洪(Clyde Kluckhon)曾将文化视作“人类生活的手段”；平野健一郎援用这种文化概念，将国际关系作为文化现象来展开讨论(平野健一郎：《國際文化論》，东京：东京大学出版会，2000 年)。

取得决定性的权力之时,便可能转为文明。当某特定的大国(帝国)拥有绝对优势的或者压倒性的权力并行使文化权力(霸权)之时,大国的文化便崛起为文明了。大国主导的文明可以成为普遍性的保护伞(媒介),从而诱发周边其他文化的变容。[①] 大国(帝国)的优势文明,通过西势东渐、帝国支配、霸权等方式将物质或制度投放到周边的其他文化中,借此改变其生活形式或精神内容。东亚各个政治社会的文化,也是以中华文明、日本帝国文明、近代文明、美国文明等主导国际体制的普遍性文明为媒介而成立的。特别是19世纪以来,东亚各个社会的文化通过近代文明的干预而向近代靠拢;以近代日本的帝国权力为基础,随着日本文明对东亚的压迫,"东洋文化"这一概念得以成立。

后冷战时期的主权国家体制内,随着主权平等的扩大,光靠权力的优越关系已不足以制约文明/文化的形态了。国民文化以全球文明(全球资本主义)为媒介而变容。全球文明同东亚各个国民文化间产生了互动。虽然为应对(全球)文明而将其接受的各个(国民)文化的形态是各异的,但个别文化的变迁形式却表现出了相似性。因为当全球性的近代文明成为媒介时,国民文化的近代性得以加强,近代性又以相似的形态在地区国家之间被共享。东亚的地区文化不是各个国民文化的总和,而是各个国民文化以近代文明为媒介,在提升近代性的过程中所共享的近代文化要素的

① 这种关于文明和文化的观点乃是依据山崎正和的见解。山崎正和:《文明の構図》(东京:文芸春秋社,1997年);Yamazaki Masakazu, "Asia, a Civilization in the Making," *Foreign Affairs*, 75: 4(1996)。

集聚,是东亚地区生活中各个主体通过参与和活动而形成的规则与惯例的集聚。当东亚国际地区的各个主体通过社会性的参与和活动,以全球文明的普遍性为媒介来缓解国民文化的特殊性,并将国际地区的生活当作个别的存在与思维的一部分来进行时,换言之,当把全球文明和国民文化交错的东亚国际社会想成存在与认同性的场域(topos)时,东亚国际文化便成立了。

然而,在东亚国家社会尚未形成与成熟的情况下,东亚国际文化只能与国际社会的形成一道被生成。在国家社会的内部,文化履行着修复社会的功能,但是在国际社会尚未成熟的东亚地区,国际文化是与国际社会的形成步调一致的。东亚国际地区内,无论是社会还是共同体的形成,都需要文化伴随着生成。按照执着于文化的个体性和永恒性的保守观点,国际文化的生成与地区国际社会的形成是不被看好的。东亚的国际文化,不仅仅只是通过各个主体的参与和活动而生成的、自然而然的交流的产物,也需要有意识的规范创生以及为之付出的努力。在全球文明和国民文化共存之时,不靠向任何一方的地区文化的生成,是与东亚国际社会的形成相关联的。

同时,文化的吸收与接触伴随着摩擦与矛盾。在国际领域,若大国与小国间的权力不均衡悬殊,那么大国的文化将是压倒性的,也会潜伏着国际性的文化摩擦;但是权力不均衡若不明显,那么随着对权力均衡意愿的加深,摩擦发生的概率就会上升。在国家内部的社会中,文化摩擦是在特定的文化要素遭遇到外来异质文化要素时发生的;但在国际社会中,文化摩擦是在力学关系中产生的。国际上的文化摩擦,常见于主权国家体制内的法理之争或权力争斗,是向往权力均衡时产生的现象。文化摩擦虽然是矛盾对立的表现,但同时是对异质文化要素吸收的标志,又是想要达成权力均衡的意志的表现。矛盾对立同连带合作一样,能成为地区文化生成的动力。

东亚内部的连带合作与矛盾对立,暗示了区域内各主体的自由性参与和活动正在增加,正在向着渴望权力均衡的国际社会而前行。文化摩擦或矛盾,暗含着渴望均衡与平等的意志。让独立的社会体系的各个要素维持结构上的均衡,成为沟通的媒介,文化正履行着这种功能。[①] 当渴望均衡的东亚各个主体(文化)间的摩擦和矛盾引导出了相互沟通并朝着结构化的均衡发展时,东亚的国际文化就能成为生产出东亚认同性的土壤。地域认同性虽然也能从地缘学上的毗连而带来的共同命运意识中产出,但是当通过区域内各主体的参与和活动来增强社会性并培养共通的感觉之时,其能动性较前更强。在共享地域争议并提升社会性的过程中,随着在向着全球普遍性(人权、环境)的离心力和向着国民特殊性(法理向往、民族主义)的向心力之间的不断往返,东亚被想象成一个有共鸣的场所之时,共通的感觉便可以生成。

五、结语:东亚的近代和公共性

当下,在后冷战及全球化的思维下盛行的东亚构想已经有明显的回落迹象,应该是由于已经看到了东亚的理想化结构与现实

① 平野健一郎:《國際文化論》,第4章。

中的限制之间的差距。关于东亚的地区合作体和地域共同体的构想是脱离现实的，这一点已无须赘言。重温东亚的传统价值与规范并视其为东亚认同性的根据，在儒教传统中寻找近代资本主义和民主主义的内在起源的努力，已经变得不再有效了。随着中日间军事、经济的较量，韩日间、中日间围绕历史记忆的矛盾，以及围绕朝鲜核问题所展开的错综复杂的关系等问题的持续，东亚论者的东亚构想已经显得有些过于乐观和理想主义了。尽管有后冷战及全球化的到来，但在展望后国民国家以及全球市民社会之时，国民国家之坚硬和国家利己主义之强烈也是有目共睹的事实。

在这里，东亚国际关系需要从“近代”和“主权国家体制”的观点出发进行重新整合。后冷战及全球化思维下的东亚，在展望“后近代”之前，如果“近代”与“合理性”不先相遇的话是不行的。直到现在才具备近代主权国家形态的东亚各国，正面临着要完整呈现国民国家样貌，以及要依据国民国家框架来建构地区国际社会的课题。虽然国家间或者非国家主体间的合作在增加，但是无视东亚现实——政治矛盾与脆弱的民族主义——的后国民国家式的思路或者共同体的构想，都很难具有现实意义。首先要做的工作是，形成东亚国际地区内的各主体的社会性关系。高举实践共同体构想的合理性并制约东亚各国——在发挥这般想象力之前，通过法理竞争和国家利己主义运转的法理社会来捕捉东亚国际社会的、以连带合作和矛盾对立的辩证过程来把握地区国际社会的社会性结构的、历史的合理性，才是最需要的。

作为法理社会的典型，在商业社会里，追求经济利益的个人欲望并不是被无限包容的，而是要以不伤害社会秩序为前提。在国家社会的内部,追求利益的个人欲望在社会秩序中自我约束,在这一点上,社会的公共性得以成立。这需要个体与社会、自由与规则之间的均衡。引发主权国家间法理之争的国际社会亦是如此,当各国的欲望被容忍时,该欲望在国际秩序中受到限制,国际的公共性就能得到保障。就像社会的公共性依存于社会各势力间的均衡所成立的秩序一样,国际的公共性也要在引发法理之争的各国之间的权力均衡所带来的国际秩序中得以成立。

然而在东亚国际社会中,一方面靠着"看不见的手"的市场经济的自由性均衡,却在有政治、军事强力介入的安保状况中受到了限制。在世界与国家之间的领域中成立的,囊括了政治、安保、经济、文化等各领域的总体性的安全复合体所形成的秩序,也是会与自由主义式的市场秩序产生矛盾的。因为安保纷争招致了东亚的分裂。另一方面,渴望国民国家发展的地区霸权和民族主义招致了东亚的分裂,这种可能性尚且存在。在这里,东亚国际社会在设想全球的势力结构和地区的势力结构之时,为了对抗区域外的势力连带性和区域内的权力均衡中所保持的公共性,产生了社会性的前提。虽然连带性和公共性是相辅相成的,但只有维持住相互之间的均衡,秩序才能得到保障。

连带性与公共性的均衡要以公共性的确立为前提。连带性为了能从在区域外的威胁中产生的被动性中脱离并保持自由性,需要区域内各势力间的均衡,即区域内的权力均衡。区域内的权力均衡,在区域内的各国通过维持力量上的相对均衡,形成相互平等及相互认同的关系时得以成立。权力均衡是主权国家体制的基本秩序原理,正如东亚的历史经验告诉我们,摒弃地区霸权的主权平等原则是公共性的基本准则。旨在增强国际社会性的规范(制度)的形成,成为权力均衡的土壤。近代韩国儒学家们所珍视的均衡原则及知觉,为今日对东亚国际社会的反省提供了重要的内涵。对他们而言,区域内(地域)的权力均衡是牵制地区霸权、确保中日韩三国自主独立的条件,同时也是对抗区域外的列强并实现区域间(全球)势力均衡的条件。即两种水平上的权力均衡都实现时,区域内的公共性也就实现了。正因为如此,当权力均衡因日本的霸权主义而出现崩塌的征兆时,他们将《万国公法》(国际法)作为保障公共性的规范而积极地使用起来。在后冷战及全球化思维下的主权国家体制内,区域内的权力均衡也会是牵制地区霸权、保障区域内公共性的条件。

当然,19 世纪和 21 世纪的意义不尽相同。在 19 世纪国际化的脉络下,国际公共性是在需要国民国家形成的东亚各国的权力均衡中被设定的;但是 21 世纪全球化脉络下的国际公共性,不仅依存于国家主体间的权力均衡,还依存于市民、企业、团体等非国家主体的参与和活动。在这里,“国家 vs. 社会”的关系变得重要起来。若想要国家符合国际社会的公共性并缓解国家利己主义的话,社会领域需要提高对国家的自律性要求并培养制约国家的牵制力。非国家主体扩大区域内的参与和活动之时,利己性的国家会受到制约,东亚国际文化的形成空间会更大。以近代文明为媒介的东亚大众文化与市民文化一道,提升了东亚人民的共通之感,也可以成为国际文化形成的催化剂。

历史学与人文社会科学的危机及期待的视野*

山室信一**

内容摘要 在当下的东亚世界，出现了历史学与人文、社会科学的“危机”。近年来在日本围绕“历史认识与历史教育”状况的讨论就是其表现之一。人文、社会科学的意义何在？这一重要问题必须被置于历史认识与历史教育的焦点之下重新质询。本文主要联系日本的情况，从三个方面展开讨论：东亚地区人文、社会科学在基地建设、资金分配与专业存废等方面所面临的问题，与“历史认识与历史教育”有关的所谓“历史战争”，以及历史书写问题。

关键词 东亚 人文社会科学 危机 历史认识 历史教育

* 本文是作者在“东亚的历史认识与历史教育——人文·社会科学的课题与可能性”国际研讨会（京都大学，2016 年 11 月 4—5 日）上的主题演讲。原文为日文，经作者授权在此发表中文版（王瀚浩译）。

** 作者系日本京都大学人文科学研究所教授。

序言:设定问题的意图

从 2015 年到 2016 年,日本国内社会有一场很大的争论,其导火线是日本负责教育科学政策的文部科学省表示,没有必要浪费国民的税金在公立大学发展人文、社会科学的教育及研究。此外,2015 年,安倍晋三首相在二战结束 70 周年之际做了《战后 70 年讲话》。围绕其中殖民地统治与“从军慰安妇”,甚至是侵略战争等史实应该如何向国内外报道,在历史学界及媒体中也引发了关于“历史认识与历史教育”应有状态的讨论。

若是放宽视野,难道不能将这些问题纳入东亚世界所共同面对的问题吗?不避瓜李之嫌,我认为可以将之归纳为如下命题,即人文、社会科学存在的意义是什么?需要将这一问题置于历史认识、教育的焦点之下,再次根本性地重新质询。也就是说,在当下为了根本性地思考历史认识、教育这一问题,有必要事先确认由这一事件以及其他问题所构成的人文、社会科学的现状及课题,由此我们便可以获得重新思考的机会,思考包含历史学在内的人文、社会科学因何而存在,甚至是在今后该如何发展。当然,这一问题长久以来一直以不同的主题被不断叩问,而探寻关于人文、社会科学,尤其是历史学可能性的问题,就自不必言了。

但是,在当下的东亚世界,出现了历史学与人文、社会科学的“危机”,如何“终结”这一十分紧迫的问题,我认为不应对此视而不见。因为无论如何,作为人文、社会科学乃至历史学研究者,不能回避这一被穷追猛打的问题,而有必要承担对此进行回应的责任。

当然,关于这一问题的呈现,在东亚各国各有不同。但同时也不能否认,这是一个有必要去异求同的课题。从我的角度出发,可以将这一系列问题分成三个方面来讨论。

一、人文社会科学的歧路

1. 人文、社会科学研究教育基地的建设

首先,可以指出的事实是,为适应全球化以及市场化的需要,重视成果的效率化这一作为英语文化中的价值规范的市场主义竞争原则正渗透到东亚各所高校。在近20年,东亚各国为了提高国际竞争力,在高校逐步推广有差别的国家预算重点分配,通过竞争性的资金分配建设优秀研究基地(Center of Excellence; COE)。

在中国,"211工程"从1995年开始,之后又将从其中选拔的大学作为重点大学,从1998年5月开始了"985工程"。后者,特别安排在北京大学建校100周年之际宣布,从这也能看出在大学制度建立一个世纪之后,大学正面临着转型。与此同样重要的是,作为人文学科的高等研究基地,上海复旦大学在2007年由中国教育部指定,成立了国家哲学社会科学的创新基地——"文史研究院"(National Institute for Advanced Humanistic Studies)。南京大学为了使自己站上人文学科的国际舞台,在2005年创设了"人文社会科学高等研究院"(Institute for Advanced Studies in Humanities and Social Sciences; IAS),并与台湾、香港等地相关机构开展合作。

同样,在中国台湾地区,2005年,台湾大学为了促进人文学科

与社会科学的创造性对话，向世界发出声音，设立了“人文社会科学高等研究院”（The Institute for Advanced Studies in Humanities and Social Sciences; IHS）。此外，从 1980 年起就一直在推进的，以明、清为对象进行断代的研究，也在 1995 年于“中央研究院”中成立“明清研究会”（The Ming-Ch'ing Studies Group）。

韩国的“BK21(21 世纪智慧韩国工程)”从 1999 年开始了第 1 期共 7 年的计划，每年投入 2 500 亿韩元(以 2000 年汇率计算约为 250 亿日元)。作为当时韩国学术史上最大规模的研究补助，这甚至在日本也引起了讨论。但与此同时，从第 1 期“BK21”选定之时起，就偏向于理、工、医学专业，人文专业的比重仅有 10%，这引发了批评。因此，由高丽大学人文专业的教授起草的“人文学宣言”引发了“BK 工程是要让人文学灭绝”的危机感。以此为契机，人文学科的现状得到了关注。之后，媒体对此也有所反应，在 2007 年 11 月，为了谋求振兴人文学科，韩国研究财团(原韩国学术振兴财团)开始了与 BK21 工程有别的，作为人文学科振兴计划的“人文韩国(Humanities Korea; HK)”工程。①

这一 HK 工程，除保障了雇佣专职研究人员的费用外，还采取了其他的支持计划，帮助各大学 10 年后在此项工程结束之时，

---

① 韩国学术振兴财团提出的工程目的是：“(1) 通过培养研究所内的研究主体，为人文研究打下地基，提供有国际水准的研究力量。(2) 研究议事日程(主题)应该是反映学问及社会需求的跨学科领域。(3) 通过普及世界研究成果巩固知识基础的附加价值。”(《人文韩国支援事业申请纲要》，2007 年 6 月)。

能够通过自己的努力接纳专职研究员成为大学的正式教员（保证雇佣到退休）。此外，韩国本来没有教授、研究员、研究院专属制度，据说在制度设计之时，还参考了几所欧美研究院及我们京都大学人文科学研究所的情况，但对此并不能确定。不过，韩国 HK 工程的特征，是在保证雇用年轻专职研究员费用的同时，以在十年期满、工程结束后接纳这些年轻研究员为大学正式教员为条件。这样，在支持人文学科将来的人才培养这一点上，HK 工程与接下来所要讨论的日本 COE 计划就有着本质上的不同，后者仅支持短期的研究，甚至是人才的一次性使用。此外，韩国从 2011 年起，也开始了不只针对人文学科的"韩国社会科学研究支援工程（SSK Project）"。当然，在韩国，HK 工程并不是一个周详的计划，必须注意的是，由于 HK 研究教授在短期内被要求提出过多的研究成果，致使其无法完成长时间跨度的研究，在这种情况下，其精力在研讨会中被耗尽。为了让国民加深理解，这种负面情况有必要被大家所知晓。

日本也基于 2001 年 6 月发表的"大学结构改革方针"，在翌年起开始了作为文部省"研究基地建设费等补助金"工程的"21 世纪 COE 方案"。① 其设置的目的是，通过"建设世界最高水平的研究

① 其设置的理由是，"为了使我们国家的大学能够与世界顶尖大学为伍，开展教育及研究活动，重要的是通过基于第三方评价的竞争原理，促进形成竞争环境，使国立、公立及私立大学间的竞争合作更加活跃。这一方案，谋求在我国建设世界高水平的研究教育基地，培养研究水平较高的、能够领导世界的创新型人才。为此，通过重点支持，以推进建设具有国际竞争力、个性十足的大学为目的"。

教育基地”来提高“国际竞争力”。此项工程，之后被更具竞争性的“全球 COE 方案”所继承。这些方案并非是要设立新的高等研究教育基地，而是着眼于让已有的大学、研究院进行项目工程，以此形式竞争资金的分配。由此，为了获得研究资金，虽说绞尽脑汁生出了许多勉强的研究课题，但想必其中会有许多昙花一现的计划。

2. 财政难题与向理工科倾斜的重点分配

但是，在东亚世界建设研究教育基地的计划又面临了一个转折。其中，特别有必要正视针对人文、社会学科越来越严格的财政措施。

比如，韩国政府在 2014 年用于研究、开发(R&D)的预算占国内生产总值的比例超过了美、德、日等世界主要发达国家，一跃而居世界首位。但是，如果仔细看看数据便会发现，“2015 年度的研究、开发预算 18 兆 9 231 亿元(约 1 兆 6 000 亿日元)中的 95.8%，也就是 18 兆 1 296 亿元拨给了理工科专业，而剩下的 7 935 亿元则拨给了人文社会专业(包括艺术、体育)。纯人文社会部分的补助预算，只不过 2 955 亿元(占 R&D 全部预算的 1.6%)”。(《中央日报・日语版》，2016 年 6 月 27 日)此外，7 年前为长期应对未来国家、社会的变化而开始的“社会科学研究支援工程(SSK)”，为了培养世界水平的研究团队(Think Tank)而在全国新设了 70 余所大、中型研究机构，但即便如此，接下来也不得不面临预算大幅度削减的局面。之前列举的 HK 工程在 2018 年也应该结束了。

伴随着国家预算对理工科的重点倾斜分配，人文、社会科学专业的预算被大幅度削减。在日本这种情况越来越明显。在日本国立大学法人化之后，拨发的大学运营经费持续削减，削减部分被要求通过外部资金来填补，由此展开了竞争性资金的争夺战。其结果便是，商、官、学理所当然的不断合作。洋洋得意地报告着从商界获得了多少资金，这在今天的京都大学学部局长会议上已经变成了常态。此外，外部经费进入人文、社会科学专业的研究一事，因为已经不甚稀奇，所以通过大学里给理工科研究经费的校长裁度被有所偏重地进行分发，作为其结果，人文、社会科学专业学部中的讲座与研究人员正迅速减少。

这股削减编制的浪潮，今后难以避免地将持续下去。比如，根据2016年8月的报道，北海道大学因运营费补助金的减少而导致财政恶化，从2017年起的5年内，将削减教授205人（助教342人），除了医学部、牙科学部，各部局预算削减目标一律定为14.4%。这种行动在全国的国立大学中将一同展开。而为了迎接少子高龄社会，私立大学已经减少了近4成的编制。在韩国及台湾地区所展开的废除及整合私立大学的局势，在日本也即将面临。

不能无视的相关问题是，伴随着对人文、社会科学专业预算分配的减少及研究、讲座的削减，在日本，进入关心亚洲研究的大学与研究院的人数也逐渐减少。对此局面深感不安的日本学术会议的"亚洲研究、对亚关系分科会"，在2014年7月提出了"关于振兴人文学科的亚洲研究的提议"。说到底，为了日本的亚洲研究，及对亚关系的将来考虑，必须及早应对的问题是，没有面向亚洲研究的奖励。

当然，问题不是讨论政府预算分配的对与错，也不是讨论私立大学的存活之方，而是因为，不论对于媒体乃至舆论将此局面视为必然，还是认为"将税金投入人文、社会科学专业的研究、教育没有必要”的言论，我们都有必要真诚地做出回应。

3. 人文、社会科学专业的废除论与社会的要求

下面，就让我对日本的人文、社会科学所面临的局面做一简单报告。如大家所知，日本文部科学省在 2015 年 6 月 8 日，出台了对全国 86 所国立大学法人的通知。据此，关于从 2016 年起开始的第 3 期中期计划的筹划制订，要求基于“教会学校的再定义”重新评估机构团体，进行了如下的通告。也就是说，“基于各大学的实力、特色、社会作用，致力于迅速进行组织改革，特别是教员培养专业的学部、大学院，人文社会科学专业的学部、大学院，需要基于如下几点制订新的组织机构的计划，即 18 岁人口的减少及人才需求、确保教育研究水平、作为国立大学的作用，致力于积极应对机构废除及向社会呼声较高的领域转变”。这里所说的“机构废除与向社会呼声较高的领域转变”，因为是针对“教员培养专业的学部、大学院，人文社会科学专业的学部、大学院”所提的要求，从而引发了不需要这些学部、大学院的讨论。以“人文、社会科学的危机”及“人文、社会科学的终结”等作为标题的书与杂志也相继紧急出版。日本学术会议干事会也发出了“写给关于今后大学的应有状态——特别是教员培养、人文社会科学专业的应有状态——的讨论”(2015 年 6 月 29 日)的声明。

对此批评，也有着再批评，认为“不要论”其实是一种误解，只不过是一些大众媒体与一些受其刺激的研究者所做出的对政府的谴责。但是，不只是误解与曲解的是，在《读卖新闻》以全国国立大学为对象进行的问卷调查中，回答“有废除文科专业或转变为其他领域”的，在“有文科专业的 60 所学校(58 所学校进行了作答)中

占26所,其中17所学校总共停止招募超1 300人”(2015年8月24日),这就是证明这种局面已经开始了的“证据”。

但对此,也有攻击认为事情的本质只不过是“大学教员的雇用问题”。此外,也有人认为使用国民税金的国立大学,应该将资金投入到有经济效益的学科专业上,像人文、社会科学专业的教育、研究交给私立大学就好了。同时,也出现了强硬的言论,认为使用税金的国立、公立大学,其教育、研究必须将“利益回馈”给作为“股东(stakeholder)”的纳税人及学生,国立、公立大学中的教员培养专业及人文、社会科学专业根本不需要。这些批评,各自指出了事实的一方面,不能否认有必要洗耳恭听。

在承认这些事实之后,有必要冷静思考如下问题,到底教员培养专业及人文、社会科学专业的教育、研究,其成果该如何判断?究竟在教育、研究上“财政效率”及“回馈社会”意味着什么?

首先,作为这一通知出台的背景,如前述通知所写的那样,是为了应对“18岁人口的减少及人才需要”,也就是说有着“2018年问题”。归根结底,经济界有着这样的危机感,2018年升入大学的18岁人口将会减少,不能保证应与日本经济牵引力相适应的理工科专业人才需要。确实,看一下日本各学科、专业的学生比率,2015年度的《学校基本调查》中,理学占3.2%,工学15.2%,农学3.0%,医、牙科学2.7%,药学3.0%,与此相对,被要求“废除机构,向其他领域转换”的人文科学占14.5%、社会科学32.7%、教育7.3%。此外,艺术占2.7%,其他占12.9%。除去艺术与其他,大概对比一下的话,相比于理工科专业的27.1%,文科专业占到54.5%,将近2倍左右。

应该如何看待这个数字呢？立场不同看法有所不同。从经济界与政府的角度来看，在生产人口的绝对数量减少的情况下，有必要提高理工科专业所占的比率。的确，我们在文部科学省被要求的是“数字上的证据（evidence）”，指标化就是大学的讲座与大学院的“编制完成率”及“就业率”这样两个数字。此外，对于研究者来说，“外部资金获得率”、“论文引用率（重要度、贡献度）”与向“高影响因子（impact factor）杂志的投稿数”等，这些数字都是评价的基准。“论文引用次数”在理工科是研究成果的重要指标，但在文科领域，有很多情况单纯是为了批评而引用的，故而，用此进行评价对我们而言真是不可思议。另外，大学与研究所的纪要与商业杂志，其“影响因子”的顺序与优劣究竟应该让谁来评？对此，不仅是日本国内，国际标准该如何制定，同样也是一个很大的问题。

此时，出现这些关于预算分配的讨论，绝不能无视其社会与经济的背景。问题是，在全球化的世界经济中，包括“历史学”在内的“人文、社会科学”，面对基于新自由主义的市场竞争主义所带来的成果主义，及与其互为表里的研究、教育制度的“股份公司化”，其研究、教育该何去何从，这一问题也是东亚世界共同承担、面临的难题，在“少子高龄化社会”，关系到研究、教育制度与学术知识的继承与断绝。

二、应对历史战争与历史内战

作为第二组问题应该提出的课题是，与标题中所揭示的“历史认识与历史教育”相关的事件与现象。当然，这一课题，有许多人都反复地进行了讨论，我也知道有“事到如今”这样一种反应。不过，若只说和日本有关的内容，就是2015年8月安倍晋三首相发表“战后70年讲话”之后，在学会与研究者这一层面，对“历史认识与历史教育”这一问题的关注急剧减退了。而与之相对，在一些媒体与互联网上，愈加蔓延着一种更为激烈的排外主义历史认识。

在这里被频繁使用、普遍化的用语是什么？比如有“历史战争”（History War）、“历史战”，而且，还一直有人鼓噪着类似“现在必须胜利”这样的进军号。这一论调的背景，正是《朝日新闻》所领导的，倡导必须扑灭“历史歪曲”的媒体的宣传运动。类似于“从军慰安妇”报道不过是“误报”，由此反对“自虐史观”的一方获得了胜利……甚至飞跃到了这样的言论，认为这一事件，进一步而言是以韩国和中国的“历史认识与历史教育”是以错误的“卖国报道”为根据而制造的，说到底强制的“从军慰安妇”就是不存在的，因此撤去以首尔为首，在上海及美国各地所建的“从军慰安妇妇人、少女像”这一战争应该胜利……进而演变成不仅韩国与中国，美国历史教科书的叙述也必须修正的论调。

但今天，从我所说的局面推测，虽说是“历史战争”、“历史战”，这也不是说以中国与韩国的“历史认识与历史教育”为敌进行正面作战。如此主张的个人与媒体，作为敌人发动进攻的，无论如何也无非是日本国内的站在“自虐史观”立场的历史研究者、学会以及媒体。在这一层面，所谓“历史战争”，其正确说法应是“历史内战（History Civil Wars）”。

当然，在这里想要讨论的是，“历史认识与历史教育”是“虚假的”这一内战化的结构与背景让我们认清了什么。而且，这显然不是日本乃至东亚独有的问题。如在欧洲也同样被称为“记忆的政治”与“历史政治”一般，也涌现出了这样的政治手法，通过对历史与记忆进行政治聚焦，将之作为自己政治立场的正统性根据。

进而言之，这不仅是掌权者单方面强迫的，在很长一段时间内被禁止发言的少数派，从历史的角落中逃离并发出抵抗的声音，从伴随这一基础而来的其他方面看，其具有不能一概而论的两面性。问题有着复杂的形势。此外，将其动员为“历史内战”这一战场的士兵，站在前线的，无非是历史学研究者。①

三、教科书问题与“历史综合”科目

基于这样一种世界局势，作为第三组问题所要讨论的课题是，如何放置以上两组问题的结点。该根据什么样的历史书写历史教科书，让生活在 21 世纪东亚世界的人们得到“怎样的历史认识”呢？这当然是与“历史认识与历史教育”有着直接关联的问题，我

① 关于欧洲错综复杂的“历史认识纷争”及其意义，桥本伸也在《记忆的政治》(岩波书店，2016 年)中进行了清晰的分析。此外，围绕日本“历史战争”这一政治言论的情况，拙作《历史战争与历史和解之间——围绕战士与调停者的二重性》(桥本伸也编：《纷争化的过去》)待刊。此外，例如把美国作为外交战的“敌人”，根据石川水穗(《产经新闻》客座评论员)的说法：“美国教育出版社‘麦格劳(McGraw)’的世界史教科书中有‘日军为了在慰安所安排 20 万 14～20 岁左右的女性进行工作，进行了强制募集、征用’，‘甚至杀害了想要逃走的慰安妇’，‘日军将慰安妇作为天皇的礼物献给军队’。这显然是虚假的表述。虽然外务省要求修订，但出版社与执笔者都拒绝修订……历史战争的舞台正有利于美国，为了纠正误解，期待安倍政府坚韧的外交努力。”(《月刊正论》，2015 年 4 月号)。

将之理解为一块试金石，以此重新思考之前“人文、社会科学”为何而存在，换言之即自身存在的意义与存在的理由。

而且，这应该不是单纯的抽象讨论。因为不能断言现在东亚世界的历史书写与历史教科书中没有禁忌。其中既有对公开出版物的干涉，甚至在书写者与出版者方面，即便不被干涉，自己也会事先进行控制，这种“自我省察”的风潮确实正在悄悄降临。

如果直接谈论这个问题有困难的话，那么就谈谈各国历史教科书书写与出版的实际情况以及期待吧。根据报道，在韩国，“国定教科书”的编写正在成为一个巨大的社会问题，其中，如何使“历史认识与历史教育”成为一个争论焦点，这一问题对今后的东亚世界而言应该也是一个重要的参考事例。在日本没有国定教科书，使用的是审定教科书，但其中的“审定”已经超过了单单确认史实是否正确这一层面，事实上，“国定化”随着修订逐步推进，这可以很明显地体现在“从军慰安妇”、“南京大屠杀”等记述急剧减少这一事实上。

可是，从“没有必要教给青少年悲惨及兽性”这一理论开始，今天如下这样一类理论都逐渐流行起来，即那些事实都是捏造的，“官方资料”无法证明，云云。但日本政府与日军在战败后烧毁了官方资料，意图抹杀事实，这一“历史认识与历史教育”中应该率先被提出的问题却被完全掩盖了。

此外，从“历史认识与历史教育”的角度思考今后东亚世界中的日本这一问题时，作为今后正式开始讨论的课题，有一个问题是，日本从2020年度开始，在高等学校中必修的“历史综合”这一科目的教科书应该如何书写。一方面，尽管现在只有“世界史”是必修科目,但也有没有修完的学校。这正成为一个社会问题,以此为契机设置了“历史综合”这一科目。另一方面,为了避免因没有机会学习日本近现代史而引起的危害,这一课程也很有设置的必要。其设置目的本身,因关系到将日本近现代史融入世界史之中,故而期望写出一本能够达成目的的教科书。但是,作为设置这一科目的意图,也能听到政治家在发言中的不断主张,其谋求改变被“自虐史观”所装点的历史教育,让日本能在世界的中心熠熠生辉。

总之,如日本学术会议史学委员会在 2016 年 5 月提出的宣言《对‘历史综合’的期待》中所指出的那样,其中包含了一个历史学上的重大问题,就是将“近代”的起点置于何处。从“时代区分论真有什么意义吗”这一检讨开始,与以和欧美开始邦交作为“近代”起点的东亚历史学界进行争论和反复琢磨,这很有必要。此外,“现代”、“世界”到底是什么?即便是在接下来我们所要遇到的共同研究中,这也是一个不可回避的问题。

东亚历史研究的公开讨论,应当设想一个“超越一国历史的东亚史”范围,以便克服“历史认识问题”。这一课题在“历史综合”这一科目下如何达成?希望请各位就其讨论所应具有的导向性与注意点,不吝赐教。

四、从人文、社会科学到人文学

1. 由对抗性学问带来的学术创新

那么,我们在 21 世纪究竟应不应该追求人文、社会科学的理想状态呢?让我们再次回到第一组问题进行思考。

在这一点上,从2008年开始,延世大学的国学研究院就以白永瑞先生为首,进行着"作为21世纪实学的社会人文学(Social-Humanities)"这一方案。这提供了一个大的指引。

对我而言,这项研究课题中极有启发意义的是,以"实学"概念与"社会人文学"概念为两条基轴,在21世纪的东亚世界探求人文、社会科学的应有状态这一点。①

不必多言,"实学"这一概念,在思考如何展开东亚世界的学术思想之际,是一个重要的关键概念。

在中国,相对于老庄思想与佛教,作为一个展现了以有资于治道为儒学的本质的概念,在北宋时期就被使用。"实践躬行"之学,"真实为自"之学等含义,也与社会有用性同时存在。其后,既指明末清初黄宗羲与王夫之等人的"经世致用"之学,也指接受西学影响的徐光启等人的科学技术之学。之后,高举"实事求是"的实证经学考据,也因被用来指称清朝考据学——"朴学"而被人熟知。即使在当代,毛泽东和邓小平也就"实事求是"的研究方法与研究指南提出了独特的解释。②

此外,韩国在17世纪以后也因儒教的空洞化开始使用"实学"这一概念,由此批判朱子学,接受清朝考据学与西欧学术,求得"实

① 关于其旨趣,参照白永瑞:《打开社会人文学的地平线》,赵庆喜监译:《共生之道与核心现场》,韩国法政大学出版社2016年版。

② "实事求是"依据的是《汉书·河间献王传》中的"修学好古,实事求是"。其后,刘德将儒家经典作为"实事",在其中求得真理。唐代的颜师古,将之解释为"务得事实,每求真是也"。毛泽东将"实事"解释为客观存在的一切事实,将"是"解释为事物内部的联系,指出了一种法则性。邓小平将之诉诸"解放思想,实事求是的态度"。

事求是"之学。其后,追求"经世致用"与"利用厚生"的学派逐渐出现了。

对于这一学术思潮,虽然日本荻生徂徕等的古文辞学派也有着共鸣,但在倡导朱子学是"正学",阳明学等是"异学"的江户时代,也就直接不再被提倡了。不过,当与对欧美的开国问题转变为一个政治问题之时,受到韩国李退溪等人影响的横井小楠等人,也开始从正面提倡了"实学"。

此后,进入明治时期,福泽谕吉用"实学"这一概念对作为正统的儒学进行了批判。重要的是,福泽将"实学"称为"シヤーンス",他主张只有西方的科学(Science),才是国民应学的"真正的学问",是为了获得个人的独立心而不可或缺的学问。福泽说,"比较东洋的儒教主义与西洋的文明主义,东洋所无的,正是有形之数理学与无形之独立心"(《福翁自传》),其中的"数理学"不仅是数学与物理学,主要指西洋的科学精神。认为不以实验与实证为基础的形而上学,是没有用的,这种思考方式,明显与以形而上学为道、以形而下学为器的中国"中体西用"论,及朝鲜的"东道西器"论有着分歧。

此外,与福泽谕吉相同,一个叫作明六社的自发结社组织的领导人津田真道,提倡为了真正掌握"实学",必须信仰作为西洋科学思想基础的基督教。①

使用这样一种"实学"概念,是为了批判既有的学问与学术制

① 关于日本维新时期"实学"概念所实现的政治机能,参见拙作《"实学"观的政治机能》,东京大学社会科学研究所《社会科学研究》第 31 卷 5 号。

度，主张自己的学问是对社会有用且有意义的学问。也就是作为“对抗性学问（Opposition Wissenschaft）”所提出的概念。

但在现在的日本，“实学”这一词汇已经变成了招揽学生的广告词。总而言之，乃是一种实用的与企业直接较量的学问，通过它能够获得资格与技术，直接关系到就职与就职训练。那么，为何“实学”现在能够变成广告词呢？若是将其理解为一种对抗性概念便能理解，这暗示了之前大学所教授的人文、社会科学无非是一种“虚学”。总而言之，这反映了如下想法，即人文科学与社会科学中的“科学”，虽然可能确实是由严密的概念与体系所组建的，但归根结底只不过是单纯由实验室与讲座制度所维持的制度化知识，在实际社会生活中几乎或者可以说完全没有什么用处。福泽谕吉将“实学”重叠于“科学”这一概念之上，但现在的日本，可能形成了与之完全相反的“实学”与“科学”的关系。但是，其中关于“无用”的批评，不仅针对人文、社会科学，也涉及不知道什么时候才能出成果的“基础自然学科”。在这一点上，近几年日本的诺贝尔奖获得者都异口同声地说出了自己的担忧。

另一方面，白先生在他们的方案中，提出了一个在韩国也不常听到的新概念，即“社会人文学”，借此想要开拓人文、社会科学未曾涉足的领域。对于将“实学”置于“人文、社会科学”对立面的日本而言，韩国的这一尝试探索，即将“社会人文学”作为“实学”的可能性无疑将吸引很多关注。

2. 人文、社会科学与人文学之间

此外，我们京都大学人文科学研究所的共同研究组，也以“何谓现代/世界——从人文学的视野出发”①为课题，从历史的角度出发，探索着将人文、社会科学进行统合的跨学科的“人文学”。在这一主题之下，我们打算重新审视以下问题：“人文学”或者历史学为何存在？现在依然存在吗？我们不得不与“人文学”相联系，是因为我们说到底是希望能通过“他者”这面镜子所反映的东西理解自己，理解自己所不知道的“自己”。

在一个日渐排他的所谓“现代”的“世界”中，人们对于与自己不同的东西正变得毫不宽容，这就越发明确地显示出有必要找回作为必要学科的“人文学”。重新确认自不必说，全球化也好、后现代也罢，一方面，攻击他者的消息肆意流散，另一方面，我们还不曾共有这样一种方法，这是一种理解“他者”的思考方式，在承认与他者不同的同时，作为共同生活中“宽容与共存之道”的“人文学”的方法。

我们能否确认这一学问之所在，是今后的课题。让我们在时间轴上以世纪为单位，在空间轴以世界作为视野，在此基础上思考

---

① 这一共同研究班的课题，所提出的问题意识如下：“本研究班继承了‘第一次世界大战综合研究’（2007—2015 年）的成果，以在比之更大的现代史/20 世纪史脉络中进行检讨为目的。克服由以创造‘一体化的现代世界’为‘现代起点’的第一次世界大战所带来的各种问题，这一局面残存于 100 年后的今天。而且，其表现有所改变。本研讨班所设定的，上溯讨论记录下来的具体题目是，民主暴力的改观、全球化与地方主义/民族主义的抗衡、准军事集团暴力与恐怖主义的抬头、政治宣传与大消费社会的关系、科技的横冲直撞及现代主义的命运等。‘近代’与‘现代’的连续性与非连续性，或说两者地域性的不同也是一个重要的题目。此外，‘从人文学的视野出发’这一标题所蕴含的也有这种存在论的疑问，面对由一战带来的‘欧洲各学问的危机’（胡塞尔）这一局面，今天的人文学对于现代/世界能说什么呢？”

“人文学”应有的状态。

2018 年距离 1918 年已经有 100 年了，不禁令人感慨已经经历一个世纪的日本大学制度正面临着一个历史性的转折点。1918 年日本出台“大学令”，至此只有帝国大学才是大学的时代结束了，公立、私立大学的开办迎来了转机。虽然此时庆应义塾与早稻田、同志社等也自称“大学”，但这至多不过是俗称，在制度层面只被视为“专门学校”。而之后，以此项改革为契机，在东京与京都的两所帝国大学由“分科大学”的集合体转变成了由学部所构成的“综合大学”。此外，从法文学部与法学部独立出的“经济学部”，也以为经济活动提供栋梁之材为己任。

通过“大学令”扩大大学与学生数量的企图，其背景是在第一次世界大战中进行总体战之后，认识到战争不仅依靠军人，同时也是“科学战争”、“经济战争”、“思想战争”，为此，人才培养不可或缺。同时，东亚世界与欧美一样，也迎来了“大众（mass）”的时代，有必要应对教育的需求。但作为私立大学，因为其认证需要财政基础作为保证，故而很难成立理工科与医药科大学，因为这需要很多实验设备和为了研究而设置的附属医院。所以，私立大学不得不设立很多人文、社会等专业的学部。此外，虽然今天有许多被称为“理科女（理科专业女性的简称）”的以理科为志向的女大学生，而且理工科的女研究者也逐渐增多，但实际情况是除少数医、药、牙科学专业之外，女大学生几乎都升入了人文、社会科学专业的私立大学。

日本战败之后，政府与商界认为“精神上是胜利了，却败给了科技实力”，主张科学教育的重要性，由此“站台盒饭式大学”这一新制度下，大学遍地开花。作为其成果，有一种根深蒂固的看法认为，大量大学出身的“企业战士”带来了高度的经济增长。基于这种看法，为了让日本摆脱 20 年的经济停滞，就要通过振兴理工科教育，重现“高度经济增长之梦”。

这样一种被称为大学的制度本身，绝不是无源之水、无本之木。毋宁说事实是大学的存在本身便与政治、经济有着密切的关系。而正因为受到了政治、经济的影响，大学与其中的研究人员才会主张研究与教育的自由，以“大学自治”为旗号，希望维持在一个与社会主流相对的独立位置进行运作，由此承担起“坑道中的金丝雀”的责任，对一味专注于政治与经济的社会提出警告。

但日本在 20 世纪 60 年代晚期发生的“大学纷争”之后，就渗透着这样一种思潮，认为断绝与政治及社会之间的关系这样一种“非政治性”乃是“价值中立”，认为将视线从时代的局势及文化、社会的现状中移开，保证了自己研究的客观性与中立性，由此便能在“安心立命”的环境下安然生活。

但是，人文、社会专业的学问到底还是应该以人类与社会作为对象，不应该与时代的现实及社会局势的变化无关；不存在与眼前的现实没有密切关系、对一切事物都不带有批评精神的人文、社会科学。在这一点上，人文、社会科学应该是“实学”。但在每天要求交出“某种新东西（something new）”的过程中，人文、社会科学只有无限繁殖进行细胞分裂、不断“分科”这一条路。对于这种不断“分科”的人文、社会科学，有必要通过找回人类总体的“人文学”进行再审视。这是在“人文科学研究”所属机关的海报上写着的、无法逃避的课题。

确实，人文、社会科学是将人类作为对象的人类学，是意欲究明人的本质的哲学研究。随着生命科学与脑科学的推进，理解人性已经不再是"人文学"所固有的内涵了。极端一点而言，以全面理解人性为课题的"人文学（The Humanities）"，实际上是一个残存的部分，其他部分已经分别进入了自然科学与社会科学，再进一步细分的话就是经济学、社会学、法学等各领域——据实而言，也可以将其视为一个"拾落穗"的领域。

不过，难道不能说问题马上将到达一个逆转的层面吗？

"人文学"难道不能再次将分散在诸学科（分科）的学问专业范围作一综合性的展望，承担起桥头堡的作用吗？——这便是我的问题意识。

当然，这一追求本身应该并不能立即产生社会及经济的效用。因为所谓"人文学"，无论如何也是"缓慢的科学"，或者说是以不能重复，而只有唯一性的"人类的生"为对象的学问。它本身的属性就带有多样性，以及持续性。

所谓多样性是必要的，是因为在这个转变激烈的时代，为了避免"预料外"的突发情况，减轻危险性，这是一种确保分散风险的方法。不知道什么学问在什么时候就变得必要了。此外，不可或缺的连续性，是因为想要继续一时中断的研究是极其困难的。

结语：跨越各种边界

现在，对日本研究者的要求是"选择与集中"，实现用最少的花费做出最好的表现。但对"人文学"的要求难道不是与"选择与集中”相对立的“多样与持续”吗？不必说，东亚世界的“人文学”，在一个世纪乃至一个半世纪中都不仅存在于“大学这一制度”之中。这并非否认“大学这一制度”，而是意味着即便局限于“人类的生”的“人文学”是没用的，但也并未消失。

换言之，对于只从“人类的生”中寻找经济效用的人而言，或者对于没有注意到自己是人类的人而言，人文学一定一直是一个毫无价值的东西。不，根据米歇尔·福柯《词与物》的结论，说到底可能“人类”这一概念本身正在不断消失。同样，马丁·布伯（Martin Buber）在《人类是什么》中也提示了一个疑问：“可以确定的是，‘人类这个东西’在今天，迄今为止都是一个怀疑的存在。”

正是因为这样的转机，只能再次老调重弹，“人类”到底意味着什么。这个问题没有“正确答案”，也不会有最终的结论。正因为“人类”不是一大类，而只是“独立的个体”，故而其解答与结论当然也是个别的、流动的。正因为如此，纵使没有“正确答案”，也不可能得到最终的结论，但超越国境、超越专业、超越年代、超越性别，接着不断超越，超越各种各样的界限，这样一种憨直不正打开了“人文学”所期待的地平线了吗？

德国哲学家康德曾说，“大学内外，或者在各专业间，围绕真理进行合法的争论，这，让大学的理念达成”。若按我的理解，便是存在一个自由空间，让作为“合法争论”的讨论超越所有的藩篱进行交流，不论是什么制度，这都是一所作为理念的大学。我们所期待的人文学生存之所，也就是这样一个能够自由讨论的空间，让我们超越“作为制度的大学”，进而跨越民族与国境的边界，共有一个将人们自由相连的“不可视的大学”吧！

金融深化能加快我国加工贸易转型升级吗？*

蒋昭乙**

内容摘要　目前，在研究促进加工贸易转型升级的影响因素方面，学界着重对要素禀赋条件、外商直接投资、技术水平及国内产业结构等因素的分析，但是金融深化对加工贸易转型升级也具有较大的影响，因为金融深化通过货币量和贷款量等因素影响加工贸易转型升级。本文尝试首先对金融深化和加工贸易转型升级的联动关系做一分析，在此基础上，再研究金融深化对加工贸易转型升级的影响机制，最后得出本文的结论。

关键词　金融深化　加工贸易　转型升级　影响机制

* 此项研究得到江苏省级社科基金（编号：13EYD030）资助。

** 作者系江苏省社科院世界经济研究所副研究员、博士，南京大学亚太发展研究中心研究员；主要研究方向为世界经济、产业经济。

2013年起,我国一直蝉联世界第一货物贸易大国的桂冠,但欣喜的同时也要注意到我国外贸商品出口以数量扩张为主,产品的质量不高;出口企业的竞争也是以价格竞争为主,自主品牌、自主知识产权产品不多;自主销售的网络也没有健全和完善,尤其是外贸出口多以加工贸易为主,不但获利能力不强①,还给逆差国对华加关税和“反补贴和反倾销”提供所谓的“理由”。尤其最近美国总统特朗普认为美国近一半的货物贸易逆差是由中国造成的,强烈主张提高对华产品关税。但目前一些美国学者和国际机构都不认可这种观点,据《外交政策》②报道,美国经济学家、普林斯顿大学吉恩·格罗斯曼教授认为,白宫欲调整的贸易赤字方法(即再出口商品将不再被认为是出口商品,而被认为是进口商品),将会“严重、不公平地导致赤字增加”。OECD和WTO的专家用增值法计算了2011年美国对华贸易赤字为2751亿美元,如果按照增值法计算,其实只有1787亿美元,这种情况在加工贸易居多的电子产品贸易领域,正常计算2011年美国在该领域的贸易赤字是1363亿美元,如果用增值法仅为542亿美元。原因就是:对真正的贸易逆差进行计算并不总能掌握来回流动的商品的价值。在复杂的全球价值链背景下,最终出口国实际只给商品增加了少许价值,但贸易账簿却将该商品的全部价值记在该国名下。这种情况在加工贸

① 据IMF统计,2013年我国取代德国成为世界第一货物贸易大国,但2013年,德国的贸易盈余高达2 700亿美元,远超中国。

② “美欲调整贸易统计方法遭批”,《外交政策》双月刊网站,2017年2月20日。

易方面尤其明显。①

据商务部统计，2016年我国加工贸易进出口7.4万亿元，下降4.9%，占我国进出口总值的30.2%。加工贸易增值率为45%，提高约1个百分点。此外，我国加工贸易由外商投资企业主导的趋势仍旧没有改变，据海关统计，2016年1—10月，全国外商投资企业进出口总值13 613亿美元，同比下降9.8%，降幅高于全国平均水平2.2个百分点，占全国进出口总值的45.7%。其中，外商投资企业出口额7 418亿美元，同比下降10.1%，降幅高于全国平均水平2.4个百分点。虽然占比略有下降，但这种外资主导趋势没有变化，而且使得本土企业在品牌、国际营销渠道等重要方面均无控制权，这不仅限制了我国从加工贸易中获取的利益，也加大了我国加工贸易转型升级、企业向产业链上端攀升的难度。

目前学界在研究促进加工贸易转型升级的影响因素方面，着重对要素禀赋条件、外商直接投资、技术水平及国内产业结构等因素的分析，而很多学者（隆国强②、潘悦③、张靖④、曾贵等⑤、尤利平等）认为，影响加工贸易转型升级的主要因素是：要素禀赋条件、

---

① 任保全："全球价值链低端锁定的内生原因及机理"，《世界经济与政治论坛》2016年第5期，第1-23页。

② 隆国强："对加工贸易的评价"，《经济研究参考》2003年第1期。

③ 潘悦："加工贸易产业升级和技术进步"，《经济研究参考》2003年第11期，第27-56页。

④ 张靖："两高一资：痼疾待解"，《中国海关》2010年第3期，第33-36页。

⑤ 曾贵、钟坚："台湾加工贸易转型升级的路径、机制及其启示"，《世界经济与政治论坛》第2010年第5期，第63-66页。

外商直接投资、技术水平及国内产业结构。但是金融深化对加工贸易转型升级也具有较大的影响,因为金融深化带来了利率市场化、资本自由流动以及竞争型资源配置,而利率市场化使得利率下降,降低了贸易企业的融资成本;资本自由流动促进了贸易自由化,以及贸易规模的扩大,对于像加工贸易这样两头在外的贸易模式尤其重要;竞争性信贷资源配置改变了原先的选择性信贷配置,这使得加工贸易企业在转型升级过程中技改、营销和研发所需的资金变得充裕。同样,加工贸易在转型升级过程中带来了贸易规模扩大、升级所需巨额资金以及特殊贸易模式所带来的资本流动,这一系列问题也将给金融抑制的我国带来极大的挑战:贸易规模扩大以及两头在外的加工贸易模式带来了巨额资本流动,金融抑制所带来的低利率使得这些资本会外逃,将会冲击人民币汇率,加大我国外汇市场波动;外部竞争促使本土企业升级所需资金增加,本土融资的困难使得企业转而向国外融资,高成本的资金既带来了热钱冲击,较高的融资成本也会降低加工贸易企业转型升级的成功率(见图 1)。

通过上面的分析,可以看出金融深化对加工贸易转型升级的影响非常重要,那么与影响加工贸易转型升级的其他因素相比,金融深化是不是影响加工贸易转型升级的最重要的因素呢?本文将通过实证方法来分析和论证这一想法。

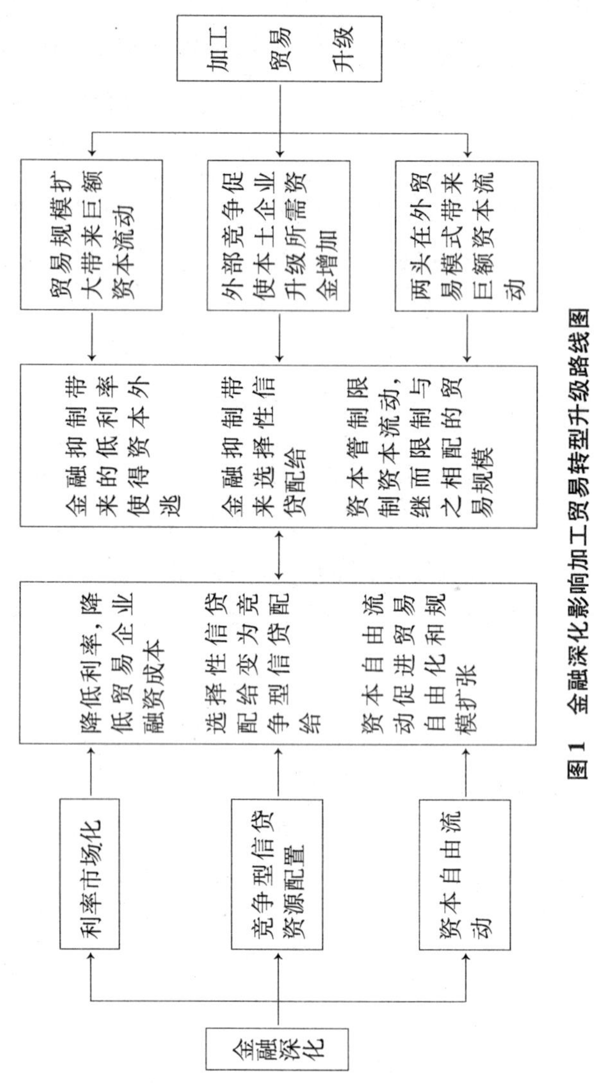

图1　金融深化影响加工贸易转型升级路线图

一、加工贸易转型指标的选择

(一) 反映真实贸易额的最新统计方法——增加值统计法

我国的进出口贸易最主要的特色就是以加工贸易为主,虽然加工贸易进出口占中国贸易总额的比重,从 1998 年峰值时的 53.4%下降到 2016 年的 30.2%,但加工贸易仍占中国贸易总额的将近三分之一。但以地域概念为基础的关境统计,不能正确反映各国的实际增值,在进出口统计中不可避免地带来重复计算,这种重复计算不仅扭曲了我国乃至世界各国的贸易总额,也对我国加工贸易的转型升级带来了一定的误导。比如使用传统的关境统计,会在一定程度上夸大中国的贸易总额。目前,这种统计方法得到了一些权威国际机构的认可,OECD 和 WTO 在 OECD 投入产出数据库中的单国投入产出表的基础上,结合 OECD 双边贸易数据库、国际服务贸易统计和 STAN 产业数据库,联合发起并构建了 OCED-WTO TiVA(Trade in Value Added)数据库。

1. *增加值统计方法与传统统计方法的差异*

两种统计方法出现差异的原因在于,首先,在统计本国进口时,关境统计重复计算了进口商品中的本国增加值的折返额。此部分已经被统计过了。其次,在统计本国出口时,关境统计重复计算了进口的海外增加值。这部分已在进口中计算过。由于对进口的本国增加值及出口的国外增加值这两部分的重复计算,导致关境统计的加工贸易进出口总额大于实际生产的总额。因此,有必要将增值法引入国际贸易核算体系,更合理地反映全球生产链中不同地域和不同生产环节的增加值。只有这样，才能比较准确地描述多边贸易中各方的真实所得。

2. 增加值法的原理

增值法理论模型分为中国和海外两个部分，每个部分存在N个可贸易部门，生产n种产品，且每个贸易品均可被直接用于最终需求或作为其他产品生产的中间投入，两部分贸易完全自由化，不存在贸易壁垒。按照KPWW方法①，借鉴李昕等（2013）②方法，分解中国贸易增值中的国内与国外份额。

首先，根据投入产出表的横向平衡关系：

总产出＝中间需求＋最终需求

＝（国内生产需求＋海外生产需求）＋（国内最终需求＋出口）

即 $X_C=(A_{CC}X_C+A_{CW}X_W)+(Y_{CC}+Y_{CW})$　　(1)

其中，下标 C 指代中国，W 指代海外。X_C 和 X_W 是 $N\times1$ 的产出向量，代表中国与海外 N 个可贸易部门的总产出。Y_{CC} 和 Y_{CW} 是 $N\times1$ 最终需求向量，分别代表中国最终需求与中国对海外的出口。A 代表 $N\times N$ 直接消耗系数矩阵，其中 A_{CC} 表示中国总产出中消耗本国产品的直接消耗系数矩阵，A_{CW} 的下标代表 C 对 W 的投入，即海外产出中消耗中国产品的直接消耗系数矩阵。上

① Robert Koopman and Zhi Wang. "Estimating Domestic Content in Exports When Processing Trade is Pervasive," *Journal of Development Economics*, 99(2012): 178 - 189.

② 李昕等："中国外贸依存度和失衡度的重新测算"，《中国社会科学》2013年第1期，第29－55页。

式(1)可拓展成两部分组成的区域投入产出模块(Inter-regional Input—Output Table, IRIO):

$$\begin{bmatrix} X_C \\ X_W \end{bmatrix} = \begin{bmatrix} A_{CC} & A_{CW} \\ A_{WC} & A_{WW} \end{bmatrix} \begin{bmatrix} X_C \\ X_W \end{bmatrix} + \begin{bmatrix} Y_{CC}+Y_{CW} \\ Y_{WC}+Y_{WW} \end{bmatrix} \tag{2}$$

(2)式可进一步改写成里昂惕夫逆矩阵形式(Leontief Inverse Matrix):

$$\begin{aligned} \begin{bmatrix} X_C \\ X_W \end{bmatrix} &= \begin{bmatrix} I-A_{CC} & -A_{CW} \\ -A_{WC} & I-A_{WW} \end{bmatrix}^{-1} \begin{bmatrix} Y_{CC}+Y_{CW} \\ Y_{WC}+Y_{WW} \end{bmatrix} \\ &= \begin{bmatrix} B_{CC}+B_{CW} \\ B_{WC}+B_{WW} \end{bmatrix} \begin{bmatrix} Y_C \\ Y_W \end{bmatrix} \end{aligned} \tag{3}$$

$$\begin{bmatrix} B_{CC}+B_{CW} \\ B_{WC}+B_{WW} \end{bmatrix} = \begin{bmatrix} I-A_{CC}-A_{CW}(I-A_{WW})^{-1} & B_{CC}A_{CW}(I-A_{WW})^{-1} \\ (I-A_{WW})^{-1}A_{WC}B_{CC} & (I-A_{WW}-A_{WC}(I-A_{CC})^{-1}A_{CW})^{-1} \end{bmatrix} \tag{4}$$

其次,根据投入产出表中的列向平衡关系:

总产出=中间投入+价值增值

即 $X=\hat{\Phi}X+V$ (5)

此处,V 即 V_C 和 V_W,代表 $1\times N$ 的价值增值向量,$\hat{\Phi}$ 表示中间投入率向量的对角矩阵。根据(3)式,(5)式可改写成:$V=(I-\hat{\Phi})X=(I-\hat{\Phi})\cdot B\cdot Y$。$(I-\hat{\Phi})$代表总产出的增值率,以符号 $\hat{V}$ 表示,$(I-\hat{\Phi})\cdot B$ 代表最终需求的增值率,即 $\hat{V}\cdot B$。其中,$V_C=u(I-A_{CC}-A_{WC})$,$V_W=u(I-A_{WW}-A_{CW})$,u 为 $1\times N$ 的单位行向量。

其中，$\hat{V}=\begin{bmatrix}\hat{V}_C & 0\\ 0 & \hat{V}_W\end{bmatrix}$，$\hat{V}B=\begin{bmatrix}\hat{V}_C B_{CC} & \hat{V}_C B_{CW}\\ \hat{V}_W B_{WC} & \hat{V}_W B_{WW}\end{bmatrix}$。

$\hat{V}_C B_{CC}$表示中国最终产品中中国的增值率；$\hat{V}_W B_{WC}$表示中国最终产品中海外的增值率。同理，$\hat{V}_C B_{CW}$代表海外最终产品中中国的增值率；$\hat{V}_W B_{WW}$代表海外最终产品中海外的增值率。

假设中国或海外生产所产生的增值为单位值，则：

$\hat{V}_C B_{CC}+\hat{V}_W B_{WC}=\hat{V}_C B_{CW}+\hat{V}_W B_{WW}=u$，$u$ 是 1×N 的单位向量。

设 E 代表最终产品出口，$E=\begin{bmatrix}E_C & 0\\ 0 & E_W\end{bmatrix}$

E_C 代表中国对海外的最终产品出口，E_W 代表海外对中国的最终产品出口（即中国的最终产品进口）。因此，贸易进出口可通过贸易额乘以增值率得到：

$$\hat{V}B\cdot E=\begin{bmatrix}\hat{V}_C B_{CC}E_C & \hat{V}_C B_{CW}E_W\\ \hat{V}_W B_{WC}E_C & \hat{V}_W B_{WW}E_W\end{bmatrix}$$

$$\hat{V}_C B_{CC}E_C=(I-u(A_{WC}+A_{CC}))(I-A_{CC}-A_{CW}(I-A_{WW})^{-1}A_{WC})^{-1}E_C \tag{6}$$

$$\hat{V}_W B_{WC}E_C=u(A_{WC}-A_{CW}(I-A_{WW})^{-1}A_{WC})(I-A_{CC}-A_{CW}(I-A_{WW})^{-1}A_{WC})^{-1}E_C \tag{7}$$

$$\hat{V}_C B_{CW}E_W=u(A_{CW}-A_{WC}(I-A_{CC})^{-1}A_{CW})(I-A_{WW}-A_{WC}(I-A_{CC})^{-1}A_{CW})^{-1}E_W \tag{8}$$

$$\hat{V}_W B_{WW}E_W=(I-u(A_{CW}+A_{WW}))(I-A_{WW}-A_{WC}(I-A_{CC})^{-1}A_{CW})^{-1}E_W \tag{9}$$

此处，$\hat{V}_C B_{CC}E_C$ 和 $\hat{V}_W B_{WW}E_W$ 分别代表中国出口商品中国内

创造的增值,以及对中国出口中海外创造的增值。$\hat{V}_C B_{CW} E_W$ 和 $\hat{V}_W B_{WW} E_W$ 分别表示海外向中国出口中使用中国产品作为中间投入品的增值(即中国进口中本国增值的折返),以及中国向海外出口中使用海外产品作为中间投入品的增值(即海外进口中海外增值的折返)。

按照关境统计法,中国贸易总额公式为:

$$总出口+总进口=E_C+E_W=(\hat{V}_C B_{CC}+\hat{V}_W B_{WC})E_C+(\hat{V}_W B_{WW}+\hat{V}_C B_{CW})E_W \tag{10}$$

按照增值统计法,中国贸易总额公式:

$$国内增加值出口+国外增加值进口=\hat{V}_C B_{CC} E_C+\hat{V}_W B_{WW} E_W \tag{11}$$

采用两种统计方法计算贸易总额的主要区别在于——对折返增值的处理。中国对海外出口本国增值创造的产品($\hat{V}_C B_{CC} E_C$)包括两部分内容:一是用于海外的最终需求,一是作为中间投入品用于海外的生产。后者在被用于海外生产后,又可通过海外对中国的出口再次折返中国,即作为中国进口中本国增值的折返($\hat{V}_C B_{CW} E_W$)。由于这部分折返的增值在中国对海外出口中已被计入本国的增值创造,关境统计对增值的折返部分进行了重复计算。由于增值折返现象仅仅出现于加工贸易环节,加工贸易比重越高,重复计算的程度越大。

(二) 加工贸易转型指标的选取

2003 年 10 月 14 日,中共十六届三中全会《决定》就指出,“继续发展加工贸易,着力吸引跨国公司把更高技术水平、更大增值含量的加工制造环节和研发机构转移到我国,引导加工贸易转型升级"。这其中提到加工贸易发展战略目标很重要的一点就是:应进一步提高加工贸易增值率,通过延长国内产业链以及提高产品技术含量和附加值,增加国内收益。此后,十八大报告中提出的"促进加工贸易转型升级",也指出了"要提高加工贸易增值率"。

理论和实践表明,我国加工贸易转型升级的实现路径分为国家和企业两个层面。从国家层面看,国家在产业发展上要采取鼓励措施延长产业链,即促进加工贸易配套体系向研发设计等产业链上下游延伸,延长加工贸易国内增值链。从企业层面看,企业需要在产品质量上下功夫促进产品加工向高端迈进,即朝着高水平、精加工为主转变,关键在于提升产品的附加值和技术含量①。所以我们可以发现,从两个角度看,延长国内产业链以及提高产品技术含量和附加值是最能涵盖加工贸易转型升级要求的,因此,我们选取的指标需要和这个标准相匹配。

目前,有关研究延长国内产业链以及提高产品技术含量和附加值的概念,主要是出口复杂度指标和用非竞争投入产出表测算出口国内附加值。

首先,测算出口复杂度的方法主要是,OECD②、Lall③ 的技术

---

① 任保全:"全球价值链低端锁定的内生原因及机理",《世界经济与政治论坛》2016年第5期,第1-23页。

② OECD:《衡量全球化:OECD经济全球化指标体系》(中文版),中国财政经济出版社2007年版。

③ S. Lall, John W. and Jinkang Zhang, "The 'Sophistication' of Exports: A New Measure of Product Characteristics", *World Development*, Vol 34, No. 2, 2006, pp. 222—237.

分类方法,还有就是关志雄[①]、樊纲等[②]、Hausmann 等[③]的出口技术复杂度、出口收入指数以及出口相似性指数等方法。

Michaely[④]最早提出的出口复杂度指标的类似指标:贸易专业化指标。其计算公式是:某出口产品的贸易专业化指标等于其所有出口国的人均收入的加权平均值,权重为各国某产品出口总额占全世界某产品出口总额的比重。Hausmann 等[⑤]基于 Michaely 的贸易专业化指标,改进权重的计算方法,用相对比例替换了绝对比例,设计了出口复杂度指标。出口复杂度是测算技术含量指标,测算的对象包括出口产品、出口产业以及该国总出口额。出口产品(产业或总出口额)技术水平越高,就表现为出口复杂度数值越高。此外,也有专家提出了相对出口复杂度。相对出口复杂度可以分为两类:一是出口相似度,即产品间的复杂度;二是单位值的相似度,即产品内的复杂度[⑥]。

其次,关于出口国内附加值的测算方法,可根据其使用的数据

---

① 关志雄:"从美国市场看中国制造的实力——以信息产品为中心",《国际经济评论》2002 年第 8 期。

② 樊纲、关志雄、姚枝仲:"国际贸易结构分析:贸易品的技术分布",《经济研究》2006 年第 8 期。

③ Ricardo Hausmann, Jason Hwangand Dani Rodrik, 2006, "What You Export Matters", NBER, Working Paper 11905.

④ M. Michaely, *Trade, Income Levels, and Dependence*, North-Holland, Amsterdam, 1984.

⑤ Ricardo Hausmann, Jason Hwang, and Dani Rodrik, "What You Export Matters," *Journal of Economic Growth* 12(1), 2005: 1-25.

⑥ Peterk Schott, "The Relative Sophistication of Chinese Exports", *Economic Policy*, January 2008.

分为两大类。第一类是基于非竞争性投入产出表(即I—O表)的宏观估算方法。这类方法的经典文献是由Hummls等①首次提出的对VS(参与垂直分工程度,下同)的测算方法,他们用一国出口产品中进口中间品的比例来反映一国的VS,并利用OECD数据库中1968—1990年之间几年的I—O表测算出了G7和澳大利亚等10个国家的VS占出口的比重。HIY方法的缺陷在于其设定进口中间品在加工贸易与一般贸易的出口产品中具有相同的投入比例,而没有考虑到加工贸易这一贸易方式的特殊性。考虑到加工贸易在中国出口中的重要地位和其低附加值率的特点,HIY测算方法显然高估了DVA(出口附加值,下同)。基于这点认识,Koopman等②改进了HIY方法,他们将标准的非竞争性I—O表分解为一般贸易与加工贸易两类I—O表,并对加工贸易与一般贸易设定了不同的投入—产出系数矩阵,然后利用二次规划模型来估算新引进的参数。他们将这一算法应用到中国1992、1997和2002年的I—O表数据,计算了中国这三年中各行业出口产品的DVA与DVAR(出口的国内附加值率,下同),发现中国加入WTO之后,出口产品的DVAR从50%上升至60%左右。尽管考虑到了加工贸易的特殊性,KWW方法未能区分一般贸易进口的

---

① D. Hummels, "The nature and growth of vertical specialization in world trade", *Journal of International Economics*, 54(1), 2001:75-96.

② Robert Koopman and Zhi Wang, "Estimating Domestic Content in ExportsWhen Processing Trade is Pervasive", *Journal of Development Economics*, 99, 2012: 178-189.

中间产品与最终产品。Dean 等[①]运用中国海关数据和联合国 BEC 产品分类标准更为细致地划分了进口产品的中间产品与最终产品(消费品或资本品),并对照地运用了 HIY 方法与 KWW 方法来测算中国 VS 占出口的比重,他们的发现是 KWW 方法由于没有对进口产品进行区分,仍然高估了中国出口的 DVAR。另一种方法测算出口国内附加值,是基于中国工业企业数据库和中国海关贸易数据库的微观测算方法。

因为目前用非竞争性投入产出表测算的出口国内附加值较多,而且投入产出模型已成为学术界和相关国际机构核算贸易中的增加值含量的主要工具,如 OECD 和 WTO 在 OECD 投入产出数据库中的单国投入产出表的基础上,结合 OECD 双边贸易数据库[②]、国际服务贸易统计和 STAN 产业数据库,联合发起并构建了 OCED-WTO TiVA(Trade in Value Added)数据库[③]。因此本文直接采用了 OECD 双边贸易数据库中的我国出口国内附加值(DVA)测算结果。

① Judith M. Dean, K. C. Fung and Zhi Wang, "Measuring Vertical Specialization: The Case of China", *Review of International Economics*, 19 (4), 609 - 625.

② http://www. oecd. org/trade/bilateraltradeingoodsbyindustryandend-usecategory. htm.

③ http://www. oecd. org/industry/ind/measuringtradeinvalue-addedanoecd-wtojointinitiative. htm.

二、金融深化指标的选取

对金融深化水平的衡量，学术界一般都按照著名学者 E. S. Shaw（爱德华·S. 肖）的金融深化理论，将一国的金融深化程度细化为几个方面，本部分将依据其理论将金融深化理论分为金融存量、金融流量和金融资产价格指标等方面具体分析。

（一）金融存量指标

金融存量指标（时点指标），是测算一国金融深化程度的重要指标，通常我们指的是借助于某一经济体在某一确定的时间点上其金融发展现状的一系列指标，用以测算该经济体的金融深化程度。这些指标通常涵盖以下几个方面：第一，该经济体的金融资产存量/国民收入（即金融资产存量和国民收入之比）。流动性资产存量被 E. S. Shaw 认为是与金融深化较为密切的指标，该存量指标的波动通常反映了该经济体的金融深化程度，而且，由于在流动性方面，实物资产远小于金融资产，因此，从宏观角度来看金融深化，就表现为该经济体的金融资产存量增加与国民收入之比的上升，这就说明该经济体的金融深化程度在加深。第二，该经济体的金融资产存量的内部结构特点。E. S. Shaw 认为金融资产结构会被金融深化所影响，继而发生变化，因此，对确定的时间点上金融资产存量内部结构的比例变动的测算，是衡量金融深化程度的重要途径。大多数的文献中都引用该指标作为金融深化指标。

（二）金融流量指标

金融流量指标（时期指标），也是测算一国金融深化程度的重要指标,通常是指借助于一个时段内的某经济体金融发展现况的一系列指标,用以测算该经济体的金融深化程度。这些指标通常涵盖以下几个方面:第一,该经济体的财政占整个投资来源的比例。E. S. Shaw 指出,伴随着金融深化的发展,该经济体的财政占整个投资来源的比例应该是逐渐减少的。第二,银行储蓄占居民总储蓄的比例。按照 E. S. Shaw 的金融深化理论,金融深化越深入,该比例呈现逐渐下降的趋势。第三,银行贷款企业总融资的比例。按照 E. S. Shaw 的金融深化理论,金融深化越深入,该比例也呈现逐渐下降的趋势。

(三) 金融资产价格

金融资产价格指标,也是测算一国金融深化程度的重要指标,通常是指借助于某经济体中金融市场的各种价格水平,用以测算该经济体的金融深化程度。E. S. Shaw 指出,该指标体系是反映金融深化的最佳指标。这些指标通常涵盖以下几个方面:第一,实际利率水平。按照 E. S. Shaw 的金融深化理论,实际利率水平与金融深化程度呈现的是正相关关系。第二,利率的期限结构。按照 E. S. Shaw 的金融深化理论,利率的期限结构随着金融深化程度的加深,将表现为逐渐合理化,并且能够看出持有金融资产者推迟进行消费的表现程度。因此,利率的期限结构也是衡量金融深化程度的重要途径。

(四) 本文金融深化指标的选取

通过对文献的分析,多数文献选取的是金融存量和流量指标,这一方面考虑到数据的可得性,另一方面也是考虑到了数据存量所涵盖的信息量较多,因此,本文采用$(M_2/GDP)_t$和企业融资中非银行贷款的比例$COMNOBANK_t$用以测算我国的金融深化程度。

三、中国加工贸易转型升级的影响因素分析

(一)当前中国加工贸易转型升级的主要影响因素

除了金融深化因素以外,当前中国加工贸易转型升级的主要影响因素还有以下几个方面:要素禀赋条件、外商直接投资、技术水平及国内产业结构。

1. 要素禀赋条件

影响我国加工贸易转型升级的最重要的因素是要素禀赋条件。加工贸易内部结构的调整,关键在于参与国际分工的环节有没有超越劳动密集型环节,向资本、技术密集型转变,也只有要素禀赋的条件发生了显著的变化,加工贸易才可以谈到转型升级。当前,劳动力资源仍旧是我国参与国际分工的比较优势,出口产品主要以劳动密集型产品为主。可以预见到在未来一段时间内,要素禀赋结构不太可能发生较大的变化,还是以劳动密集型为主。如果短期内不能较大改变我们的禀赋结构,在要素禀赋条件方面希望能够升级,就必须考虑想方设法吸引国外的优势要素资源(资本、技术等)为我所用,从而促进我国加工贸易结构的升级和优化。

2. 技术进步

通常技术进步能有效地促进经济增长,还能在不断的技术变革中改变一国某些产业的优势,因此,对于我国而言,它是促进我

国加工贸易结构不断优化升级的一个重要的因素,同样也是促进我国加工贸易转型升级的重要因素之一。

3. 外商直接投资

外商直接投资可以借助于资本等生产要素影响一国贸易结构,此外还可以借助于经济增长效应提升收入水平,从而间接影响一国贸易结构。此外,跨国公司进入东道国市场,对本土企业形成竞争及示范效应,在一定程度上也优化了东道国的贸易结构。

4. 国内产业结构

从理论上说,一国出口产品的技术含量变化能够影响该国加工贸易的转型升级,从较长时间的经济发展来看,一国加工贸易的转型升级一般取决于该国贸易结构的升级,且该国国内产业发展是其贸易结构升级的重要支撑,因此,国内产业结构也是影响加工贸易产业升级的一个重要因素。

(二) 计量模型的设定

通过上述分析,构建以下的回归计量模型,主要是为了检验这些因素对我国加工贸易转型升级的影响:

$$DVA_t = c_0 + c_1 INDUSTRY_t + c_2 FDI_t + c_3 OTHER_t + c_4 F_t + \varepsilon_t$$

这里面,DVA_t 是出口的国内附加值,表示我国加工贸易转型升级指标,为被解释变量;$INDUSTRY_t$ 代表我国的产业结构,FDI_t 代表外商直接投资。$OTHER_t$ 为其他解释变量;F_t 是金融深化指标,ε_t 是随机扰动项。

1. 变量及数据说明

下面主要对所选取的相关变量进行说明:

（1）出口的国内附加值（DVA_t），用一国出口产品中进口中间品的比例来反映一国的垂直分工化程度，表示我国加工贸易转型升级变化。

（2）我国的产业结构（$INDUSTRY_t$），考虑到加工贸易主要是出口加工制成品，以制造业为主的第二产业的发展对加工贸易的影响会比较明显，这里以历年中国第二产业产值占GDP的比重来表示。

（3）外商直接投资（FDI_t），用中国统计年鉴中的历年外商直接投资额表示。

（4）金融深化指标（F_t），采用存量指标（M_2/GDP）$_t$ 和流量指标（企业融资中非银行贷款的比例，$COMNOBANK_t$）。

2. 其他的解释变量

（1）国内的技术水平（$TECH_t$）。根据美国著名经济学家索洛提出的"索洛余值法"，测算技术进步对经济增长的贡献，该方法是1957年美国著名经济学家索洛利用希克斯中性技术进步生产函数提出的。索洛余值法的优点在于增长速度方程把总产出看作资本、劳动和技术三个投入要素的函数，从总产出增长中扣除资本、劳动带来的总产出增长，将余值作为技术进步的作用。一般来说，国内技术水平是和一国加工贸易结构变化呈正相关关系的。

（2）贸易开放度（$OPEN_t$）。关于贸易开放度的衡量有多种指标，一般采用贸易依存度指标，即一国进出口总额与GDP之比。

（3）资本劳动比（KLR_t）。该指标指的是物质资本与劳动投入之比，主要是测量我国两种要素比率对加工贸易结构变化的影响。资本存量的度量采取的是张军①的方法。

本文选用数据的来源具体见下表1:

表1 实证变量说明及数据来源

变量	符号	变量说明	数据来源
出口的国内附加值	DVA_t	浇用一国出口产品中进口中间品的比例来反映一国的垂直分工化程度	OECD数据库
中国的产业结构	$INDUSTRY_t$	第二产业产值占GDP的比重	中国统计年鉴
外商直接投资	FDI_t	外商直接投资金额	中国统计年鉴
金融深化存量指标	$(M_2/GDP)_t$	M2/GDP	中国金融年鉴、中国统计年鉴
金融深化流量指标	$COMNOBANK_t$	企业融资中非银行贷款/社会融资总额	中国金融年鉴
国内的技术水平	$TECH_t$	根据索洛余值法计算	中国统计年鉴、中国科技统计年鉴
贸易开放度	$OPEN_t$	一国进出口总额/GDP	中国统计年鉴
资本劳动比	KLR_t	物质资本/劳动投入	中国统计年鉴

(三) 经济计量检验

通过将上述有关数据代入相关模型进行计量检验,计算结果

① 张军:"中国省级物质资本存量估算:1952—2000",《经济研究》2004年第10期,第23-34页。

如下（数据范围为1980—2014年，应用软件Eviews 8.0）。

1. 金融深化与加工贸易转型升级的总体分析

首先用加工贸易转型升级指标DVA_t对两个金融深化变量$(M_2/GDP)_t$和企业融资中非银行贷款的比例（$COMNOBANK_t$）进行回归，以考察金融深化对加工贸易转型升级的影响。按照爱德华·S. 肖的金融理论，金融深化使得汇率和利率市场化，更好地满足包括加工贸易在内的实体经济的金融需求。所以，可以预期DVA_t和$(M_2/GDP)_t$和$COMNOBANK_t$都呈正相关，回归结果见表1。

表2中第二列用因变量DVA_t对两个自变量$(M_2/GDP)_t$、$COMNOBANK_t$进行回归，结果发现DVA_t和$(M_2/GDP)_t$、$COMNOBANK_t$都呈正相关关系，而且R^2值、DW值都比较理想，这符合理论的预期。改革开放以来，中国的金融发展速度不断加快，尤其是2005年汇改以来，社会融资总额中非银行贷款占比不断上升，加工贸易转型速度也在加快。不过，相比较而言，$(M_2/GDP)_t$的促进效应高于$COMNOBANK_t$（0.713∶0.169）。这说明我国金融部门的创新效果还有待于进一步的提升。

2. 加工贸易转型升级的决定因素分析

为了弄清金融深化和加工贸易转型升级之间的关系，采用逐步回归法，在模型中逐步引入了$LnINDUSTRY_t$、$LnFDI_t$、$LnTECH_t$、$LnOPEN_t$和$LnKLR_t$等变量，对加工贸易转型升级影响因素模型进行测算，并检验每一个变量的显著性，以确定最终的回归方程。本文先分别估计$LnDVA_t$对$LnINDUSTRY_t$、$LnFDI_t$、$LnTECH_t$、$LnOPEN_t$和$LnKLR_t$的回归模型，这七个回归模型的估计结果列在表 3 中 M1—M7。从结果中可以发现,M1 和 M5 的 R^2 值较低。从 M2 到 M4 的 R^2 依次为 0.981、0.921、0.903,即在逐项回归中以 M2 的 R^2 最高,回归效果最为理想,所以选择 M2 作为基本回归模型。

在基本回归模型(M2)的基础上,逐渐加入一些新的变量得到新的模型。这些模型中每一个变量系数的显著性非常高,都在 1%水平上显著,R^2 比 M2 的 R^2 要高些,由此表明这些变量对回归方程有贡献,予以保留。最后,得到了一个包含 $LnINDUSTRY_t$、$LnFDI_t$、$LnTECH_t$、$LnOPEN_t$、$LnKLR_t$ 的回归方程 M9。从回归结果可以看出,M9 的 R^2 接近于 1,因此对加工贸易转型升级影响重大的因素基本上被考虑进来了。在我国,这些重大因素基本上就是产业结构、外商直接投资、技术水平、开放度和资本劳动比。产业结构、外商直接投资、技术水平和加工贸易转型升级之间存在着强烈的正相关,回归系数在 1%水平上显著,符合预期;开放度的影响与预期也非常吻合,同样也在 1%的水平上显著;资本劳动比是加工贸易转型升级的基础条件之一,回归结果证实了这一点,他们的系数都在 5%水平上显著。

表 2　金融深化和加工贸易转型升级的总体分析

解释变量	$LnDVA_t$	$LnDVA_t$	$LnDVA_t$
C 截距	6.124 (12.018)	5.748 (7.307)	1.427 (7.160)
$Ln(M_2/GDP)_t$	0.713 (3.247)	1.38 (−1.682)	0.143 (0.608)

（续表）

解释变量	$LnDVA_t$	$LnDVA_t$	$LnDVA_t$
$LnCOMNOBANK_t$	0.169 (2.117)	0.948 (3.421)	0.108 (0.153)
AR (1)	0.541 (2.117)		2.138 (2.276)
AR (2)	0.425 (0.835)		1.108 (0.530)
AR (3)	−0.178 (−2.450)		
DW 值	2.042	1.947	2.207
R^2	0.981	0.989	0.991
AdR^2	0.978	0.987	0.990
F-statistic	59.217	73.56	117.27

表 3　加工贸易转型升级的决定因素分析（因变量都是 $LnDVA_t$）

	M1	M2	M3	M4	M5	M6	M7
C	1.237 (0.827)	−12.528 (−13.283)	6.438 (27.472)	6.209 (42.523)	−12.327 (−21.072)	−15.775 (−2.056)	−23.425 (−5.723)
$LnINDUSTRY_t$	1.707 (1.296)					1.641 (2.417)	1.612 (3.171)
$LnFDI_t$		1.868 (6.274)				1.775 (1.434)	1.650 (1.762)
$LnTECH_t$			1.575 (31.254)			1.371 (4.381)	1.335 (6.723)
$LnOPEN_t$				1.326 (24.276)		1.268 (1.227)	1.068 (1.820)

(续表)

	M1	M2	M3	M4	M5	M6	M7
$LnKLR_t$					0.116 (7.715)	0.96 (3.225)	0.103 (5.403)
$Ln(M_2/GDP)_t$						0.891 (5.014)	0.886 (6.002)
$LnCOMNOBANK_t$							0.77 (3.537)
DW 值	2.234	1.947	1.876	2.047	1.782	1.637	1.962
R^2	0.877	0.981	0.921	0.903	0.884	0.982	0.994
Ad R^2	0.821	0.977	0.914	0.893	0.872	0.979	0.992
F-statistic	46.742	463.815	135.464	102.407	531.12	411.337	275.225

3. 平稳性、协整、残差分析以及 Granger 检验

(1) 平稳性检验及协整检验

由于本文选取的样本是时间序列,易于产生自相关,该现象在前面的逐步回归中也有表现。所以,此处先从残差分析入手,通过残差图发现:图形表现为连续几年为正,然后连续几年为负。考量到序列相关时,有可能是单个序列非平稳,有可能是某种线性组合反而是平稳的,该线性组合表明了变量之间长期稳定的比例关系,在统计学上,我们称之为协整关系。

首先对 $Ln(M_2/GDP)_t$、$LnCOMNOBANK_t$、$LnINDUSTRY_t$、$LnFDI_t$、$LnTECH_t$、$LnOPEN_t$、$LnKLR_t$ 进行了 ADF 检验,由于本文选取的样本是时间序列,易于产生自相关,为避免虚假回归而造成结论无效,需要对时间序列数据的平稳性进行检验。常用的是 ADF 检验和非参数的 PP 单位根检验,这里采用的是 ADF

检验。

表 4 $LnDVA_t$、$Ln(M_2/GDP)_t$、$LnCOMNOBANK_t$、$LnINDUSTRY_t$、$LnFDI_t$、$LnTECH_t$、$LnOPEN_t$、$LnKLR_t$ 单位根检验

变量	检验类型 (C,T,K)	ADF 检验值	各显著性水平下的临界值			检验结果
			1%	5%	10%	
$LnDVA_t$	(C,N,0)	0.658	−4.538	−3.372	−2.515	不平稳
$\Delta LnDVA_t$	(C,N,1)	−5.276	−4.538	−3.372	−2.515	平稳
$Ln(M_2/GDP)_t$	(C,N,0)	−1.276	−3.147	−3.007	−2.662	不平稳
$\Delta Ln(M_2/GDP)_t$	(C,N,1)	−3.776	−3.147	−3.007	−2.662	平稳
$LnCOMNOBANK_t$	(C,N,0)	3.985	−3.567	−2.866	−2.417	不平稳
$\Delta LnCOMNOBANK_t$	(C,N,1)	−4.526	−3.567	−2.866	−2.417	平稳
$LnINDUSTRY_t$	(C,N,0)	2.117	−2.812	−3.042	−2.072	不平稳
$\Delta LnINDUSTRY_t$	(C,N,1)	−2.335	−2.812	−3.042	−2.072	平稳
$LnFDI_t$	(C,N,0)	0.716	−3.627	−2.871	−2.519	不平稳
$\Delta LnFDI_t$	(C,N,1)	−4.112	−3.627	−2.871	−2.519	平稳
$LnTECH_t$	(C,N,0)	−1.428	−3.726	−2.887	−2.527	不平稳
$\Delta LnTECH_t$	(C,N,1)	−4.312	−3.726	−2.887	−2.527	平稳
$LnOPEN_t$	(C,N,0)	−1.527	−3.469	−2.857	−2.512	不平稳
$\Delta LnOPEN_t$	(C,N,1)	−3.776	−3.469	−2.857	−2.512	平稳
$LnKLR_t$	(C,N,0)	−1.305	−3.569	−2.967	−2.622	不平稳
$\Delta LnKLR_t$	(C,N,1)	−4.617	−3.569	−2.967	−2.622	平稳

经过 ADF 检验发现，$LnDVA_t$、$Ln(M_2/GDP)_t$、$LnCOMNOBANK_t$、$LnINDUSTRY_t$、$LnFDI_t$、$LnTECH_t$、$LnOPEN_t$、$LnKLR_t$ 变量都存在单位根，所以拒绝 H0，接受 H1 即非平稳，但是这些变量的

一阶差分变量都是平稳过程，满足协整检验、Granger 因果关系检验的前提[①]。

建立协整检验：

H0：$LnDVA_t$、$Ln(M_2/GDP)_t$、$LnCOMNOBANK_t$、$LnINDUSTRY_t$、$LnFDI_t$、$LnTECH_t$、$LnOPEN_t$、$LnKLR_t$ 不具有协整关系。

H1：$LnDVA_t$、$Ln(M_2/GDP)_t$、$LnCOMNOBANK_t$、$LnINDUSTRY_t$、$LnFDI_t$、$LnTECH_t$、$LnOPEN_t$、$LnKLR_t$ 具有协整关系。

结果发现这几个变量序列都是非平稳的，而且都呈一阶差分后平稳。这样就得到了下式：

$$LnDVA_t = c_0 + c_1 Ln(M_2/GDP)_t + c_2 LnCOMNOBANK_t + c_3 LnINDUSTRY_t + c_4 LnFDI_t + c_5 LnTECH_t + c_6 LnOPEN_t + c_7 LnKLR_t + \varepsilon_t \tag{12}$$

其后对回归的残差进行了 ADF 检验，结果发现其 ADF 值小于 1%显著性水平的临界值，这说明 $Ln(M_2/GDP)_t$、$LnCOMNOBANK_t$、$LnINDUSTRY_t$、$LnFDI_t$、$LnTECH_t$、$LnOPEN_t$、$LnKLR_t$ 与 $LnDVA_t$ 呈现协整关系。关于协整关系，前文介绍过，这种线性组合反映了变量之间长期稳定的比例关系，所以可以这么说：影响加工贸易转型升级的四个关键变量与金融深化两个变量呈现长期稳定关系，对于本文预设金融深化对加工贸易转型升级的四个关键

① 蒋昭乙："竞争政策 FDI 和产业升级"，《世界经济与政治论坛》2010 年第 6 期，第 61－66 页。

影响因素之间确实存在一种长期的稳定的影响关系。同时注意到,这些检验是在数据较为充足的情况下取得的,和下文中进行的Granger因果分析检验不太一样,ADF检验本身是逐一比较了不同滞后项数的赤池信息准则AIC和施瓦茨信息准则SC最小后取得的,选取滞后项会损失一部分的自由度,因而与Granger因果分析检验相比,不会受滞后项数的数目影响而使检验结果发生改动。

(2)残差分析法

对于本文的回归方程:

$$LnDVA_t = c_0 + c_1 Ln\ (M_2/GDP)_t + c_2 LnCOMNOBANK_t + c_3 LnINDUSTRY_t + c_4 LnFDI_t + c_5 LnTECH_t + c_6 LnOPEN_t + c_7 LnKLR_t + \varepsilon_t$$

设定残差项符合一阶自回归模式,即 $u_t = \rho u_t + \varepsilon_t$,继而进行广义差分。通过广义差分后的回归方程,其随机扰动项符合经典假定,所以能够用通用的OLS进行估计。经过拟合图和残差表能够看出拟合值和实际值曲线接近,表明通过自相关调整之后,模型的序列相关性基本得到了解决,模型的残差符合一阶自相关模式,检测结果也验证了这一点①。

(3)因果性分析

建立因果性检验:

H0:Ln(M2/GDP)不是LnDVA的格兰杰原因

H1:LnDVA不是Ln(M2/GDP)的格兰杰原因

---

① 蒋昭乙:“服务贸易与中国经济增长影响机制实证研究”,《国际贸易问题》2008年第3期,第33-38页。

H0:LnCOMNOBANK 不是 LnDVA 的格兰杰原因

H1:LnDVA 不是 LnCOMNOBANK 的格兰杰原因

H0:LnINDUSTRY 不是 LnDVA 的格兰杰原因

H1:LnDVA 不是 LnINDUSTRY 的格兰杰原因

H0:LnFDI 不是 LnDVA 的格兰杰原因

H1:LnDVA 不是 LnFDI 的格兰杰原因

H0:LnTECH 不是 LnDVA 的格兰杰原因

H1:LnDVA 不是 LnTECH 的格兰杰原因

H0:LnOPEN 不是 LnDVA 的格兰杰原因

H1:LnDVA 不是 LnOPEN 的格兰杰原因

H0:LnKLR 不是 LnDVA 的格兰杰原因

H1:LnDVA 不是 LnKLR 的格兰杰原因

经过利用 Granger 因果关系检验进一步考察:采用时间序列样本[$LnDVA_t$、$Ln(M_2/GDP)_t$、$LnCOMNOBANK_t$、$LnINDUSTRY_t$、$LnFDI_t$、$LnTECH_t$、$LnOPEN_t$、$LnKLR_t$]做 Granger 因果分析,结果说明变量滞后长度的波动导致了因果方向的改变。

Granger 因果检验结果说明,对于 LnDVA 不是 Ln(M2/GDP)的 Granger 成因的原假设,当滞后长度为 2 时,F 检验值为 2.527,拒绝犯第一类错误的概率是 0.3883,表明 Ln(M2/GDP)是 LnDVA 的 Granger 成因的概率较大,因此不能拒绝原假设;对于 LnFDI 不是 LnDVA 的 Granger 成因的原假设的相伴概率是 0.0282,可以认为 LnFDI 不是 LnDVA 的 Granger 成因的假设不成立。同理可证,LnINDUSTRY、LnTECH、LnCOMBANK、

LnOPEN 和 LnKLR 是 LnDVA 的 Granger 成因的概率较大①。

表 5 Granger 因果关系检验结果表

零假设	统计量	F-统计量	概率	结论
Ln(*M2/GDP*)不是 *LnDVA* 的格兰杰原因	32	6.773	0.047 5	拒绝原假设
LnDVA 不是 *Ln*(*M2/GDP*)的格兰杰原因	32	2.527	0.388 3	接受原假设
LnCOMNOBANK 不是 *LnDVA* 的格兰杰原因	32	2.351	0.301 7	拒绝原假设
LnDVA 不是 *LnCOMNOBANK* 的格兰杰原因	32	0.507	0.576 9	接受原假设
LnINDUSTRY 不是 *LnDVA* 的格兰杰原因	32	3.074	0.177 4	拒绝原假设
LnDVA 不是 *LnINDUSTRY* 的格兰杰原因	32	1.256	0.234 7	接受原假设
LnFDI 不是 *LnDVA* 的格兰杰原因	32	8.216	0.028 2	拒绝原假设
LnDVA 不是 *LnFDI* 的格兰杰原因	32	5.341	0.504 7	接受原假设
LnTECH 不是 *LnDVA* 的格兰杰原因	32	2.107	0.261 6	拒绝原假设
LnDVA 不是 *LnTECH* 的格兰杰原因	32	0.316	0.698 6	接受原假设
LnOPEN 不是 *LnDVA* 的格兰杰原因	32	2.204	0.247 9	拒绝原假设

① 蒋昭乙:“服务贸易与中国经济增长影响机制实证研究”,《国际贸易问题》2008 年第 3 期,第 33 - 38 页。

（续表）

零假设	统计量	F-统计量	概率	结论
LnDVA 不是 *LnOPEN* 的格兰杰原因	32	1.347	0.3981	接受原假设
LnKLR 不是 *LnDVA* 的格兰杰原因	32	3.148	0.2074	拒绝原假设
LnDVA 不是 *LnKLR* 的格兰杰原因	32	1.519	0.4121	接受原假设

4. 误差修正模型

根据 Grange(1987)定理，我们可以证明协整与误差修正模型的必然联系。假如非平稳的变量之间存在协整关系，一般来说是可以建立误差修正模型(VEC)。因为误差修正模型能够有效地吸收时间序列模型和经典计量模型的优点，而且能够克服它们的缺点，所以得到较为广泛的应用，经过下面的模型可以看出：VEC 模型的稳定性条件满足，自相关检验、异方差检验和正态性检验也都能通过。①

$$\underset{\substack{(-1.72)\\(0.11)}}{LnDVA=-17.45}\;+\underset{\substack{(2.85)\\(0.04)}}{0.93LnDVA(-1)}+\underset{\substack{(1.09)\\(0.07)}}{0.74LnM2/GDP}$$

$$+\underset{\substack{(-2.24)\\(0.05)}}{0.59LnM2/GDP(-1)}+\underset{\substack{(-2.74)\\(0.04)}}{0.33LnCOMNOBANK}+$$

$$\underset{\substack{(-1.43)\\(0.08)}}{0.21LnCOMNOBANK(-1)}+\underset{\substack{(3.49)\\(0.06)}}{0.27LnINDUSTRY}+$$

① 蒋昭乙："竞争政策 FDI 和产业升级"，《世界经济与政治论坛》2010 年第 6 期，第 61 - 66 页。

0.19LnINDUSTRY(−1) + 0.39LnFDI + 0.23LnFDI(−1) +
(1.78)　(1.02)　(−3.36)
(0.07)　(0.03)　(0.07)

0.12LnTECH + 0.08LnTECH (−1) + 0.11LnOPEN +
(2.71)　(−1.81)　(−2.38)
(0.04)　(0.08)　(0.04)

0.07LnOPEN(−1)+0.18LnKLR+0.11LnKLR(−1)
(1.73)　(−3.67)　(1.95)
(0.12)　(0.02)　(0.04)

R^2=0.989　AdR^2=0.824　DW=2.175　F-statistic=25.35　p=0.064

（四）实证研究结论

本部分研究了金融深化和加工贸易转型升级的关系。为了分析金融深化对加工贸易转型升级的影响机制，首先对加工贸易转型升级的决定因素进行分析，通过样本数据证实了对加工贸易转型升级影响最大的因素是：产业结构、外商直接投资、技术水平、开放度和物质资本与劳动投入之比。换言之，金融深化要对加工贸易转型升级发生影响，必然要通过这五个途径。因此，本文逐一探讨了金融深化两个变量与这五个因素之间的关系，并得出以下主要结论：

（1）对金融深化和加工贸易转型升级的总体分析表明，金融深化和加工贸易转型升级之间呈现显著的正相关关系。这表明，金融深化带来了利率市场化、资本自由流动以及竞争型资源配置，而利率市场化使得利率下降，降低了贸易企业的融资成本；资本自由流动促进了贸易自由化，以及贸易规模的扩大，对于像加工贸易这样两头在外的贸易模式尤其重要；竞争性信贷资源配置改变了原先的选择性信贷配置，这使得加工贸易企业在转型升级过程中技改、营销和研发所需的资金变得充裕，这些影响对于加工贸易转型升级都是亟须的。

(2) 产业结构和加工贸易转型升级的决定因素分析表明，产业结构和与加工贸易转型升级之间呈现显著的正相关关系。这表明以制造业为主的第二产业的发展对加工贸易的影响会比较明显。

(3) 对外商直接投资和加工贸易转型升级的决定因素分析表明，外商直接投资与加工贸易转型升级之间呈现显著的正相关关系。这表明:实证分析可以验证外商直接投资的技术外溢等渠道对加工贸易转型升级的影响。

(4) 对技术水平和加工贸易转型升级的决定因素分析表明，技术水平与加工贸易转型升级之间呈现弱正相关关系。弱相关关系表明:由于加工贸易大进大出、两头在外，导致了与国内产业关联度不够，国内的技术水平难以发挥应有的作用，此外，加工贸易多由外资主导，国内相关配套的不足也会使得加工贸易转型升级缺乏对国内技术水平应有的吸收能力。

(5) 对开放度和加工贸易转型升级的决定因素分析表明，开放度与加工贸易转型升级之间呈现正相关关系。因为贸易开放可以直接或间接影响我国加工贸易转型升级，故加入贸易开放度指标之后对加工贸易转型升级的解释力变强，是可以理解的。

(6) 对物质资本与劳动投入之比和加工贸易转型升级的决定因素分析表明，资本劳动比与加工贸易转型升级之间呈现强正相关关系。这表明:在国际分工中我国仍然处于世界产业链的下游，主要依靠的是国内低廉的劳动力成本优势。

（7）金融深化指标、加工贸易转型升级指标、产业结构、外商直接投资、技术水平、开放度、物质资本与劳动投入之比之间呈现协整关系，这种线性组合反映了变量之间长期稳定的比例关系，也即影响加工贸易转型升级的五个关键变量与金融深化两个变量呈现长期稳定关系，符合本文预设的金融深化与加工贸易转型升级的五个关键影响因素之间确实存在一种长期的稳定的影响关系。

“南京大学亚太发展研究中心”简介

“南京大学亚太发展研究中心”是由“南京大学郑钢基金·亚太发展研究基金”定向全额资助的一个对大亚太地区进行全方位、多层次、跨学科研究的机构。它致力于承担学术研究、政策咨询、人才培养、社会服务与国际交流等功能。

该中心是国内首家以“发展”为关键词命名的综合性地区研究机构，秉持“立足中国、面向亚太、辐射全球”的开放理念，旨在探讨亚太及全球“政治发展”、“经济发展”与“社会发展”诸领域的重要议题，彰显“和平发展”与“共同发展”的价值取向，弘扬“人类命运共同体”这一崭新的全球价值观。

“中心”定期主办“钟山论坛”（亚太发展年度论坛）、“励学讲堂”、“年度国际形势回顾与展望”等学术论坛，旨在推动国内外学界、政府、企业、社会之间的对话与交流。

“中心”主办的出版物有《南大亚太论丛》、《南大亚太译丛》等系列丛书，《南大亚太评论》、《现代国家治理》、《人文亚太》、《亚太艺术》等学术集刊。此外还有《工作论文》、《调研报告》、《工作通讯》等多种非正式刊物。

通信地址：江苏省南京市仙林大道 163 号南京大学仙林校区圣达楼 460 室南京大学亚太发展研究中心（210023）

电子邮箱：zsforum@nju. edu. cn

电话、传真：025－89681655

中心网址：https://www. capds. nju. edu. cn

微信公众号：CAPDNJU

图书在版编目(CIP)数据

南大亚太评论. 第1辑 / 石斌主编. — 南京 : 南京大学出版社，2017.12

ISBN 978-7-305-19597-6

Ⅰ. ①南… Ⅱ. ①石… Ⅲ. ①亚太地区—研究—文集 Ⅳ. ①D730.0-53

中国版本图书馆CIP数据核字(2017)第279474号

出版发行 南京大学出版社
社　　址 南京市汉口路22号　　邮　编 210093
出 版 人 金鑫荣

书　　名 南大亚太评论·第1辑
主　　编 石　斌
责任编辑 官欣欣　　编辑热线 025-83593947

照　　排 南京南琳图文制作有限公司
印　　刷 常州市武进第三印刷有限公司
开　　本 880×1230 1/32 印张 10.125 字数 220千
版　　次 2017年12月第1版 2017年12月第1次印刷
ISBN 978-7-305-19597-6
定　　价 48.00元

网址：http://www.njupco.com
官方微博：http://weibo.com/njupco
官方微信号：njupress
销售咨询热线：(025) 83594756

稿 约

《南大亚太评论》是由南京大学亚太发展研究中心主办的学术集刊。选题内容涵盖大亚太全区域、次区域以及国别层次上的政治、外交、安全、经济、社会、历史、文化诸领域的重大理论与实际问题,兼及相关全球性议题。

《南大亚太评论》强调学术性与思想性并重,倡导严谨求实的学风和清新自然的文风,恪守学术规范。文章形式包括专题研究、调研报告、学术争鸣、书评、译介等,尤重具有较强学理性与思想性的深度研究论文。

《南大亚太评论》对稿件的基本要求:

一、来稿须是未经公开发表的作品;专稿专投;文责自负。

二、专题论文应有相关学术史的简要评述,正文前请附 300 字左右的中文摘要和 3—5 个关键词,并提供题目、作者、摘要和关键词的英文翻译。

三、课题或资助信息、作者简要信息可放在脚注前面,分别用“*”、“**”号标示。

四、文章正文字数在 1.5 万—2.5 万之间为宜,最多不超过 3 万字。

五、务请严格遵守公认的学术规范。

六、译介已在国外杂志等出版物上发表过的文章,须于文末以原文注明出处,内容包括作者、文章名或书名、杂志期号或出版信息、页码。

七、文中首次涉及的外国人名、地名、机构名称及其他专有名词(常见和约定俗成的除外),请在中译名后括号内注明原文。

八、节次或内容编号请按"一、(一)、1、(1)……"之顺序排列。中文文字采用宋体,英文文字采用 Times New Roman 字体,均小四字号。

九、正文每段段首空两格。独立引文左右各缩进两格,上下各空一行,不必另加引号。

十、正文或注释中出现的中、日文书籍、期刊、报纸之名称,请以书名号《》表示;文章篇名请以双引号""表示。西文著作、期刊、报纸之名称,请以斜体表示;文章篇名请以双引号""表示。古籍书名与篇名连用时,可用·将书名与篇名分开,如《论语·述而》。

十一、注释均用页下脚注。具体请参照中国社会科学院世界经济与政治研究所主办的《世界经济与政治》之体例。

十二、为便于审稿和联系,请在专页上写明作者工作单位、专业技术职称、通信地址、邮政编码、电话和电子邮箱等联系方式。

十三、投稿邮箱:zsforum@nju. edu. cn

十四:通信地址:江苏省南京市仙林大道 163 号南京大学仙林校区圣达楼 460 室南京大学亚太发展研究中心(210023)